GEORG WILHELM FRIEDRICH HEGEL

Vorlesungen über die Philosophie der Weltgeschichte

ERSTE HÄLFTE

Band I: Die Vernunft in der Geschichte

ZWEITE HÄLFTE

Band II: Die orientalische Welt

Band III: Die griechische und die römische Welt

Band IV: Die germanische Welt

FELIX MEINER VERLAG
HAMBURG

GEORG WILHELM FRIEDRICH HEGEL

Die Vernunft in der Geschichte

Herausgegeben von
JOHANNES HOFFMEISTER

FELIX MEINER VERLAG
HAMBURG

PHILOSOPHISCHE BIBLIOTHEK BAND 171 a

1917 1. Auflage. Herausgegeben von Georg Lasson
1920 2., durchgesehene Auflage
1930 3., durchgesehene Auflage
1944 4., unveränderte Auflage
1955 5., verbesserte Auflage. Herausgegeben von Johannes Hoffmeister
1968 unveränderter Nachdruck der 5. Auflage
1970 unveränderter Nachdruck der 5. Auflage und Hinzuführung von Literaturhinweisen
1980 unveränderter Nachdruck der 5. Auflage unter Ergänzung der Literaturhinweise
1994 6. Auflage, mit neuen Literaturhinweisen

Der Band erschien zeitweise als Einzelausgabe unter dem Titel
Die Vernunft in der Geschichte

Die Deutsche Bibliothek – CIP-Einheitsaufnahme

Hegel, Georg Wilhelm Friedrich: Vorlesungen über die Philosophie der Weltgeschichte /
Georg Wilhelm Friedrich Hegel. - Hamburg : Meiner.
NE: Hegel, Georg Wilhelm Friedrich: [Sammlung]
Hälfte 1 = Bd. 1. Die Vernunft in der Geschichte /
hrsg. von Johannes Hoffmeister. – 6. Aufl., mit neuen Literaturhinweisen. – 1994
(Philosophische Bibliothek ; Bd. 171 a)
ISBN 3-7873-1146-7
NE: Hoffmeister, Johannes [Hrsg.]; GT

 Neusatz: Satz-Offizin Hümmer GmbH, Waldbüttelbrunn. Druck: W. Carstens, Schneverdingen. Gedruckt auf säurefreiem, alterungsbeständigem Werkdruckpapier. Einbandgestaltung: Jens Peter Mardersteig. Einband: Labove, Uelzen. Printed in Germany.

INHALT

VORBEMERKUNG

Hegels *Vorlesungen über die Philosophie der Weltgeschichte* fanden nicht nur bei den Zeitgenossen große Beachtung, sondern erlangten auch unter wirkungsgeschichtlichem Aspekt besondere Bedeutung für die breite und andauernde Rezeption seines Denkens in allen Sparten des geistigen und kulturellen Lebens. Trotz des hohen Ranges, den Hegel selbst dieser Vorlesung seit dem Wintersemester 1822/23 beimaß (er wiederholte sie bis zum Wintersemester 1830/31 in zweijährigem Turnus unter stetiger Anreicherung des Stoffes), sind von seiner Hand lediglich Aufzeichnungen zu den Entwürfen der allgemeinen Einführung in den Begriff der Geschichte fragmentarisch erhalten. Nach den Ausgaben von Eduard Gans (1837) und Karl Hegel (1840), die aus Hegels Aufzeichungen und den verfügbaren Vorlesungsnachschriften aus den Jahren 1822/23 und 1830/31 auf dem Umweg über den subjektiven Herausgeberentscheid eine knappe, in sich gerundete Abhandlung zu rekonstruieren versuchten, besorgte Georg Lasson mit seiner in den Jahren 1917 bis 1920 in vier Teilbänden der PhB herausgegebenen *Philosophie der Weltgeschichte* eine umfassende Edition, die *alle* von Hegel selbst und/oder den Nachschreibern seiner Vorlesungen aus den Jahrgängen 1822/23, 1824/25, 1826/27, 1828/29 und 1830/31 erhaltenen Aufzeichnungen erfaßte und dokumentierte. Der mehrfach aufgelegte Einleitungsband *Die Vernunft in der Geschichte* wurde 1955 von Johannes Hoffmeister kritisch durchgesehen sowie neu gegliedert und erhielt so seine heutige, an Hegels Einteilung ausgerichtete einheitliche Gestalt.

Der Hegelsche Originaltext ist im Druck kursiv wiedergegeben, während die Zusätze aus den Nachschriften, die Lasson eingefügt hat, geradstehend gesetzt sind. Die Hinweise auf Sekundärliteratur *Zur Philosophie der Weltgeschichte* finden sich im 2. Teilband (PhB 171 b–d). Über die editorischen Prinzipien und die Quellen, die Georg Lasson der Herstellung des Textes zugrundelegte, unterrichtet der folgende Auszug aus seinem Nachwort:

Für die vorliegende Ausgabe haben dem Herausgeber folgende Quellen zur Verfügung gestanden:

1. Ein *eigenhändiges Manuskript Hegels*, am Kopfe mit dem Datum 8. 11. 30 bezeichnet, also verfaßt aus Anlaß der letzten Vorlesung über die Philosophie der Geschichte, die Hegel in seinem Leben gehalten hat. Es ist sehr sorgfältig auf gebrochenen Foliobogen geschrieben, aber nur in Bruchstücken, zwischen denen Hegel selbst spaltenlang weißen Raum gelassen hat. Am Rande sind manche Ergänzungen und Einschübe nachgetragen, die in den Text aufzunehmen waren, daneben auch kurze Notizen und Hinweise auf die Gliederung der Arbeit.

In unserer Ausgabe ist das Manuskript Hegels durch Kursivsatz kenntlich gemacht. Die Leser sind dadurch genau unterrichtet, was Hegelsche Niederschrift und was auf Grund von Nachschriften der Zuhörer hergestellter Text ist. Die Orthographie ist im allgemeinen die heute übliche. Dagegen ist an dem Wortlaut keine Änderung vorgenommen worden, die nicht im Text selbst oder als Fußnote vermerkt worden wäre. Und zwar haben wir im Text diejenigen Zusätze durch eckige Klammern kenntlich gemacht, die sich nicht vollkommen selbstverständlich als Ersatz für versehentlich fortgelassene Worte ergaben. Insbesondere, wo Randbemerkungen, die nicht in ausgeführten Sätzen niedergeschrieben waren, in den Text aufgenommen werden mußten, waren die zur Ergänzung eingesetzen Worte als Zutat des Herausgebers hervorzuheben.

Die Hegelsche Handschrift bricht mitten in der Darstellung der Gesichtspunkte ab, die für die konkrete Unterscheidung der verschiedenen geschichtlichen Kulturstufen in Betracht kommen. Karl Hegel hat in der zweiten Auflage der Ausgabe dieser Vorlesung in Hegels Werken an diesen zufälligen Schluß eine Reihe von Ausführungen nach Kollegheften angehängt, die in den Heften selbst an viel früheren Stellen stehen und die wir deshalb auch dorthin gesetzt haben. Ein ganz befriedigender Abschluß läßt sich aus dem vorhandenen Material nicht liefern; das, was jetzt am Ende der Abhandlung steht, ist wenigstens auch in den Kollegheften deutlich als Abschluß erkennbar.

Vergleicht man den Text in den sämtlichen Werken mit unserem Abdruck des Hegelschen Manuskripts, so erkennt man sofort, daß beide Herausgeber dort nicht im mindesten nach den Grundsätzen philologischer Gewissenhaftigkeit verfahren sind, die uns heute als selbstverständlich gelten. Wie flüchtig sie obenein gelesen haben, dafür sei beispielsweise nur auf einen Punkt hingewiesen. Hegel liebt den Gebrauch des Komparativs; er läßt aber in geschlossenen Endsilben gern das stumme E aus. So verraten sich seine Komparativformen als solche meist nur durch den einzigen Buchstaben r; diesen jedoch haben die Herausgeber fast regelmäßig übersehen und dadurch dem Hegelschen Gedanken die Spitze genommen. Auch sonst fehlt es nicht an Lesefehlern; der ärgerlichste vielleicht ist der Ersatz des Wortes »Aprioritäten« (S. 31, Z. 16 v. o.), das Hegel höchst leserlich geschrieben hat, durch »Autoritäten«. Mit den an den Rand geschriebenen Stichwörtern haben die Herausgeber nicht immer das richtige Verständnis verbunden; das auffallendste Beispiel bieten die Sätze der 2. Hälfte der neununddreißigsten Seite unserer Ausgabe, wo wegen der falschen Auffassung der ersten Hegelschen Worte die Herausgeber gezwungen waren, den größeren Teil der Randnotiz, der gerade erst die Meinung Hegels enthüllt, einfach wegzulassen.

Der erste Herausgeber, Eduard Gans, hat den Hegelschen Stil etwas sorgfältiger gewahrt und die Reihenfolge der Abschnitte seines Entwurfts ganz unverändert beibehalten. Der zweite, Karl Hegel, hat nicht bloß an der Ausdrucksweise sehr viel mehr geändert, sondern auch, um sich die Einfügung neuer Abschnitte aus den Kollegheften zu erleichtern, Umstellungen einzelner Abschnitte des Hegelschen Manuskripts vorgenommen, wodurch der von Hegel beabsichtigte Gedankenfortschritt verdunkelt und gestört worden ist. Beide Herausgeber sind darin einig gewesen, daß sie ganze Sätze des Manuskripts einfach weggelassen und Änderungen in der Hegelschen Diktion vorgenommen haben, zu denen kein Anlaß vorlag und die vielfach auch den Sinn verflachen.

Die Art, wie die ersten Herausgeber mit Hegels eigenhändiger Abhandlung umgegangen sind, erweckt kein günstiges Vorurteil für ihre Bearbeitung der Kollegnachschriften, die ihnen in der Hauptsache als Quellen für ihre Ausgabe gedient haben. In der Tat ergibt sich aus der Vergleichung des einen Kollegheftes, das ebenso ihnen wie dem jetzigen Herausgeber vorgelegen hat, daß sie weder im Wortlaut Genauigkeit noch im Umfang Vollständigkeit erstrebt haben. Es ist erstaunlich, wie vieles und wichtiges Material, das in diesem Hefte sich findet, von den Herausgebern einfach gänzlich beiseite gelassen worden ist. Um so mehr war es die Pflicht des jetzigen Herausgebers, überall, wo es möglich war, auf die Kolleghefte zurückzugehen.

2. Von *Kollegheften*, die nach Hegelschen Vorlesungen nachgeschrieben worden sind, hat der Herausgeber benutzen können:

a) Philosophie der allgemeinen Weltgeschichte, vorgetragen von Hegel im Winterhalbenjahre 1822/23, nachgeschrieben von *v. Griesheim.*

Der Schreiber ist der bekannte militärische Schriftsteller Gustav von Griesheim, geb. 1798, der als Generalmajor und Kommandant von Koblenz 1854 gestorben ist (ADB., Bd. 9, S. 665ff.). Seine schon von den ersten Herausgebern benutzte Nachschrift, zwei Bände umfassend, ist eine höchst sorgfältige, äußerst sauber und schön lesbar hergestellte Reinschrift, der man auf jeder Zeile den Fleiß der Ausarbeitung anmerkt. Natürlich ist nicht ausgeschlossen, daß die Ursprünglichkeit des Hegelschen Vortrags dabei nicht immer voll gewahrt worden ist. So muß es als ein besonders günstiger Umstand betracht werden, daß wenigstens der Anfang dieses selben Kollegs noch in einer anderen Nachschrift erhalten geblieben ist. Es ist die folgende:

b) Die philosophische Weltgeschichte. Weiteres ist in der Überschrift nicht bemerkt. Das Heft ist geschrieben von *Hauptmann v. Kehler*. Es fehlt die Jahresangabe; aber der Vergleich mit dem Griesheimschen Heften stellt es völlig außer Zweifel, daß es sich hier um dasselbe Kolleg des Winterhalbjahres 1822/23 handelt. Es finden sich auch einzelne Tagesdaten.

Dieses Heft umfaßt nur 23 Quartseiten. Da die Disposition Hegels in dieser seiner ersten Berliner Vorlesung von der seiner letzten Niederschrift der Einleitung stark abweicht, so kommen die

Gegenstände, die in unserer Ausgabe unter Kapitel II, Abschnitt 2 und 3 behandelt werden, erst hinter den beiden ersten Abschnitten von Kapitel III zur Sprache. Daher kommt es, daß dies Kehlersche Manuskript mit der Ausführung auf S. 161 unserer Ausgabe abbricht, obwohl es nur den Anfang der damaligen Einleitung bringt.

Dies Heft ist in sehr flüchtigen Zügen geschrieben, sichtlich die ursprüngliche Nachschrift nach Hegels Vortrag. Dabei ist die Übereinstimmung mit dem Texte des v. Griesheimschen Heftes überraschend groß; man kann höchstens sagen, daß manche Wendungen noch lebendiger aufbehalten sind als in diesem. Es war sehr leicht, aus beiden Texten ein einheitliches Ganzes zu machen.

c) Philosophie der Weltgeschichte nach Hegel. Im Winter 1824/25. Nachgeschrieben von Hauptmann *v. Kehler*.

Der Schreiber des vorigen Heftes hat hier die Vorlesungen des Winterhalbjahres 1824/25 bis Mitte Februar mitgeschrieben. Die Schrift ist noch viel flüchtiger und meistens außerordenlich schwierig zu entziffern; dafür aber ist auch die Ursprünglichkeit der Hegelschen Ausdrucksweise unübertrefflich festgehalten. Den Herausgeber hat bei der sauren Mühe, diese verschwimmenden Schriftzeichen zu lesen, die Entdeckerfreude reichlich gelohnt, eine ganz neue und frisch sprudelnde Quelle Hegelscher Ausführungen aus der Glanzzeit des großen Denkers zu eröffnen.

d) Philosophie der Weltgeschichte. Nach dem Vortrage vom Prof. *Hegel* nachgeschrieben von *Stieve*. Berlin 1826 bis 1827

Der Schreiber dieses Heftes ist als Geh. Regierungsrat im Preußischen Kultusministerium bekannt. Er hat Hegels Ausführungen nicht in ihrer ganzen Breite festgehalten aber er gibt doch ein Bild der Gestalt die Hegels Vorlesungen bei ihrer dritten Darbietung angenommen hatte, und bringt ganze Abschnitte, die in den früheren Vorlesungen fehlen.

Es konnten also für die vorliegende Ausgabe die Nachschriften aus drei verschiedenen Jahrgängen der Hegelschen Vorlesungen benutzt werden. Hegel hat später noch zweimal, in den Winterhalbjahren 1828/29 und 1830/31, das letzte Mal mit der Einschränkung »Der erste Teil der Philosophie der Weltgeschichte« sein Kolleg wiederholt. Wie Karl Hegel in der Vorrede der 2. Auflage der Vorlesungen in den sämtlichen Werken berichtet, hat Hegel in den späteren Vorlesungen die grundlegenden Ausführungen zugunsten einer reicheren geschichtlichen Darstellung verkürzt. So darf man annehmen, daß gerade für die Einleitung der Schade nicht so groß ist, den das Fehlen von Nachschriften aus jenen zwei Jahrgängen bringt.

An dem sprachlichen Ausdruck der Hefte war nur sehr wenig zu ändern. Sie geben die Hegelsche Redeweise sichtlich getreu wieder und ersetzen, was ihnen etwa an Glätte abgeht, durch Kraft und Gedrungenheit der Sprache. Als Gans die Vorlesungen zum ersten Mal herausgab, faßte er seine Aufgabe dahin auf, daß er aus »Vorlesungen« ein »Buch« zu machen habe. Er hat darum die Form der Rede eleganter zu gestalten sich bemüht; aber man merkt dann auch, daß der eigentümliche Hegelsche Stil unnötig abgeschliffen worden ist. Heute geht natürlich das Interesse durchaus darauf, ein möglichst zutreffendes Bild der Vorlesungen Hegels selber zu erhalten. Deshalb war es die Pflicht des jetzigen Herausgebers, den Wortlaut der nachgeschriebenen Hefte möglichst nur da, wo grammatische oder stilistische Versehen vorlagen, zu verbessern. Schwerlich wird ein Leser dieser Ausgabe, ungeachtet des Vorkommens einiger Wiederholungen, sich getrauen wollen, einzelne Abschnitte als entbehrlich zu bezeichnen.

Die einzige Stelle, wo darüber ein Zweifel möglich wäre, könnte in der Abhandlung über die geographische Grundlage der Weltgeschichte gefunden werden. Hier war es in der Tat für den Hersteller selbst die Frage, ob er das gesamte Material an völkerkundlichen Mitteilungen, das sich in den Kollegheften vorfindet, auch heute noch, wo so vieles als veraltet angesehen werden muß, in seine Ausgabe aufnehmen solle. Er hat sich dafür entschieden, nicht bloß aus philologischer Gewissenhaftigkeit, sondern auch in der Erwägung, daß, was uns zur sachlichen Erkenntnis nicht mehr von Wert ist, immer noch zur Erkenntnis von Hegels Arbeits- und Denkweise von erheblichem Werte sein kann. Hegels Belesenheit auch auf entlegenen Gebieten und sein Drang, über Probleme wie den geschichtlichen Charakter Amerikas oder das geistige Wesen der Eingeborenen Afrikas Herr zu werden, sind doch wohl der Aufmerksamkeit auch der heutigen Leser würdig.

3. *Die Ausgabe der Vorlesungen in »Hegels Werken«*, 9. Bd. Die erste Auflage wurde 1837 von Gans herausgegeben, die zweite, außerordentlich, besonders auch in der Einleitung erweitert, von Karl Hegel 1840; von dieser erschien 1848 eine im Druck weniger korrekte Wiederholung als 3. Auflage. Die 2. Auflage hat als die maßgebende zu gelten; von ihr ist 1907 ein sehr guter Abdruck in Reclams Bibliothek erschienen, den Fritz Brunstäd besorgt hat und der sich durch eine genauere Disposition der Einleitung auszeichnet. Es war selbstverständlich, daß überall da, wo die dem jetzigen Herausgeber vorliegenden Kolleghefte parallele Ausführungen zu dem boten, was im gedruckten Texte stand, der Herausgeber diesen Text nach den Kollegheften verbessert hat. Er kann die Gewähr für die urkundliche Genauigkeit aller der Teile des Werkes übernehmen, für die er neben der gedruckten Ausgabe noch handschriftliches Material vor sich hatte. Daneben bleiben noch manche Partien übrig, zu denen er in den Handschriften keine Parallelen gefunden hat und die also in der jetzigen Ausgabe genau in dem gleichen Wortlaute sich finden wie in der Ausgabe der Werke.

Freilich darf ein Umstand nicht unerwähnt bleiben. Schon Gans berichtet im Vorwort zu seiner Ausgabe, daß ihm eigene Manuskripte Hegels – man kann nur an eigenhändige Kolleghefte denken – vorgelegen haben, denen er mancherlei entnommen hat. Karl Hegel vollends versichert, daß er die umfangreichen Ergänzungen, die er der Gansschen Ausgabe eingefügt hat, nicht aus den nachgeschriebenen Heften, sondern aus seines Vaters eigenen Manuskripten entnommen habe. Dürfte man also annehmen, daß Hegels Ausführungen in diesen Manuskripten bereits in einigermaßen fertiger Form, in ganzen Sätzen und zusammenhängenden Darlegungen zu finden waren, so könnte man gerade die Zusätze der zweiten Ausgabe der Werke für den am besten gesicherten Teil jener Ausgabe halten. Aber so lange, bis etwa die Hegelschen Manuskripte wieder auftauchen, wird es geboten sein, an jener Annahme zu zweifeln. Nicht bloß, daß wir aus erhalten gebliebenen Hegelschen Manuskripten wissen, wie er für seine Vorlesungen sich Stichworte, abgerissene Notizen u. dgl. zusammenstellte, aus denen er dann seinen Vortrag aufbaute, so gibt die Vergleichung so mancher Stelle aus den Kollegheften mit der entsprechenden Stelle der Ausgabe Karl Hegels deutlich zu erkennen, daß Hegel auch hier tatsächlich seine Niederschrift erst im mündlichen Vortrag konkret ausgestaltet und in befriedigende Form gebracht hat. Es wird also auch bei den nur nach dem früheren Druck wiederzugebenden Abschnitten die Vermutung bestehen bleiben müssen, daß sie ihre Fassung im einzelnen weniger Hegel selbst als seinen ersten Herausgebern verdanken. Und man wird darüber befriedigt sein müssen, daß solcher Abschnitte nicht allzuviele sind.

LITERATURHINWEISE

Ausgaben

Hegel selbst traf keinerlei Anstalten, seine Aufzeichnungen zu den ›Vorlesungen über die Philosophie der Geschichte‹ für eine mögliche Drucklegung aufzubereiten. Alle nachfolgend angeführten Ausgaben des Textes basieren auf der postumen Erstausgabe in Band 9 der Ausgabe: Georg Wilhelm Friedrich Hegels Werke. Vollständige Ausgabe durch einen Verein von Freunden des Verewigten: Philipp Marheineke, Johannes Schulze, Eduard Gans, Leopold v. Henning, Heinrich Hotho, Karl Michelet, Friedrich Förster. Berlin (Dunker und Humblot) 1832–1845.

Vorlesungen über die Philosophie der Geschichte. Hrsg. v. Eduard Gans (Werke, Bd. 9). Berlin (Dunker und Humblot) 1837. – *Eduard Gans stützt seine Ausgabe auf Hegels Aufzeichnungen und Nachschriften aus allen fünf Jahrgängen, gibt aber den jeweils letzten Fassungen den Vorzug.*

Vorlesungen über die Philosophie der Geschichte. Hrsg. v. Karl Hegel (Werke, Bd. 9). 2., neu bearbeitete Auflage. Berlin (Dunker und Humblot) 1840; unveränderter Nachdruck in Band 11 der von Hermann Glockner herausgegebenen Jubiläumsausgabe in zwanzig Bänden, Stuttgart (Frommann) 1927 ff. – *Karl Hegel legt das Gewicht (im Unterschied zu Gans) stärker auf Hegels eigene Aufzeichnungen aus den Jahren 1822/23 und die zeitgleichen frühen Nachschriften.*

Vorlesungen über die Philosophie der Geschichte. Hrsg. v. F. Brunstäd. Leipzig (Reclam) 1907 (seither mehrere Neuauflagen). – *Brunstäd folgt der Ausgabe von Karl Hegel, bietet den Text jedoch in neuer, frei gewählter Gliederung und in modernisierter Schreibung und Interpunktion.*

Vorlesungen über die Philosophie der Weltgeschichte. Hrsg. v. Georg Lasson. Leipzig (Meiner) 1917 (2. Auflage 1920, 3. Auflage 1930). – *Georg Lasson folgt den Ausgaben von Eduard Gans und Karl Hegel, bemüht sich aber darum, alle erhaltenen Aufzeichnungen Hegels und alle erhaltenen Nachschriften seiner Vorlesungen umfassend zu dokumntieren; er präsentiert den Stoff in vier Teilbänden.*

Vorlesungen über die Philosophie der Weltgeschichte. Erste Hälfte. Band I: Die Vernunft in der Geschichte. Hrsg. v. Johannes Hoffmeister. Hamburg (Meiner) 1955 (seither mehrere Nachdrucke). – *Hoffmeister folgt der Ausgabe von Lasson, berichtigt aber die Gliederung der Einleitung, die den allgemeinen Begriff der Geschichte entwickelt, nach der Maßgabe der von Hegels Hand erhaltenen Aufzeichnungen.*

Vorlesungen über die Philosophie der Geschichte. Hrsg. v. Eva Moldenhauer und Karl Markus Michel. Frankfurt (Suhrkamp) 1970 (als Band 12 der Ausgabe: Werke in zwanzig Bänden. Auf der Grundlage der *Werke* von 1832–45 neu edierte Ausgabe. Frankfurt 1969 ff. – *Die Ausgabe folgt der Ausgabe von Karl Hegel.*

Eine völlig neu erarbeitete Edition bietet:

Vorlesungen über die Philosophie der Weltgeschichte (1822/23). Nachschriften von Karl v. Griesheim, Heinrich Hotho und Friedrich v. Kehler. Hrsg. v. Karl Brehmer und Hoo Nam Seelmann (G. W. F. Hegel, Vorlesungen, Band 12). Hamburg (Meiner) 1995. – *Diese Ausgabe stützt sich ausschließlich auf erhaltene Nachschriften des ersten Jahrgangs der Vorlesung.*

GEORG WILHELM FRIEDRICH HEGEL

Vorlesungen über
die Philosophie der Weltgeschichte
Erste Hälfte
Band I: Die Vernunft in der Geschichte

DIE ARTEN DER GESCHICHTSSCHREIBUNG

Vorlesung 1822 und 1828

[Begonnen] 31. X. 1822;
[wiederholt] 30. X. 1828.

Meine Herren!

Der Gegenstand dieser Vorlesungen ist die philosophische Weltgeschichte. – Es ist die allgemeine Weltgeschichte selbst, welche zu durchlaufen unser Geschäft sein soll; es sind nicht allgemeine Reflexionen über dieselbe, welche wir aus ihr gezogen [hätten] und aus ihrem Inhalte als [aus] Beispielen erläutern wollten, sondern der Inhalt der Weltgeschichte selbst.

Ich kann kein Vorlesebuch [a]) *dabei zugrunde legen; – in meinen »Grundlinien der Philosophie des Rechts«, §§ 341 bis 360 (Ende), habe ich übrigens bereits den nähern Begriff solcher Weltgeschichte wie auch die Prinzipien, Perioden angegeben, in welche deren Betrachtung zerfällt. Sie können sich daraus wenigstens mit den Momenten, auf die es ankommen wird, in ihrer abstrakten Gestalt eine Bekanntschaft machen.*

Die Einleitung zu unserer philosophischen Weltgeschichte will ich so nehmen, daß ich eine (allgemeine, bestimmte) Vorstellung von dem vorausschicke, was eine philosophische Weltgeschichte ist; zu diesem vorläufigen Behufe [will ich] zuerst die andern Weisen, die Geschichte vorzutragen und zu behandeln, durchgehe[n], beschreibe[n] und damit vergleichen.

Ich unterscheide dreierlei Weisen des Geschichtsschreibens [b])*:*

---

a) K. H. st. d.: Kompendium.
b) K. H. st. d.: Der Arten, die Geschichte zu betrachten, gibt es überhaupt drei.

α) *die ursprüngliche Geschichte,*
β) *die reflektierte Geschichte,*
γ) *die philosophische. –*

α) *Was die erste betrifft, so meine ich dabei, um durch Nennung von Namen sogleich ein bestimmtes Bild zu geben, z. B. Herodot, Thukydides und andere, – nämlich Geschichtschreiber, welche vornehmlich nur die Taten, Begebenheiten und Zustände, die sie beschrieben, selbst vor sich gehabt, sie erlebt und in denselben gelebt, durchgelebt, diesen Begebenheiten und dem Geiste derselben selbst zugehört [haben], und welche über diese Taten, Begebenheiten den Bericht verfaßt, d. i. sie, die bisher bloß geschehen und äußerlich vorhanden waren, in das Reich der geistigen Vorstellung versetzt und sie für dieselbe ausgearbeitet haben, – vorher nur ein Seiendes, nun Geistiges, Vorgestelltes des innern und äußern Gemütes. So arbeitet der Dichter z. B. den Stoff, den er in seiner Empfindung hat, für die sinnliche Vorstellung aus. Bei diesen Geschichtschreibern sind zwar auch Erzählungen, Berichte anderer ein Ingrediens;* [c]*) aber sie sind nur überhaupt das zerstreutere, mindere, zufällige, subjektive Material. Wie der Dichter die Bildung seiner Sprache [als Ingrediens besitzt und] den gebildeten Kenntnissen, die er empfangen, vieles verdankt, aber das Hauptwerk ihm gehört, so ist ein solcher Geschichtschreiber es, der das, was ein in der Wirklichkeit bereits Vorübergegangenes, in der subjektiven, zufälligen Erinnerung zerstreut und selbst [nur] in flüchtiger Erinnerung Aufbewahrtes ist, zu einem Ganzen komponiert, es in den Tempel der Mnemosyne aufstellt und ihm so unsterbliche Dauer verschafft.* [d]*) Solche Geschichtschreiber verpflanzen [das Ver-*

---

[c]) K. H. erg.: Es ist nicht möglich, daß ein Mensch alles allein sehe.

[d]) Dieser ganze Satz ist im Manuskript Hegels in Unordnung geraten. K. H. bringt st. d.: Die Geschichtsschreiber binden zusammen, was flüchtig vorüberrauscht und legen es im Tempel der Mnemosyne nieder, zur Unsterblichkeit.
Im Manuskript folgt, wieder gestrichen: weil es etwas ganz anderes ist, gewisse Empfindungen zu haben und sie poetisch, d. i. schaffend für das Bewußtsein hinzustellen.

gangene] – geben ihm einem bessern, höhern Boden, als der Boden der Vergänglichkeit ist, in dem sie gewachsen, – in das Reich der (abgeschiedenen) nun dauernden ewigen Geister, wie die Alten das Elysium beschreiben, daß die Heroen ewig forttun, was sie in ihrem Leben nur einmal getan. –

Von solcher ursprünglichen Geschichte schließe ich die Sagen, Volkslieder, Überlieferungen, auch die Gedichte überhaupt aus, [e]) denn solche Sagen, Überlieferungen sind noch trübe Weisen [, das, was geschehen ist, zu befestigen], und darum Weisen von Völkern oder der Teile derselben, die in ihrem Bewußtsein noch trübe sind. Hierauf, was die Geschichte in einem Volke für ein Verhältnis zu demselben hat, werde ich später noch zurückkommen. Völker von trübem Bewußtsein oder deren trübe Geschichte ist nicht Gegenstand, wenigstens nicht der philosophischen Weltgeschichte, welche die Erkenntnis der Idee in der Geschichte zum Zwecke [hat], – die Geister von Völkern, die ihr Prinzip zum Bewußtsein gebracht [haben], zum Wissen, was sie sind und was sie tun [f]).

Späterhin [werden wir den Zusammenhang] bemerken [zwischen] historia [und] res gestae; die eigentliche, objektive Geschichte eines Volks fängt erst da an, wo sie auch eine Historie hat [g]). Bildung, in der es noch nicht zur Geschichte gekommen, noch kein Bildungsgang[, wie z. B. die angebliche Geschichte] Indiens von dreieinhalb Tausend Jahren möglich ist —

Solche ursprüngliche Geschichtschreiber nun schaffen die ihnen gegenwärtige Begebenheit, Tat und Zustand in ein Werk der Vorstellung für die Vorstellung um.

[Wir können sogleich einige] Folgen daraus ziehen:

αα) Der Inhalt solcher Geschichten kann daher nicht von

---

e) L. erg.: Gedichte haben nicht historische Wahrheit, haben nicht die bestimmte Wirklichkeit zum Inhalt.

f) K. H. u. L. erg.: Der Boden angeschauter und anschaubarer Wirklichkeit gibt einen festeren Grund als der der Vergänglichkeit, auf dem jene Sagen und Dichtungen gewachsen sind, welche nicht mehr das Historische von Völkern machen, die zu atomer Festigkeit und ausgebildeter Individualität gediehen sind.

g) Ms.: haben

großem äußeren Umfange sein. [h]) *Was lebendig in eigenem Erleben und gegenwärtigem Interesse der Menschen ist, was lebendig und gegenwärtig in ihrer Umgebung ist, das ist ihr wesentlicher Stoff.*

Der Autor [i]) *beschreibt, was er mehr oder weniger mitgemacht, wenigstens mitgelebt hat. Es sind kurze Zeiträume, individuelle Gestalten von Menschen und von Begebenheiten. Es ist aus Anschauungen, die sie erlebt und durchgelebt, daß sie arbeiten; es sind die einzelnen unreflektierten Züge, aus denen sie ihr Gemälde versammeln, um [es] so bestimmt, als sie in der Anschauung oder in anschaulicher Erzählung es vor sich hatten, vor die Vorstellung der Nachwelt zu bringen.*

ββ) *In solchen Geschichtschreibern ist die Bildung des Autors und die Begebenheiten, die er zum Werke erschafft, der Geist des Verfassers und der Geist der Handlungen, von denen er erzählt, einer und derselbe.*

Er wird also zunächst keine Reflexionen anzubringen haben, denn er lebt im Geiste der Sache, ist nicht über sie heraus, wie es die Reflexion ist. Es ist in dieser Einheit näher auch dies begriffen, [daß wenn] in einem Zeitalter, in welchem ein größerer Unterschied der Stände eingetreten [ist und] die Bildung und die Maximen mit dem Stande zusammenhängen, dem ein Individuum angehört, ein solcher Geschichtschreiber dem Stande der Staatsmänner, Heerführer usf. angehört haben muß, deren Zwecke, Absicht und Taten dem politischen Weltkreise selbst [angehören], den er beschreibt [k]). *Wenn dieser Geist der Sache selbst ge-*

---

h) K. H. u. L. erg.: Man betrachte Herodot, Thukydides, Guicciardini [Verfasser einer *Istoria d'Italia* (1561), über die der Historiker Leopold v. Ranke schrieb].

i) Ms.: Er

k) Statt dieses ungefügen Satzes lesen wir bei K. H.: »Gehört er sogar, wie Caesar, dem Stande der Heerführer oder Staatsmänner an, so sind *seine* Zwecke es selbst, die als geschichtliche auftreten.« Und L. gewinnt zusätzlich folgende Erläuterung: »Hier ist näher anzuführen, was seine Anwendung auch auf spätere Zeiten hat. In Zeiten, wo in einem Volke die Bildung weit fortgeschritten ist, ergeben sich Unterschiede der Bildung, die aus den Unterschieden der Stände hervorgehen. Der Schriftsteller, wenn er zu den ursprünglichen Geschichts-

bildet ist, so weiß derselbe auch von sich; eine Hauptseite seines Lebens und Tuns ist sein [l]) *Bewußtsein über seine Zwecke und Interessen wie über seine Grundsätze — eine Seite seiner Handlungen ist die Weise, sich über sich gegen die andern zu erklären, auf ihre Vorstellung zu handeln, um ihren Willen zu bewegen.*

Reden sind Handlungen unter Menschen, und zwar sehr wesentliche und wirksame Handlungen. [m]) *Man hört freilich Menschen, denen man Reden übel genommen, oft sagen, es seien nur Reden gewesen, was sie gehalten oder vorgebracht. Wenn sie richtig über sich urteilen, daß ihre Reden weiter nichts als Reden [gewesen seien], so sind [sie] freilich als unschuldig zu erklären; denn solche Rede ist weiter nichts als Geschwätze, und Geschwätze hat etwa den einzigen Vorteil, etwas Unschuldiges zu sein. Aber Reden in einem Volke, von Völkern zu Völkern, von den Völkern oder Fürsten, als Handlungen, sind wesentlicher Gegenstand der Geschichte, besonders der ältern.* [n])

Dann sind es nicht die eigenen Reflexionen des Schriftstellers, womit er die Erklärung und die Darstellung dieses Bewußtseins gibt, sondern er hat die Personen und die Völker sich selbst [darüber] aussprechen zu lassen, was sie wollen und wie sie es wissen, was sie wollen. Die Motive (und Empfindungen) braucht er nicht in seinem eigenen Namen zu erklären, in sein besonderes Bewußtsein zu bringen. [o]) *Er legt ihnen keine*

---

schreibern gehören soll, muß dann von dem Stande derer sein, deren Taten er beschreiben will, Staatsmann oder Heerführer.« L. fährt dann, nach K. H., unter Verkennung des S. 7, Zl. 2 erwähnten unmittelbaren Bogenschlusses fort:
»Wenn hier gesagt wird, daß ein solcher Geschichtschreiber nicht reflektieren, sondern daß die Personen und Völker selbst vorkommen, so scheinen die Reden dagegen zu sprechen, welche z. B. bei Thukydides gelesen werden und von denen man behaupten kann, daß sie sicherlich nicht so gehalten worden sind.«

l) Nach diesem Wort beginnt der Marbacher Bogen.

m) L. erg.: Durch Reden müssen die Menschen zu den Handlungen gebracht werden; und solche Reden machen dann einen wesentlichen Teil der Geschichte aus.

n) Dieser ganze Absatz ist Randzusatz im Ms.

o) Auch dieser Satz ist Randzusatz im Ms.

fremde, von ihm gemachte Rede in den Mund; wenn er sie auch ausgearbeitet hätte, so wäre der Inhalt und diese Bildung und dies Bewußtsein ebensosehr der Inhalt und das Bewußtsein derer, die er so sprechen läßt. So lesen wir bei Thukydides die Reden des Perikles, des tiefstgebildeten, echtesten, edelsten Staatsmannes, ferner anderer Redner, Gesandten der Völker usf. [p] *In diesen Reden sprechen diese Menschen die Maximen ihres Volkes, ihrer eigenen Persönlichkeit, das Bewußtsein ihrer politischen Verhältnisse wie ihrer sittlichen und geistigen Verhältnisse und Natur, die Grundsätze ihrer Zwecke, Handlungsweisen aus, — und der Geschichtschreiber hat wenig oder nichts übrig für sich zur Reflexion behalten, und was er jene sprechen läßt, ist nicht ein fremdes, ihnen geliehenes Bewußtsein, sondern ihre eigene Bildung und Bewußtsein sind es. Wenn man die substantielle Geschichte, den Geist der Nationen studieren, in, mit ihnen leben und gelebt haben will, so muß man in solche ursprüngliche Geschichtschreiber sich hineinstudieren und in ihnen verweilen, und man kann nicht lange genug bei ihnen verweilen; hier hat man die Geschichte eines Volkes oder einer Regierung frisch, lebendig, aus erster Hand. Wer nicht gerade ein gelehrter Historicus werden, sondern die Geschichte genießen will, der kann beinahe größtenteils bei solchen Schriftstellern allein stehen bleiben* [q].

[r] *Solche Geschichtschreiber sind übrigens nicht so häufig, als man etwa meinen sollte. Herodot, den Vater, d. i. den Urheber der Geschichte — und dazu der größte Geschicht-*

---

p) L. statt des Bisherigen, anschließend an den vorherigen Absatz: Sie enthalten Aufschlüsse über die Reflexionen und Grundsätze der Zeit, und dem Geschichtschreiber wird es dadurch erspart, selbst Reflexionen zu machen. Auch wenn er sich solche Reden selbst ausbildet, so sind diese doch, weil er selbst in der Bildung seiner Zeit steht, die Reden seiner Zeit. Wären also z. B. die Reden des Perikles auch von Thukydides ausgearbeitet, so sind sie dem Perikles doch nicht fremd.

q) Ms. fährt fort: außer, was er sonst zur [bricht ab].

r) Am Rande: Davon *Bibeln* der Völker zu unterscheiden; — jedes Volk hat so ein Grundbuch — Bibel, Homer.

schreiber, — und Thukydides habe ich schon genannt. [Beide sind] von bewunderungswürdiger Naivität. X e n o p h o n s Rückzug der Zehntausend ist ein ebenso ursprüngliches Buch usf. — P o l y b i u s, C a e s a r s C o m m e n t a r i i sind gleich-[falls] ein Meisterwerk — einfaches, simples Werk — eines großen Geistes[.] Sie sind jedoch nicht der alten Zeit nur eigen. Daß es solche Geschichtschreiber [gebe], dazu ist erforderlich, daß nicht nur d i e B i l d u n g i n e i n e m V o l k e i n e i n e r h o h e n S t u f e v o r h a n d e n s e i [s]*), sondern auch, daß sie nicht einsam in der G e i s t l i c h k e i t, den G e l e h r t e n usf. isoliert, sondern mit den Staats- und Heerführern vereinigt sei. Naive Chronikenschreiber, wie Mönche, hat es z. B. wohl im Mittelalter genug gegeben, aber nicht zugleich Staatsmänner, doch auch gelehrte B i s c h ö f e, die im Mittelpunkt der Geschäfte und Staatshandlungen gestanden, [also] auch Staatsmänner [waren]; aber sonst [war] das politische Bewußtsein nicht ausgebildet* [t]*). I n n e u e r n Z e i t e n haben sich a l l e Verhältnisse geändert. Unsere Bildung f a ß t sogleich auf und v e r w a n d e l t u n m i t t e l b a r alle B e g e b e n h e i t e n für die V o r s t e l l u n g in B e r i c h t e, und wir haben in neuern Zeiten vortreffliche, einfache, geistreiche, bestimmte Berichte über Kriegsbegebenheiten und andere, die den Kommentaren Caesars an die Seite gesetzt werden und wegen des Reichtums ihres Inhalts, d. i. der bestimmten Angabe der Mittel und Bedingungen, noch belehrender sind.*

Es sind v i e l e f r a n z ö s i s c h e M é m o i r e s hieher zu rechnen, oft von g e i s t r e i c h e n Köpfen über k l e i n e Z u s a m m e n h ä n g e und A n e k d o t e n verfaßt, oft kleinlichen Inhalts auf einem k l e i n l i c h e n Boden, aber oft auch von geistreichen großen Köpfen auf einem größern interessante-

---

s) Im Ms. verbessert aus: eine hohe Stufe erreicht habe.

t) Die drei letzten Sätze (von »Sie sind jedoch« an) ergeben sich aus Randbemerkungen im Ms. — K. H. und mit ihm L. st. d.: Im Altertum waren diese Geschichtschreiber notwendig große Kapitäne und Staatsmänner; im Mittelalter, wenn wir die Bischöfe ausnehmen, die im Mittelpunkte der Staatshandlungen standen, gehören hierher die Mönche als naive Chronikenschreiber, welche ebenso isoliert waren, als jene Männer des Altertums im Zusammenhange sich befanden.

ren Feld; [ein] Meisterwerk [dieser Art sind die] Mémoires des Kardinals de Retz. In Deutschland sind dergleichen Schriften von Meistern, die selbst in den Begebenheiten mithandelnde Personen gewesen, selten; eine gewisse rühmliche Ausnahme macht die Histoire de mon temps de Frédéric II. Es ist nicht genug, Zeitgenosse solcher Begebenheiten gewesen zu sein, auch nicht, sie in der Nähe gesehen [zu haben], im Falle gewesen zu sein, gute Nachrichten zu haben; der Schriftsteller muß vom Stande, dem Kreise, den Ansichten, Denkweise, Bildung der Handelnden, die er beschreibt, selbst gewesen sein. Wenn man oben steht, kann man nur die Sache recht übersehen und jegliches an seinem Orte erblicken, — nicht wenn man von unten hinauf durch das Loch einer moralischen Bouteille oder sonstigen Weisheit betrachtet.

In unsern Zeiten [ist es] um so nötiger, von der beschränkten Ansicht der Stände [loszukommen und] die, in denen das Recht des Staats und die Macht des Regierens selbst liegt, [berichten zu lassen, da] die von unmittelbarer politischer Wirksamkeit mehr ausgeschlossenen Stände sich an moralischen Grundsätzen wärmen und sich über die höhern Stände damit zu trösten und hinauszusetzen wissen, kurz, nur innerhalb [ein- und] desselben Kreises stehen. [u])

β) *Die zweite Art der Geschichte können wir die reflektierende Geschichte nennen, Geschichte, deren Darstellung über das dem Schriftsteller selbst Gegenwärtige hinausgeht, [die] nicht nur als in der Zeit, in dieser Lebendigkeit gegenwärtig, sondern als im Geiste gegenwärtig es mit eigentlicher vollständiger Vergangenheit zu tun [hat].* [a]) *Es sind darunter sehr verschiedene Arten begriffen, — überhaupt das, was wir im allgemeinen Geschichtschreiber zu nennen pflegen. Hiebei ist die Verarbeitung*

---

u) Im Ms. am Rande: politische Betrachtung — Staatsleben.

a) Im Ms. am Rande: α) Ursprüngliche [Geschichte] kann nur einen *kurzen Zeitraum* umfassen. Bedürfnis der Übersicht eines Ganzen führt β) die reflektierende Geschichte herbei. αα) Kompendien, ββ) *Gegenteil.* — Nachahmung der ursprünglichen nur äußerliche Erweiterung.

des geschichtlichen Stoffs die Hauptsache, an dem der Arbeiter mit seinem Geiste, der verschieden ist von dem Geiste des Inhalts selbst, kommt; hiebei kommt es daher hauptsächlich auf die Maximen, die Vorstellungen, Prinzipien an, die sich der Verfasser teils von dem Inhalte, Zwecke der Handlungen und Begebenheiten selbst macht, teils von der Art, die Geschichte zu schreiben. Bei uns Deutschen ist die Reflexion – und Gescheutheit – darüber sehr mannigfach; jeder Geschichtschreiber hat dabei seine eigene Art und Weise, — Besonderes sich in den Kopf gesetzt. Die Engländer und Franzosen wissen im allgemeinen, wie man Geschichte schreiben müsse; sie stehen mehr in den Vorstellungen einer gemeinschaftlichen Bildung; bei uns klügelt sich jeder etwas Eigentümliches aus. Die Engländer und Franzosen haben daher vortreffliche Geschichtschreiber; bei uns, wenn man die Kritiken der Geschichtschreiber seit zehn oder zwanzig Jahren ansieht, findet [man], daß beinahe jede Rezension mit einer eigenen Theorie über die Art, wie Geschichte geschrieben werden soll, anfängt, einer Theorie, die der Rezensent der Theorie des Geschichtschreibers entgegenstellt. Wir sind auf dem Standpunkt, immer uns zu bestreben und noch zu suchen, wie die Geschichte geschrieben werden soll.

αα) Man verlangt überhaupt, die Übersicht der ganzen Geschichte eines Volkes oder Landes oder der ganzen Welt überhaupt zu haben [b]); es ist notwendig zu diesem Behuf, Geschichten zu verfertigen. Solche Historienbücher sind dann notwendig Kompilationen aus ursprünglichen förmlichen Geschichtschreibern, aus fernern schon verfertigten Berichten und einzelnen Nachrichten. Die Quelle ist nicht die Anschauung und die Sprache der Anschauung; [sie haben nicht den Charakter] des Dabeigewesenseins. Diese erste Art der reflektierenden Geschichte schließt sich zunächst an die vorhergehende an, wenn sie weiter keinen Zweck hat, als das Ganze der Geschichte eines Landes [,] der Welt darzustellen. Die Art dieser Kompilation hängt zunächst vom Zwecke ab, ob

---

b) K. H. erg.: Kurz das, was wir *allgemeine Geschichte* schreiben nennen.

die Geschichte ausführlicher oder nicht ausführlicher sein soll. c) *Es geschieht dabei, daß sich solche Geschichtschreiber vornehmen, die Geschichte anschaulich so zu schreiben, daß der Leser die Vorstellung habe, er höre Zeitgenossen und Augenzeugen die Begebenheiten erzählen. Solches Beginnen verunglückt nun immer mehr oder weniger. — Das ganze Werk soll und muß auch einen Ton haben; denn es ist ein Individuum von einer bestimmten Bildung, welches der Verfasser desselben ist; aber die Zeiten, welche eine solche Geschichte durchläuft, sind sehr verschiedener Bildung, ebenso die Geschichtschreiber, die er benutzen kann, und der Geist, der in ihnen aus dem Schriftsteller spricht, ist ein anderer als der Geist dieser Zeiten. Will der Geschichtschreiber den Geist der Zeiten schildern, so pflegt es der eigne Geist der Herrn zu sein. So läßt Livius die alten Könige Roms, die Konsuln und Heerführer alter Zeiten Reden halten, wie sie nur einem gewandten Advokaten (rabulistischen Redner) der Livianischen Zeit zukommen konnten, und die wieder mit echten, aus dem Altertum erhaltenen Sagen, z. B. der Fabel des Menenius Agrippa von dem Magen und den Eingeweiden, aufs stärkste kontrastieren. So gibt er uns ganz ausführliche, detaillierte Beschreibungen von Schlachten und andern Begebenheiten in einem Tone, einer Bestimmtheit der Auffassung des Details, wie sie in Zeiten, worin sie vorgefallen, noch nicht hat statthaben können, als ob er sie mitangesehen hätte, — Beschreibungen, deren Züge man wieder, z. B. für die Schlachten aller Zeiten, brauchen kann und deren Bestimmtheit wieder mit dem Mangel an Zusammenhang und mit der Inkonsequenz kontrastiert, die in andern Stücken oft über den Gang von Haupt-*

---

c) Hiernach gestrichen, aber dennoch von K. H. und L. beibehalten, bzw. nach einer Kollegnachschrift aus einem Jahrgang vor 1828 wieder aufgenommen:
Solche Kompilationen sind nun die weltgeschichtlichen Kompendien überhaupt, auch näher z. B. die *Römische Geschichte des Livius,* Diodor von Sizilien usf., *Johannes v. Müllers* Schweizergeschichte. Sie sind, wenn gut gemacht, höchst verdienstlich, ganz unentbehrlich. Es läßt sich aber kein rechtes Maß und Bestimmung der Behandlung angeben.

verhältnissen herrscht. Was der Unterschied eines solchen Kompilators und eines ursprünglichen Historikers [ist], erkennt man am besten, wenn man den Polybius mit der Art vergleicht, wie Livius dessen Geschichte über die Periode, von der uns des Polybius Werk aufbehalten ist, benutzt, auszieht und abkürzt. — Johannes von Müller hat seiner Geschichte d) *in dem Bestreben, den Zeiten, die er beschreibt, treu in seiner Schilderung zu sein, ein hölzernes, hohlfeierliches, pedantisches Aussehen gegeben. Man liest in dem alten Tschudy* e) *dergleichen viel lieber, naiver, natürlicher, als eine solche bloß gemachte, affektierte Altertümlichkeit.*

[Randzusatz im Ms.:]

Dies ein Versuch, uns ganz in die Zeiten hineinzuversetzen, ganz anschaulich und lebendig, – [was] wir ebenso wenig als ein Schriftsteller [können]; ein Schriftsteller ist auch wir, gehört seiner Welt an, ihren Bedürfnissen, Interessen, dem, was sie hochhält, ehrt. – Z. B. wenn wir, es sei welches [bestimmte Zeitalter] es wolle, noch so in das griechische Leben [eindringen], das uns von so vielen und wichtigsten Seiten zusagt, [so können wir doch] ebenso im Wichtigsten nicht sympathisieren, nicht mit ihnen, den Griechen, empfinden. Wenn wir uns für die Stadt Athen z. B. aufs Höchste interessieren und [an] den Handlungen, Gefahren [ihrer Bürger] allen Anteil nehmen – [es ist ein] Vaterland und höchst edles Vaterland eines gebildeten Volkes, – [so können wir doch] nicht mitempfinden, wenn sie vor Zeus, Minerva usf. niederfallen, [wenn es] am Tage der Schlacht bei Platää sich mit Opfern quält, – Sklaverei. Den Übelstand – Ton, Duft – Wie [wir] nicht die Mitemp-

---

d) Johannes v. Müller (1752—1809), Die Geschichte der Schweizerischen Eidgenossenschaft, 1. Bd. Leipzig 1786; 2. und 3. Bd. 1786—95; 4. u. 1. Abt. des 5. Bd. 1805—08. Verbesserte Gesamtauflage, Leipzig 1826.

e) Aegidius Tschudi (1505—1572), Schweizerchronik, Basel 1734—1736, 2 Bde. — Im Geschichtswerk des Politikers Tschudi sind eine große Anzahl später verloren gegangener Urkunden abgedruckt, auf die sich J. v. Müller stützt.

findung eines Hundes haben, [wenn wir auch] einen besondern Hund wohl vorstellen, kennen, seine Manier, Anhänglichkeit, besondere Weisen erraten. –

Man hat es nun auch auf andere Weise versucht, uns wenigstens das Geschichtliche, wenn auch nicht zur Mitempfindung durch den Ton zu bringen, – zur Anschaulichkeit, Lebendigkeit der Empfindung, [einer] Lebendigkeit, die Anschaulichkeit ist, d. h. ganz bis ins Detail der Begebenheiten, – Sitz – Empfindungsweise – bestimmte Darstellung. –

[Fortgang des Haupttextes:]

Es tritt bei einer solchen Geschichte, welche lange Perioden oder den Zeitraum der Weltgeschichte überschauen will, dies ein [und] kann nicht anders [geschehen], als sie muß die individuelle Darstellung des Wirklichen mehr oder weniger aufgeben und sich mit Abstraktionen behelfen, epitomieren, abkürzen. Dies [heißt] nicht nur überhaupt viele Begebenheiten und Handlungen weglassen, sondern der Gedanke, der Verstand ist der mächtigste Epitomator. Zum Beispiel: Es ist eine Schlacht geliefert, ein großer Sieg erfochten, eine Stadt vergebens belagert worden usf. – Schlacht, großer Sieg, Belagerung, – alles dies sind allgemeine Vorstellungen, die ein weitläufiges individuelles Ganzes in eine einfache Bestimmung für die Vorstellung zusammenziehen. Wenn erzählt wird, daß im Anfang des Peloponnesischen Krieges Platää von den Spartanern lange belagert und, nachdem sich ein Teil der Bewohner geflüchtet, die Stadt eingenommen und die zurückgebliebenen Bürger hingerichtet worden sind, so ist dies kurz beisammen, was Thukydides mit so vielem Interesse ausführlich in seinem ganzen Detail beschreibt, – oder daß eine Expedition der Athener nach Sizilien einen unglücklichen Ausgang genommen. – Aber es ist, wie gesagt, für die Übersicht notwendig, sich mit solchen reflekt[ierenden] Vorstellungen zu helfen; und solche Übersicht ist gleichfalls notwendig. [f]) Freilich wird solche Erzählung dann um so trockener. Was will es uns interessieren, wenn Livius hundertmal, nachdem er von hundert Kriegen mit den Volskern erzählt, unter anderem mit dem Ausdruck [kommt]: Dieses Jahr ist auch glücklich mit den Volskern oder Fidenaten usf. Krieg geführt worden. – Solche Weise, die Geschichte zu schreiben, heißt unlebendig; jene Formen, abstrakten Vorstellungen machen den Inhalt trocken.

Gegen d[iese] allgemeine Weise [versuchen gewisse Geschichtschreiber,] wenigstens, wenn nicht diese Lebendigkeit der Empfindung, doch [die] der Anschauung, der Vorstellung dadurch [zu gewinnen,] daß [sie] alle einzelnen Züge gerecht, lebendig darstellen, nicht durch eigene Verarbeitung die alte Zeit reproduzieren wollen, sondern durch sorgfältige Treue ein Bild derselben geben. [Sie] lesen diese allenthalben her zusammen (Ranke [g]). Die bunte Menge von Detail, kleinlichen Interessen, Handlungen der Soldaten, Privatsachen, die auf die politischen Interessen keinen Einfluß haben, – unfähig, ein Ganzes, einen allgemeinen Zweck [zu erkennen]. [Eine] Reihe von Zügen – wie in einem Walter Scott'schen Roman – überall her aufzulesen, fleißig und mühselig zusammenzulesen, – dergleichen Züge kommen in den Geschichtschreibern, Korrespondenzen und Chronikenschreibern vor, – solche Manier verwickelt uns in die vielen zufälligen Einzelheiten, [die] historisch wohl richtig [sind]; aber das Hauptinteresse [wird durch sie] um nichts klarer, im Gegenteil verworren, – und so [ist es] gleichgültig, daß dieser Soldat Namens – –, ganz dieselbe Wirkung. – [Man sollte] dies den Walter Scott'schen Romanen überlassen, diese Ausmalerei im Detail mit den kleinen Zügen der Zeit, wo die Taten, Schicksale eines einz[elnen] Individuums das müßige Interesse ausmachen, auch das ganz Partikuläre

f) Am Rande: nicht bloß quantitativ, d. h. auf allgemeine Vorstellungen reduzieren durch die Reflexion.

g) *nicht* »Ränken«, wie L. gelesen hat, — übrigens die einzige Stelle in Hegels Werken, wo der Name des (damals noch in den Anfängen stehenden) großen Historikers erwähnt ist (vgl. S. 6, Anm. h).

von dem gleichen Interesse; aber in Gemälden von den großen Interessen der Staaten, in diesen verschwinden jene Partikularitäten der Individuen. Die Züge sollen charakteristisch, bedeutend für den Geist der Zeit sein, – dies ist zu leisten auf eine höhere, würdigere Weise, [nämlich dadurch, daß] die politischen Taten, Handlungen, Sit[uationen] selbst [zur Geltung kommen, daß] das Allgemeine der Interessen in ihrer Bestimmtheit [dargestellt wird].

ββ) *Auf eine zweite Art der reflektierenden Geschichte im allgemeinen treibt sogleich die erste;* [h]) *dies ist die pragmatische. [Eigentlich hat sie] keinen Namen; es ist das, was Geschichtschreibung im allgemeinen sich vorsetzt: eine gebildete [Vorstellung von] einer Vergangenheit und deren Leben [zu geben]. [Wenn wir nämlich* [i]*)] solche Totalität nicht vor uns haben und lebendig darin versieren, sondern vielmehr mit einer reflektierten Welt, d. i. mit einer Vergangenheit ihres Geistes, ihrer Interessen, ihrer Bildung zu tun haben, [so ist sogleich* [k]*)] das Bedürfnis einer Gegenwart vorhanden. Diese [liegt] nicht in der Geschichte, solche Gegenwart [entsteht] in der Einsicht des Verstandes, der subjektiven Tätigkeit und der Bemühung des Geistes dabei. Das Äußerliche der [Begebenheiten* [l]*)] ist fahl, grau; der Zweck — Staat, Vaterland, — der Verstand derselben, ihr innerer Zusammenhang, das Allgemeine des Verhältnisses in ihnen ist das Dauernde, ebenso jetzt gültig und vorhanden als vormals und immer. Irgendein Staat ist Zweck für sich, – Erhaltung*

---

h) Am Rande, durch Zeichen an die obige Stelle des Zusammenhanges verwiesen:
Überhaupt *verständige* Geschichte, αα) *ein Ganzes der Interessen* — als Ganzes eines *Staates,* Epoche machende Bege[benheit], eines Kriegs, auch Indiv[iduums] — ist *Gegenstand.* ββ) Der Gegenstand ist auch hier ein *gegenwärtiges* Interesse, aber [es wird] Verzicht geleistet auf die *Gegenwärtigkeit des Tons,* der Empfindung, der äußerlichen Anschaulichkeit in den Detailumständen, Schicksalen der einzelnen Privatindividuen als solcher.

i) k) l) Bei der starken Überarbeitung des Ms. sind diese Stellen versehentlich mitgestrichen, bzw. nicht wiederhergestellt worden.

nach Außen; – seine Entwicklung und Ausbildung nach Innen geschieht in einer notwendigen Stufenfolge, wodurch das Vernünftige, Gerechtigkeit und Befestigung der Freiheit, hervorgeht. m) *[Es ist ein] System von Institutionen, α) als System die Konstitution, β) der Inhalt derselben ebenso, wodurch die wahrhaften Interessen zum Bewußtsein gebracht und zur Wirklichkeit errungen werden. In jedem Fortschreiten des Gegenstands [ist] nicht bloß äußerliche Konsequenz und Notwendigkeit des Zusammenhangs, sondern Notwendigkeit in der Sache, im Begriff. Dies [ist] die wahrhafte Sache. Z. B. [ein] moderner Staat, [die Geschichte des] Deutschrömischen Reiches, große Individuen* n) *oder einzelne große Begebenheit[en] – französische Revolution, – irgend ein großes Bedürfnis, — dies [ist] der Gegenstand und Zweck der Geschichtschreiber, aber auch Zweck des Volks, Zweck der Zeit selbst. Darauf [wird] alles bezogen.*

Solche pragmatischen Reflexionen, so sehr sie abstrakt sind, sind so in der Tat das Gegenwärtige und die Erzählung der Vergangenheit Beleben-, zum gegenwärtigen Leben Bringen-Sollende o)*. Ob nun solche Reflexionen in der Tat interessant und belebend seien, das kommt auf den eigenen Geist des Schriftstellers an.*

Schlechteste Manier des pragm[atischen Geschichtschreibers ist der] kleine psychologische Geist, der den Triebfedern der Subjekte [, die er] aus keinem Begriff, [sondern] von besonderen Neigungen und Leidenschaften [gewonnen hat,] nachgeht [und] die Sache selbst nicht für treibend, wirkend ansieht; dann der moralische Pragm[atiker, der] ebenso fort kompilierend erzählt, [aber] von Zeit zu Zeit mit erbaulichen christlichen Reflexionen aufwacht aus dieser dröselnden Erzählerei und den Begebenheiten und Indivi-

m) Darüber geschrieben: Zuerst *roh*, eingehülltes *Volk*, als solches [nicht Gegenstand], sondern insofern es dazu kommt, ein Staat zu sein. Unternehmung als Staat, ein vernünftiges Ganzes in sich, ist allgemeiner Vernunftzweck.

n) Darunter: Andere Individuen wie *Napoleon* nur momentan. Im Wesentlichen Abhängigkeit.

o) in Klammern dazu: Franzosen [darüber: Deutsche] befriedigen uns mehr, — *so sei es gewesen* —.

duen mit moralischem Einhauen in die Flanke fällt, eine erbauliche Reflexion, paränetischen Ausruf und Lehre einschaltet und dergleichen.

Eine zweite Art der reflektierenden [p]) Geschichte ist alsdann die pragmatische. Wenn wir mit der Vergangenheit zu tun haben und wir uns mit einer entfernten Welt beschäftigen, so tut sich eine Gegenwart für den Geist auf, die dieser aus seiner eigenen Tätigkeit zum Lohn für seine Bemühung hat. Die Begebenheiten sind verschieden, aber dies Allgemeine und Innre, der Zusammenhang einer. Dies hebt die Vergangenheit auf und macht die Begebenheit gegenwärtig. (Die allgemeinen Verhältnisse, die Verkettung der Umstände kommen nicht mehr wie vorher mit zu den Begebenheiten, die als einzelne und individuelle dargestellt werden, sondern sie werden selbst zur Begebenheit; das Allgemeine, nicht mehr das Besondere erscheint. Werden ganz individuelle Begebenheiten so allgemein aufgefaßt, so ist dies unwirksam und unfruchtbar; wenn aber der ganze Zusammenhang der Begebenheit entwickelt wird, so zeigt dies den Geist des Schriftstellers [q]).

Es ist hier besonders der moralischen Reflexionen Erwähnung zu tun und der durch die Geschichte zu gewinnenden moralischen Belehrung, auf welche hin dieselbe oft bearbeitet wurde. Wenn auch zu sagen ist, daß Beispiele des Guten das Gemüt, besonders der Jugend, erheben und beim moralischen Unterricht der Kinder, um ihnen das Vortreffliche eindringlich zu machen, als konkrete Vorstellungen allgemeiner Wahrheiten anzuwenden wären, so sind doch die Schicksale der Völker, die Umwälzungen der Staaten, deren Interessen, Zustände und Verwicklungen ein anderes Feld als das moralische. (Die moralischen Methoden sind sehr einfach; die biblische Geschichte ist für solche Belehrung hinreichend. Aber die moralischen Abstraktionen der Geschichtschreiber dienen zu nichts.)

---

p) K. H. st. d.: reflektierte.

q) Das hier und im Folgenden in Klammern Gesetzte findet sich bei L. allein; in allem Anderen stimmen K. H. und L. fast durchgängig wörtlich überein. In Zweifelsfällen habe ich die K. H.'sche Textgestalt vorgezogen.

Man verweist Regenten, Staatsmänner, Völker vornehmlich an die Belehrung durch die Erfahrung der Geschichte. Was die Erfahrung aber und die Geschichte lehren, ist dies, daß Völker und Regierungen niemals etwas aus der Geschichte gelernt und nach Lehren, die aus derselben zu ziehen gewesen wären, gehandelt haben. Jede Zeit, jedes Volk hat so eigentümliche Umstände, ist ein so individueller Zustand, daß in ihm aus ihm selber entschieden werden muß und allein entschieden werden kann (und gerade nur der große Charakter ist es, der hier das Rechte zu treffen weiß). Im Gedränge der Weltbegebenheiten hilft nicht ein allgemeiner Grundsatz, eine Erinnerung an ähnliche Verhältnisse [in der Vergangenheit] reicht nicht aus; denn so etwas wie eine fahle Erinnerung hat keine Gewalt im Sturm der Gegenwart, keine Kraft gegen die Lebendigkeit und Freiheit der Gegenwart. (Das Bildende der Geschichte ist etwas anderes als die daraus hergenommenen Reflexionen. Kein Fall ist dem andern ganz ähnlich; individuelle Gleichheit ist nie so da, daß, was in *einem* Falle das Beste ist, es auch in einem andern wäre. Jedes Volk hat seine eigene Lage, und für die Begriffe von dem, was Recht ist, braucht man nicht erst die Geschichte.) Nichts ist in dieser Rücksicht schaler als die oft wiederkehrende Berufung auf griechische und römische Beispiele, wie diese in der Revolutionszeit bei den Franzosen so häufig vorgekommen ist. Nichts ist verschiedener als die Natur dieser Völker und die Natur unserer Zeiten. Johannes v. Müller hat bei seiner allgemeinen [r]) wie bei seiner Schweizergeschichte solche moralische Absichten gehabt und für die Fürsten, Regierungen und Völker, besonders für das Schweizervolk, solche Lehren zubereitet. Er hat eine eigene Lehren- und Reflexionensammlung gemacht und gibt öfters in seinem Briefwechsel [s]) die genaue Anzahl von Reflexionen an, die er in der Woche verfertigt hat. (Er hat seine Sentenzen dann nach Gutdünken

---

r) Johannes v. Müller, Vierundzwanzig Bücher allgemeiner Geschichten, besonders der europäischen Menschheit, Tübingen 1810, 3. Bde.

s) Johannes v. Müller, Briefe an Bonstetten, 1809; Briefe an Woltmann, Berlin 1811; Briefe Müllers an seinen ältesten Freund, hrsg. v. Füssli, Zürich 1812.

in seine Erzählung eingestreut; aber nur an einen konkreten Fall lassen sich solche lebendig anknüpfen. Seine Gedanken sind sehr oberflächlich; er wird deswegen langweilig und) man darf dieses nicht zu dem Besten rechnen, was er geleistet hat. (Reflexionen müssen konkret sein.) Es ist nur die gründliche, freie, umfassende Anschauung der Situationen und der tiefe Sinn für die Idee, wie sie sich selbst auslegt, was den Reflexionen Wahrheit und Interesse geben kann. So ist es z. B. in Montesquieu's Geist der Gesetze [t]), der zugleich gründlich und tief ist.

Deswegen löst auch eine reflektierende Geschichte die andere ab; jedem Schreiber stehen die Materialien offen, jeder kann sich leicht für fähig halten, sie zu ordnen und zu verarbeiten, und seinen Geist als den Geist der Zeiten in ihnen geltend machen. So ist ein Überdruß an solchen reflektierenden Geschichten entstanden, und man ist auf genau gemachte Beschreibungen, auf das aus allen Gesichtspunkten umschriebene Bild einer Begebenheit zurückgegangen. Diese sind allerdings etwas wert, aber sie bieten meistens nur Material dar. Wir Deutsche sind damit zufrieden; die Franzosen dagegen bilden sich geistreich eine Gegenwart und beziehen die Vergangenheit auf den gegenwärtigen Zustand.

γγ) Die dritte Weise der reflektierenden Geschichte ist die kritische; sie ist anzuführen, weil sie besonders die Art ist, wie in unsern Zeiten in Deutschland die Geschichte behandelt wird. Es ist nicht die Geschichte selbst, welche hier vorgetragen wird, sondern eine Geschichte der Geschichte und eine Beurteilung der geschichtlichen Erzählungen und Untersuchung ihrer Wahrheit und Glaubwürdigkeit. (Niebuhrs Römische Geschichte [u]) ist so geschrieben.) Das Außerordentliche, was hierin liegt und namentlich liegen soll, besteht in dem Scharfsinn des Schriftstellers, der den Erzählungen etwas abdingt, nicht in den Sachen. (Er zieht aus allen Umständen seine Folgerungen für die Glaubwürdigkeit.) Die Franzosen haben hierin viel Gründliches und Be-

---

t) *Montesquieu, De l'esprit des lois,* Genf 1748, 2 Bde.; deutsch Halle 1829, 3 Bde.

u) Barthold Georg Niebuhr, Römische Geschichte, Berlin 1811 bis 1832, 3 Bde.

sonnenes geliefert. Sie haben jedoch solch kritisches Verfahren nicht selbst als ein geschichtliches geltend machen wollen, sondern ihre Beurteilungen in der Form kritischer Abhandlungen verfaßt. Bei uns hat sich die sogenannte höhere Kritik wie der Philologie überhaupt, so auch der Geschichtsbücher bemächtigt (wo man, den Boden der Geschichte, das besonnene historische Studium verlassend, den willkürlichsten Vorstellungen und Kombinationen Raum gegeben hat). Diese höhere Kritik hat dann die Berechtigung abgeben sollen, allen möglichen unhistorischen Ausgeburten einer eitlen Einbildungskraft Eingang zu verschaffen. Auch dies ist eine Art, Gegenwart in die Vergangenheit zu bringen [v]), indem man subjektive Einfälle an die Stelle geschichtlicher Daten setzt, — Einfälle, die für uns umso vortrefflicher gelten, je kühner sie sind, d. i. auf je weniger gründen, auf je dürftigeren Umständchen sie beruhen, und je mehr sie dem Entschiedensten in der Geschichte widersprechen. —

δδ) Die letzte Art der reflektierenden Geschichte ist nun die Spezialgeschichte. Sie gibt sich sogleich als etwas Teilweises, Besonderes, indem sie aus dem reichen Leben eines Volkes, aus dem ganzen Zusammenhang einen allgemeinen Gesichtspunkt heraushebt (z. B. die Geschichte der Kunst, des Rechts, der Religion). Sie ist zwar abstrahierend, bildet aber, weil diese Gesichtspunkte allgemein sind, zugleich den Übergang zur philosophischen Weltgeschichte.

(Unsere Vorstellung, indem sie sich ein Bild eines Volkes macht, bringt mehr Gesichtspunkte mit sich als die Alten, geistige Bestimmungen, die behandelt werden müssen; die Geschichte der Kunst, Religion, Wissenschaft, Verfassung, des Rechts, Eigentums, der Schiffahrt sind solche allgemeine Gesichtspunkte. Durch die Bildung unserer Zeiten ist diese Weise, die Geschichte zu behandeln, [w]) mehr beachtet und ausgebildet worden. Besonders die Rechts- und Verfassungsgeschichte ist in unsern Zeiten hervorgehoben worden. Verfassungsgeschichte hängt auch schon mehr mit der Gesamt

---

[v]) L.: *die* Gegenwart in die Vergangenheit zu bringen. K. H.: Gegenwart in der Geschichte zu gewinnen.

[w]) K. H. statt des ganzen Absatzes: In unserer Zeit ist diese Weise der Begriffsgeschichte mehr ausgebildet und hervorgehoben worden.

geschichte zusammen; sie hat nur Sinn und Verstand in Verbindung mit dem Blick auf das Ganze des Staates. Wenn sie gründlich und interessant bearbeitet wird und sich nicht, wie z. B. Hugos Römische Rechtsgeschichte [x]), bloß an den äußeren Stoff, das unwesentliche Äußere hängt, kann sie vortrefflich sein. Da ist die Deutsche Rechtsgeschichte von Eichhorn [y]) schon gehaltreicher.)

Solche Zweige stehen in einem Verhältnis zum Ganzen der Geschichte eines Volks, und es kommt nur darauf an, ob dieser Zusammenhang des Ganzen aufgezeigt oder bloß in äußerlichen Verhältnissen gesucht wird. Im letztern Falle erscheinen sie als ganz zufällige Einzelheiten der Völker. Wenn nun die reflektierende Geschichte dazu gekommen ist, allgemeine Gesichtspunkte zu verfolgen, so ist zu bemerken, daß, wenn solche Gesichtspunkte wahrhafter Natur sind, sie nicht bloß der äußere Faden, eine äußere Ordnung, sondern die innere leitende Seele der Begebenheiten und Taten selbst sind.

γ) Die dritte Gattung der Geschichte, die philosophische Weltgeschichte, knüpft sich an diese letzte Art der reflektierenden Geschichtsbetrachtung so an, daß auch ihr Gesichtspunkt ein allgemeiner ist, nicht aber ein Besonderes, das abstrakt herausgehoben wird, wobei man von andern Gesichtspunkten absieht. Der allgemeine Gesichtspunkt der philosophischen Weltgeschichte ist nicht abstrakt allgemein, sondern konkret und schlechthin gegenwärtig; denn er ist der Geist, der ewig bei sich selber ist und für den es keine Vergangenheit gibt. [Oder er ist die Idee.] Gleich dem Seelenführer Merkur ist die Idee in Wahrheit der Völker- und Weltführer, und der Geist, sein vernünftiger und notwendiger Wille ist es, der die Weltbegebenheiten geführt hat und führt. Ihn in dieser Führung kennen zu lernen, ist hier unser Zweck.

---

x) Gustav Hugo (1764—1844) gab deutsch heraus: Gibbon, Übersicht des römischen Rechts, Göttingen 1789.

y) Karl Friedrich Eichhorn (1781—1854), Deutsche Staats- und Rechtsgeschichte, Göttingen, 1808—23, 4 Teile.

DIE PHILOSOPHISCHE WELTGESCHICHTE

Vorlesung 1830

[Begonnen] 8. XI. 1830

Meine Herren!

Der Gegenstand dieser Vorlesungen ist die Philosophie der Weltgeschichte.

Was Geschichte, Weltgeschichte ist, darüber brauche ich nichts zu sagen; die allgemeine Vorstellung davon ist genügend, auch etwa stimmen wir in derselben überein. Aber daß es eine Philosophie der Weltgeschichte ist, die wir betrachten, daß wir die Geschichte philosophisch behandeln wollen, dies ist es, was gleich bei dem Titel dieser Vorlesungen auffallen kann und was wohl einer Erläuterung oder wohl vielmehr einer Rechtfertigung zu bedürfen scheinen muß.

Jedoch ist die Philosophie der Geschichte nichts anderes als die denkende Betrachtung derselben; und das Denken einmal können wir nirgend unterlassen. Denn der Mensch ist denkend; dadurch unterscheidet er sich von dem Tier. Alles, was menschlich ist, Empfindung, Kenntnis und Erkenntnis, Trieb und Wille — insofern es menschlich ist und nicht tierisch, ist ein Denken darin, hiemit auch in jeder Beschäftigung mit Geschichte. Allein diese Berufung auf den allgemeinen Anteil des Denkens an allem Menschlichen wie an der Geschichte kann darum ungenügend erscheinen, weil wir dafür halten, daß das Denken dem Seienden, Gegebenen untergeordnet ist, dasselbe zu seiner Grundlage hat und davon geleitet wird. Der Philosophie aber werden eigene Gedanken zugeschrieben, welche die Spekulation aus sich selbst ohne Rücksicht auf das, was ist, hervorbringe und mit solchen an die Geschichte gehe, sie als ein Material behandle, sie nicht lasse, wie sie ist, sondern sie nach dem Gedanken einrichte, eine Geschichte a priori konstruiere.

Die Geschichte bezieht sich auf solches, was geschehen ist. Ihrer Betrachtung scheint der Begriff entgegen zu sein, der wesentlich aus sich selbst sich bestimmt. Man kann freilich die Begebenheiten so zusammenbringen, daß man sich vorstellt, das Geschehene liege uns unmittelbar vor. Zwar ist es auch dann um die Verbindung der Begebenheiten zu tun, um das, was man pragmatisch nennt, also darum, die Ursachen und Gründe für das Geschehene aufzufinden. Aber dazu, kann man sich vorstellen, ist der Begriff notwendig, ohne daß damit das Begreifen in ein sich entgegengesetztes Verhältnis tritt. Allein auf solche Weise sind es immer die Begebenheiten, die zum Grunde liegen, und die Tätigkeit des Begriffs wird auf den formellen, allgemeinen Inhalt dessen beschränkt, was vorliegt, auf Prinzipien, Regeln, Grundsätze. Für das, was so aus der Geschichte deduziert wird, erkennt man das logische Denken als notwendig an; aber das, was die Berechtigung dazu gibt, soll aus der Erfahrung herkommen. Was dagegen die Philosophie unter Begriff versteht, ist etwas anderes; hier ist Begreifen die Tätigkeit des Begriffs selbst, kein Konkurrieren von Stoff und Form, die anderswoher kommen. Solche Verbrüderung wie in der pragmatischen Geschichte genügt dem Begriffe in der Philosophie nicht; er nimmt wesentlich seinen Stoff und Inhalt aus sich selbst. In dieser Rücksicht bleibt also auch jener angegebenen Verbindung ungeachtet noch derselbe Unterschied, daß sich das Geschehene und die Selbständigkeit des Begriffs einander gegenüberstehen.

Indessen bietet sich uns dasselbe Verhältnis [noch ganz abgesehen von der Philosophie bereits] innerhalb der Geschichtsbetrachtung dar, sobald wir hier einen höhern Standpunkt einnehmen. Erstens sehen wir in der Geschichte Ingredienzien, Naturbedingungen, die von dem Begriff entfernt liegen, mannigfache menschliche Willkür, äußerliche Notwendigkeit. Anderseits stellen wir alledem den Gedanken einer höheren Notwendigkeit, einer ewigen Gerechtigkeit und Liebe gegenüber, den absoluten Endzweck, der Wahrheit an und für sich ist. Dieses Entgegengesetzte beruht auf den abstrakten Elementen im Gegensatze des natürlichen Seins, auf der Freiheit und Notwendigkeit des Begriffs. Es ist ein Gegensatz, der uns in vielfacher Gestalt interessiert, und der auch in der Idee der Weltgeschichte unser Interesse beschäftigt. Ihn in der Weltgeschichte als an und für sich gelöst aufzuzeigen, ist unser Zweck.

Die Geschichte hat nur das rein aufzufassen, was ist, was gewesen ist, die Begebenheiten und Taten. Sie ist um so wahrer, je mehr sie sich nur an das Gegebene hält und — indem dies zwar nicht so unmittelbar darliegt, sondern mannigfaltige, auch mit Denken verbundene Forschungen erfordert — je mehr sie dabei nur das Geschehene zum Zwecke hat. Mit diesem Zwecke scheint das Treiben der Philosophie im Widerspruche zu stehen; und über diesen Widerspruch, über den Vorwurf, welcher der Philosophie wegen der Gedanken [gemacht wird], die sie zur Geschichte mitbringe und diese nach denselben behandle, ist es, daß ich mich in der Einleitung erklären will. Das heißt, es ist die allgemeine Bestimmung der Philosophie der Weltgeschichte zuerst anzugeben und die nächsten Folgen, die damit zusammenhängen, bemerklich zu machen. Es wird damit das Verhältnis von dem Gedanken und vom Geschehenen von selbst in das richtige Licht gestellt werden [1]), und schon darum, wie auch um in der Einleitung nicht zu weitläufig zu werden, da uns in der Weltgeschichte ein so reicher Stoff bevorsteht, bedarf es nicht, daß ich mich in Widerlegungen und Berichtigungen der unendlich vielen spezielleren schiefen Vorstellungen und Reflexionen einlasse, die über die Gesichtspunkte, Grundsätze, Ansichten über den Zweck, die Interessen der Behandlung des Geschichtlichen, und dann insbesondere über das Verhältnis des Begriffs und der Philosophie zum Geschichtlichen im Gange sind, oder immer wieder neu erfunden werden [2]). Ich kann sie im ganzen übergehen oder nur beiläufig etwas darüber erinnern.

---

1) Ms. st. d.: richtige Verhältnis stellen.

2) Am Rande: Jede neue Vorrede einer Geschichte — und dann wieder die Einleitungen in den Rezensionen einer solcher Geschichte [bringen eine] neue Theorie.

A.[a])

[IHR ALLGEMEINER BEGRIFF]

Ich will über den vorläufigen Begriff der Philosophie der Weltgeschichte zunächst dies bemerken, daß, wie ich gesagt, man in erster Linie der Philosophie den Vorwurf macht, daß sie mit Gedanken an die Geschichte gehe und diese nach Gedanken betrachte. Der einzige Gedanke, den sie mitbringt, ist aber der einfache Gedanke der V e r n u n f t, daß die Vernunft die Welt beherrscht, daß es also auch in der Weltgeschichte vernünftig zugegangen ist [b]). *Diese Überzeugung und Einsicht ist eine V o r a u s s e t z u n g in Ansehung der Geschichte als solcher überhaupt. In der Philosophie selbst ist dies keine Voraussetzung; in ihr wird es durch die spekulative Erkenntnis e r w i e s e n, daß die Vernunft, — bei diesem Ausdrucke können wir hier stehen bleiben, ohne die Beziehung und das Verhältnis zu Gott näher zu erörtern, — die S u b s t a n z, wie die u n e n d l i c h e M a c h t, sich selbst der u n e n d l i c h e S t o f f alles natürlichen und geistigen Lebens, wie die u n e n d l i c h e F o r m, die Betätigung dieses ihres Inhaltes ist; — die S u b s t a n z, das, wodurch und worin alle Wirklichkeit ihr Sein und Bestehen hat, — die unendliche M a c h t, daß die Vernunft nicht so unmächtig ist, um es nur bis zum Ideal, bis zum Sollen zu bringen und nur außerhalb der Wirklichkeit, wer weiß wo, wohl nur als etwas Besonderes in den Köpfen einiger Menschen vorhanden zu sein, — der unendliche I n h a l t, alle Wesenheit und Wahrheit, und ihr selbst ihr Stoff, den sie ihrer Tätigkeit zu verarbeiten gibt. Sie bedarf nicht wie endliches Tun der Bedingungen äußerlichen Materials, gegebener Mittel, aus denen sie Nahrung*

---

a) Am Rande: α) allg. Begriff,
β) bestimmt,
γ) Art der Entwicklung.

b) Am Rande: α) Vernunft.

und Gegenstände ihrer Tätigkeit empfinge; sie zehrt aus sich und ist sich selbst das Material, das sie verarbeitet. Wie sie sich nur ihre eigene Voraussetzung, ihr Zweck der absolute Endzweck ist, so ist sie selbst dessen Betätigung und Hervorbringung aus dem Innern in die Erscheinung nicht nur des natürlichen Universums, sondern auch des geistigen, — in der Weltgeschichte. Daß nun solche Idee das Wahre, das Ewige, das schlechthin Mächtige ist, daß sie sich in der Welt offenbart und nichts in ihr sich offenbart als sie, ihre Herrlichkeit und Ehre, dies ist es, was, wie gesagt, in der Philosophie bewiesen und hier so als bewiesen vorausgesetzt wird.

Die philosophische Betrachtung hat keine andere Absicht, als das Zufällige zu entfernen. Zufälligkeit ist dasselbe wie äußerliche Notwendigkeit, d. h. eine Notwendigkeit, die auf Ursachen zurückgeht, die selbst nur äußerliche Umstände sind. Wir müssen in der Geschichte einen allgemeinen Zweck aufsuchen, den Endzweck der Welt, nicht einen besondern des subjektiven Geistes oder des Gemüts, ihn müssen wir durch die Vernunft erfassen, die keinen besondern endlichen Zweck zu ihrem Interesse machen kann, sondern nur den absoluten. Dieser ist ein Inhalt, der Zeugnis von sich selber gibt und in sich selbst trägt und in dem alles, was der Mensch zu seinem Interesse machen kann, seinen Halt hat. Das Vernünftige ist das an und für sich Seiende, wodurch alles seinen Wert hat. Es gibt sich verschiedene Gestalten; in keiner ist es deutlicher Zweck als in der, wie der Geist sich in den vielförmigen Gestalten, die wir Völker nennen, selbst expliziert und manifestiert. Den Glauben und Gedanken muß man zur Geschichte bringen, daß die Welt des Wollens nicht dem Zufall anheimgegeben ist. Daß in den Begebenheiten der Völker ein letzter Zweck das Herrschende, daß Vernunft in der Weltgeschichte ist, — nicht die Vernunft eines besondern Subjekts, sondern die göttliche, absolute Vernunft, — ist eine Wahrheit, die wir voraussetzen; ihr Beweis ist die Abhandlung der Weltgeschichte selbst: sie ist das Bild und die Tat der Vernunft. Vielmehr aber liegt der eigentliche Beweis in der Erkenntnis der Vernunft selber; in der Weltgeschichte erweist sie sich nur. Die

Weltgeschichte ist nur die Erscheinung dieser einen Vernunft, eine der besondern Gestalten, in denen sie sich offenbart, ein Abbild des Urbildes, das sich in einem besondern Elemente, in den Völkern, darstellt.

Die Vernunft ist in sich ruhend und hat ihren Zweck in sich selbst; sie bringt sich selbst zum Dasein hervor und führt sich aus. Das Denken muß sich dieses Zweckes der Vernunft bewußt werden. Die philosophische Weise kann anfangs etwas Auffallendes haben; sie kann aus der schlechten Gewohnheit der Vorstellung auch selbst für zufällig, für einen Einfall gehalten werden. Wem nicht der Gedanke als einzig Wahres, als das Höchste gilt, der kann die philosophische Weise gar nicht beurteilen.

Diejenigen unter Ihnen, meine Herren, welche mit der Philosophie noch nicht bekannt sind, könnte ich nun etwa darum ansprechen, mit dem Glauben an die Vernunft, mit dem Durste nach ihrer Erkenntnis zu diesem Vortrage der Weltgeschichte hinzutreten; — und es ist allerdings das Verlangen nach vernünftiger Einsicht, nach Erkenntnis, nicht bloß nach einer Sammlung von Kenntnissen, was als subjektives Bedürfnis bei dem Studium der Wissenschaften vorauszusetzen ist. In der Tat aber habe ich solchen Glauben nicht zum Voraus in Anspruch zu nehmen [c]*). Was ich vorläufig gesagt und noch sagen werde, ist nicht bloß — auch in Rücksicht unserer Wissenschaft nicht — als Voraussetzung, sondern als Übersicht des Ganzen zu nehmen, als das Resultat der von uns anzustellenden Betrachtung, — ein Resultat, das mir bekannt ist, weil mir bereits das Ganze bekannt ist. Es hat sich also erst und es wird sich aus der Betrachtung der Weltgeschichte selbst ergeben, daß es vernünftig in ihr zugegangen, daß sie der vernünftige, notwendige Gang des Weltgeistes gewesen, der die Substanz der Geschichte [ist], der eine Geist, dessen Natur eine und immer dieselbe ist, und der in dem Weltdasein diese seine eine Natur expliziert. (Der Weltgeist ist der Geist überhaupt.)* [d]*) Dies muß, wie gesagt, das Ergebnis der Geschichte selbst sein. Die Geschichte aber haben wir zu nehmen, wie sie ist; wir haben historisch, empirisch zu verfahren. Unter ande-*

c) Am Rande: β) Glaube — Übersicht, Bes.

rem auch müssen wir uns nicht durch Historiker vom Fache verführen lassen; denn wenigstens unter den deutschen Historikern, sogar solchen, die eine große Autorität besitzen, auf das sogenannte Quellenstudium sich alles zugute tun, gibt es solche, die das tun, was sie den Philosophen vorwerfen, nämlich apriorische Erdichtungen in der Geschichte zu machen. Um ein Beispiel anzuführen, so ist es eine weitverbreitete Erdichtung, daß ein erstes und ältestes Volk gewesen, das, unmittelbar von Gott belehrt, in vollkommener Einsicht und Weisheit gelebt, in durchdringender Kenntnis aller Naturgesetze und geistiger Wahrheit gewesen sei, — oder daß es diese und jene Priestervölker gegeben, oder — um etwas Spezielleres anzuführen — daß es ein römisches Epos gegeben, aus welchem die römischen Geschichtschreiber die ältere Geschichte geschöpft haben, usf. — Dergleichen Aprioriäten wollen wir den geistreichen Historikern von Fach überlassen, unter denen sie bei uns nicht ungewöhnlich sind.

Als die erste Bedingung [e]*) konnten wir somit aussprechen, daß wir das Historische getreu auffassen; allein in solchen allgemeinen Ausdrücken wie treu und auffassen liegt die Zweideutigkeit. Auch der gewöhnliche und mittelmäßige Geschichtsschreiber, der etwa meint und vorgibt, er verhalte sich nur aufnehmend, nur dem Gegebenen sich hingebend, ist nicht passiv mit seinem Denken; er* [f]*) bringt seine Kategorien mit und sieht durch sie das Vorhandene. Das Wahrhafte liegt nicht auf der sinnlichen Oberfläche; bei allem insbesondere, was wissenschaftlich sein soll, darf die Vernunft nicht schlafen und muß Nachdenken angewendet werden. Wer die Welt vernünftig ansieht, den sieht sie auch vernünftig an; beides ist in Wechselbestimmung.*

Wenn man sagt, der Zweck der Welt soll aus der Wahrnehmung hervorgehen, so hat das seine Richtigkeit. Um aber das Allgemeine, das Vernünftige zu erkennen, muß man die Vernunft mitbringen. Die Gegenstände sind Reizmittel für das Nachdenken; sonst findet man es in der Welt so, wie

d) Am Rande: γ) historisch verfahren.
e) Am Rande: δ) Treu auffassen
f) Ms. st. d.: Denken und

man sie betrachtet. Geht man nur mit Subjektivität an die Welt, dann wird man es so finden, wie man selbst beschaffen ist, man wird überall alles besser wissen, sehen, wie es habe gemacht werden müssen, wie es hätte gehen sollen. Der große Inhalt der Weltgeschichte ist aber vernünftig und muß vernünftig sein; ein göttlicher Wille herrscht mächtig in der Welt und ist nicht so ohnmächtig, um nicht den großen Inhalt zu bestimmen. Dieses Substanzielle zu erkennen, muß unser Zweck sein; und das zu erkennen muß man das Bewußtsein der Vernunft mitbringen, keine physischen Augen, keinen endlichen Verstand, sondern das Auge des Begriffs, der Vernunft, das die Oberfläche durchdringt und sich durch die Mannigfaltigkeit des bunten Gewühls der Begebenheiten hindurchringt. Nun sagt man, wenn man so mit der Geschichte verfahre, so sei dies ein apriorisches Verfahren und schon an und für sich unrecht. Ob man so spricht, ist der Philosophie gleichgültig. Um das Substanzielle zu erkennen, muß man selber mit der Vernunft daran gehen. Allerdings darf man nicht mit einseitigen Reflexionen kommen; denn die verunstalten die Geschichte und entstehen aus falschen subjektiven Ansichten. Mit solchen aber hat es die Philosophie nicht zu tun; sie wird in der Gewißheit, daß die Vernunft das Regierende ist, überzeugt sein, daß das Geschehene sich dem Begriffe einfügen wird, und wird nicht die Wahrheit so verkehren, wie es heute besonders bei den Philologen Mode ist, die in die Geschichte mit sogenanntem Scharfsinn lauter Apriorisches eintragen[1]). Die Philosophie geht zwar auch a priori zu Werke, insofern sie die Idee voraussetzt. Diese ist aber gewiß da; das ist die Überzeugung der Vernunft.

Der Gesichtspunkt der philosophischen Weltgeschichte ist also nicht einer von vielen allgemeinen Gesichtspunkten, abstrakt herausgehoben, so daß von den andern abgesehen würde. Ihr geistiges Prinzip ist die Totalität aller Gesichtspunkte. Sie betrachtet das konkrete, geistige Prinzip der Völker und seine Geschichte und beschäftigt sich nicht mit

[1]) z. B. Niebuhr, seine Priesterregierung in der Römischen Geschichte, so auch [Karl Ottfried] Müller in seiner »Doriern« [2 Bde. 1824].

einzelnen Situationen, sondern mit einem allgemeinen Gedanken, der sich durch das Ganze hindurchzieht. Dies Allgemeine gehört nicht der zufälligen Erscheinung an; die Menge der Besonderheiten ist hier in eins zu fassen. Die Geschichte hat vor sich den konkretesten Gegenstand, der alle verschiedenen Seiten der Existenz in sich zusammenfaßt; ihr Individuum ist der Weltgeist. Indem also die Philosophie sich mit der Geschichte beschäftigt, macht sie sich das zum Gegenstande, was der konkrete Gegenstand in seiner konkreten Gestalt ist, und betrachtet seine notwendige Entwickelung. Darum sind für sie das Erste nicht die Schicksale, Leidenschaften, die Energie der Völker, neben denen sich dann die Begebenheiten hervordrängen. Sondern der Geist der Begebenheiten, der sie hervortreibt, ist das Erste; er ist der Merkur, der Führer der Völker. Das Allgemeine, das die philosophische Weltgeschichte zum Gegenstande hat, ist demnach nicht als eine Seite, sie sei noch so wichtig, zu fassen, neben der auf der andern Seite andere Bestimmungen vorhanden wären. Sondern dies Allgemeine ist das unendlich Konkrete, das alles in sich faßt, das überall gegenwärtig ist, weil der Geist ewig bei sich ist, für das keine Vergangenheit ist, das immer dasselbe, in seiner Kraft und Gewalt bleibt.

Die Geschichte muß überhaupt mit dem Verstande betrachtet, Ursache und Wirkung müssen uns begreiflich gemacht werden. Das Wesentliche an der Weltgeschichte wollen wir auf diese Weise betrachten mit Übergehung des Unwesentlichen. Der Verstand hebt das Wichtige und an sich Bedeutende hervor. Das Wesentliche und Unwesentliche bestimmt er sich nach dem Zwecke, den er bei Behandlung der Geschichte verfolgt. Diese Zwecke können von der größten Mannigfaltigkeit sein. Sogleich beim Aufstellen eines Zwecks tun sich mehr Berücksichtigungen kund; es gibt da Haupt- und Nebenzwecke. Wenn wir dann das in der Geschichte Gegebene mit den Zwecken des Geistes vergleichen, so werden wir auf das alles verzichten, was sonst interessant ist, und an das Wesentliche uns halten. So bietet sich der Vernunft ein Inhalt dar, der nicht einfach auf derselben Linie steht mit dem, was sich überhaupt zugetragen hat, — Zwecke, die den Geist, das Gemüt wesentlich interessieren und schon bei der Lektüre uns zur Trauer, Bewunderung oder Freude hinziehen.

Aber die unterschiedenen Weisen des Nachdenkens, der Gesichtspunkte, der Beurteilung auszuführen schon über bloße Wichtigkeit und Unwichtigkeit, welches die am nächsten liegenden Kategorien sind, über das, worauf wir unter dem unermeßlichen Material, das vor uns liegt, [das Hauptgewicht legen], gehört nicht hierher.

[Dagegen sind die Kategorien kurz anzugeben, in denen sich die Ansicht der Geschichte allgemein dem Gedanken darstellt.] Die erste Kategorie ergibt sich aus dem Anblick des Wechsels von Individuen, Völkern und Staaten, die eine Weile sind und unser Interesse auf sich ziehen und dann verschwinden. Es ist die Kategorie der Veränderung.

Wir sehen ein ungeheures Gemälde von Begebenheiten und Taten, von unendlich mannigfaltigen Gestaltungen der Völker, Staaten, Individuen, in rastloser Aufeinanderfolge. Alles, was in das Gemüt des Menschen eintreten und ihn interessieren kann, alle Empfindung des Guten, Schönen, Großen wird in Anspruch genommen, allenthalben werden Zwecke gefaßt, betrieben, die wir anerkennen, deren Ausführung wir wünschen; wir hoffen und fürchten für sie. In allen diesen Begebenheiten und Zufällen sehen wir menschliches Tun und Leiden obenauf, überall Unsriges und darum überall Neigung unsres Interesses dafür und dawider. Bald zieht uns Schönheit, Freiheit und Reichtum an, bald reizt Energie, wodurch selbst das Laster sich bedeutend zu machen weiß. Bald sehen wir die umfassendere Masse eines allgemeinen Interesses sich schwerer fortbewegen und, indem sie einer unendlichen Komplexion kleiner Verhältnisse preisgegeben wird, zerstäuben, dann aus ungeheurem Aufgebot von Kräften Kleines hervorgebracht werden, aus unbedeutend Scheinendem Ungeheures hervorgehen, — überall das bunteste Gedränge, das uns in sein Interesse hineinzieht, und wenn das eine entflieht, tritt das andre sogleich an seine Stelle.

Die negative Seite an diesem Gedanken der Veränderung weckt unsere Trauer. Was uns niederdrücken kann, ist dies, daß die reichste Gestaltung, das schönste Leben in der Geschichte den Untergang finden, daß wir da unter Trümmern des Vortrefflichen wandeln. Von dem Edelsten, Schönsten, für das wir uns interessieren, reißt uns die Geschichte los: die Leidenschaften haben es zugrunde gerichtet; es ist vergänglich. Alles scheint zu vergehen, nichts zu bleiben. Jeder Reisende hat diese Melancholie empfunden. Wer hätte unter den Ruinen von Karthago, Palmyra, Persepolis, Rom gestanden, ohne zu Betrachtungen über die Vergänglichkeit der Reiche und Menschen, zur Trauer über ein ehemaliges, kraftvolles und reiches Leben veranlaßt zu werden? — Zu einer Trauer, die nicht wie am Grabe lieber Menschen bei persönlichen Verlusten und der Vergänglichkeit der eigenen Zwecke verweilt, sondern uninteressierte Trauer ist über den Untergang glänzenden und gebildeten Menschenlebens.

An diese Kategorie der Veränderung knüpft sich aber sogleich die andere Seite, daß aus dem Tode neues Leben aufersteht. Es ist dies ein Gedanke, den die Orientalen erfaßt haben, vielleicht ihr größter Gedanke und wohl der höchste ihrer Metaphysik. In der Vorstellung von der Seelenwanderung ist er in Beziehung auf das Individuelle enthalten: allgemeiner bekannt ist aber auch das Bild des Phönix, des Naturlebens, das ewig sich selbst seinen Scheiterhaufen bereitet und sich darauf verzehrt, so daß aus seiner Asche ewig das neue, verjüngte, frische Leben hervorgeht. Dies ist aber nur ein morgenländisches Bild; es paßt auf den Leib, nicht auf den Geist. Abendländisch ist, daß der Geist nicht bloß verjüngt hervortrete, sondern erhöht, verklärt. Er tritt freilich gegen sich selbst auf, verzehrt die Form seiner Gestaltung und erhebt sich so zu neuer Bildung. Aber indem er die Hülle seiner Existenz abtut, wandert er nicht bloß in eine andere Hülle über, sondern geht als ein reinerer Geist aus der Asche seiner früheren Gestalt hervor. Dies ist die zweite Kategorie des Geistes. Die Verjüngung des Geistes ist nicht ein bloßer Rückgang zu derselben Gestalt; sie ist Läuterung, Verarbeitung seiner selbst. Durch die Lösung seiner Aufgabe schafft er sich neue Aufgaben, wobei er den Stoff seiner Arbeit vervielfältigt. So sehen wir den Geist in der Geschichte sich nach einer unerschöpflichen Menge von Seiten ergehen, sich darin genießen und befriedigen. Aber seine Arbeit hat doch nur das eine Resultat, seine Tätigkeit aufs neue zu vermehren und sich aufs neue aufzuzehren.

Stets tritt ihm jede seiner Schöpfungen, in der er sich befriedigt hat, als neuer Stoff entgegen, der ihm Aufforderung ist, ihn zu verarbeiten. Was seine Bildung ist, wird zum Material, an dem seine Arbeit ihn zu neuer Bildung erhebt. So gibt er alle seine Kräfte nach allen Seiten kund. Welche Kräfte er besitze, lernen wir aus der Mannigfaltigkeit seiner Bildungen und Produktionen. In dieser Lust seiner Tätigkeit hat er es nur mit sich selbst zu tun. Er ist zwar mit Naturbedingungen, innern und äußern, verstrickt, die nicht nur Widerstand und Hindernisse in den Weg legen, sondern auch gänzliches Mißlingen seiner Versuche herbeiführen können. Dann aber geht er in seinem Berufe als geistiges Wesen unter, dem nicht das Werk, sondern seine eigene Tätigkeit Zweck ist, und gewährt auch so noch das Schauspiel, als solche Tätigkeit sich bewiesen zu haben.

Der nächste Erfolg dieser anziehenden Betrachtung ist nun aber der, daß wir wieder am einzelnen ermüden und fragen: was ist das Ende aller dieser Einzelheiten? In ihrem besonderen Zwecke können wir sie nicht erschöpft finden; e i n e m Werke muß alles zugute kommen. Dieser ungeheuren Aufopferung geistigen Inhaltes muß ein Endzweck zugrunde liegen. Die Frage drängt sich uns auf, ob hinter dem Lärmen dieser lauten Oberfläche nicht ein inneres, stilles, geheimes Werk sei, worin die Kraft aller Erscheinungen aufbewahrt werde. Was uns dabei in Verlegenheit bringen kann, ist die große Mannigfaltigkeit, selbst Entgegensetzung dieses Inhalts. Das Entgegengesetzte sehen wir als heilig verehrt und als das, was das Interesse der Zeiten, der Völker in Anspruch genommen hat. Das Verlangen regt sich, in der Idee die Rechtfertigung für solchen Untergang zu finden. Diese Betrachtung führt zu der dritten Kategorie, der Frage nach einem Endzweck an und für sich. Es ist die Kategorie der V e r n u n f t selber; sie ist im Bewußtsein als der Glaube an die in der Welt herrschende Vernunft vorhanden. Ihr Beweis ist die Abhandlung der Weltgeschichte selbst; diese ist das Bild und die Tat der Vernunft.

Nur an zwei Formen in Rücksicht auf [g]) *die allgemeine Überzeugung, daß Vernunft in der Welt* [h]) *und damit ebenso*

[g]) Ms. st. d.: Formen über

[h]) Am Rande: ε) Zwei Formen — Anax.

in der Weltgeschichte geherrscht habe und herrsche, will ich erinnern, weil sie uns zugleich Veranlassung geben, den Hauptpunkt, der die Schwierigkeit ausmacht, näher zu berühren, und auf das hindeuten, was wir weiter zu erwähnen haben.

Das eine ist das Geschichtliche, daß der Grieche Anaxagoras zuerst gesagt habe, daß der Nus, der Verstand überhaupt oder die Vernunft, die Welt regiere, — nicht eine Intelligenz als selbstbewußte Vernunft, nicht ein Geist als solcher; beides müssen wir sehr wohl voneinander unterscheiden. Die Bewegung des Sonnensystems erfolgt nach unveränderlichen Gesetzen; diese Gesetze sind die Vernunft desselben. Aber weder die Sonne noch die Planeten, die in diesen Gesetzen um sie kreisen, haben Bewußtsein darüber. Der Mensch hebt diese Gesetze aus der Existenz heraus und weiß sie. — So ein Gedanke, daß Vernunft in der Natur ist, daß sie von allgemeinen Gesetzen unabänderlich regiert wird, frappiert uns etwa nicht, ohnehin daß er sich bei Anaxagoras auch zunächst auf die Natur beschränkt. Wir sind dergleichen gewohnt und machen nicht viel daraus. Ich habe auch darum jenes geschichtlichen Umstands erwähnt, um bemerklich zu machen, daß die Geschichte lehrt, daß dergleichen, was uns trivial scheinen kann, nicht immer in der Welt gewesen, daß solcher Gedanke vielmehr Epoche in der Geschichte des menschlichen Geistes machte. Aristoteles sagt von Anaxagoras, als Urheber jenes Gedankens, er sei wie ein Nüchterner unter Trunkenen erschienen.

Von Anaxagoras hat Sokrates diesen Gedanken aufgenommen, und er ist zunächst in der Philosophie mit Ausnahme des Epikur, der dem Zufall alle Ereignisse zugeschrieben, der herrschende geworden, — in welchen Religionen und Völkern ferner, werden wir seinerzeit sehen. Den Sokrates nun läßt Plato (Phaedon, Steph. p. 97, 98) über jenen Fund, daß der Gedanke, d. h. nicht der bewußte, sondern zunächst unbestimmt weder die bewußte noch die bewußtlose Vernunft — die Welt regiere, sagen: »Ich freute mich desselben und hoffte einen Lehrer gefunden zu haben, der mir die Natur nach der Vernunft auslegen, in dem Besondern seinen besondern Zweck, in dem Ganzen *den allgemeinen Zweck, den Endzweck, das Gute aufzeigen würde. Ich hätte diese Hoffnung um vieles nicht aufgegeben. Aber wie sehr,« fährt Sokrates fort, »wurde ich getäuscht, als ich nun die Schriften des Anaxagoras selbst eifrig vornahm! Ich fand, daß er nur äußerliche Ursachen, Luft, Äther, Wasser u. dgl. statt der Vernunft aufführte.« — Man sieht, das Ungenügende, was Sokrates an dem Prinzip des Anaxagoras fand, betrifft nicht das Prinzip selbst, sondern den Mangel an Anwendung desselben auf die konkrete Natur, daß diese nicht aus jenem Prinzip verstanden, begriffen ist, — daß überhaupt jenes Prinzip abstrakt gehalten blieb, bestimmter, daß die Natur nicht als eine Entwicklung desselben Prinzips, nicht als eine aus demselben, aus der Vernunft als Ursache hervorgebrachte Organisation gefaßt ist. — Ich mache auf diesen Unterschied hier gleich von Anfang aufmerksam, ob eine Bestimmung, Grundsatz, Wahrheit nur abstrakt festgehalten oder aber ob zur nähern Determination und zur konkreten Entwicklung fortgegangen wird. Dieser Unterschied ist durchgreifend, und unter anderem werden wir vornehmlich diesem Umstand am Schlusse unserer Weltgeschichte, in dem Erfassen des neusten politischen Zustands begegnen.*

Zunächst aber habe ich diese erste[i] *Erscheinung des Gedankens, daß die Vernunft die Welt regiere, und das Mangelhafte*[j] *derselben auch darum angeführt, weil dies seine vollständige Anwendung auf eine andere Gestalt desselben hat, die uns wohl bekannt ist*[k] *und in welcher wir die Überzeugung davon haben, — die Form der religiösen Wahrheit nämlich, daß die Welt nicht dem Zufall und äußerlichen, zufälligen Ursachen preisgegeben sei, sondern eine Vorsehung die Welt regiere. Ich erklärte vorhin, daß ich nicht auf Ihren Glauben an das angegebene Prinzip Anspruch machen wolle; jedoch an den Glauben daran in dieser religiösen Form dürfte ich apellieren, wenn nicht überhaupt die Eigentümlichkeit der Wissenschaft der Philosophie es nicht zuließe, daß Voraussetzungen gelten, oder von einer andern Seite gesprochen, weil die Wissenschaft,*

i) Ms. st. d.: diese Ausführung der ersten
j) Ms. st. d.: des Mangelhaften
k) Am Rande: ζ) Vorsehung.

welche wir abhandeln wollen, selbst erst den Beweis, obzwar nicht der Wahrheit, aber der Richtigkeit jenes Grundsatzes, daß es so ist, geben, erst das Konkrete aufzeigen soll. Die Wahrheit nun, daß eine, und zwar die göttliche Vorsehung den Begebenheiten der Welt vorstehe, entspricht dem angegebenen Prinzip. Denn die göttliche Vorsehung ist die Weisheit nach unendlicher Macht, welche ihre Zwecke, d. i. den absoluten, vernünftigen Endzweck der Welt verwirklicht; die Vernunft ist das ganz frei sich selbst bestimmende Denken, Nus.

[1]) Aber weiterhin tut sich nun auch die Verschiedenheit, ja der Gegensatz dieses Glaubens und unseres Prinzips gerade auf dieselbe Weise hervor wie bei dem Grundsatze des Anaxagoras zwischen demselben und der Forderung, die Sokrates an denselben macht. Jener Glaube ist nämlich gleichfalls unbestimmt, Glaube an die Vorsehung überhaupt, und geht nicht zum Bestimmten, zur Anwendung auf das Ganze, den umfassenden Verlauf der Weltbegebenheiten fort. [Statt dieser] Anwendung [gefällt man sich darin, die] Geschichte [natürlich zu] erklären. [Man hält sich an die] Leidenschaften der Menschen, die stärkere Armee, das Talent, Genie dieses Individuums, oder daß in einem Staate gerade kein solches dagewesen, — sogenannte natürliche, zufällige Ursachen, wie Sokrates [sie beim Anaxagoras tadelte. Man bleibt bei der] Abstraktion [und will den Gedanken der Vorsehung] bloß so beim Allgemeinen bewenden lassen, [ohne ihn ins Bestimmte einzuführen]. Dies Bestimmte in der Vorsehung nun, daß die Vorsehung so oder so handle, heißt der Plan der Vorsehung, (Zweck und die Mittel für dies Schicksal, diese Pläne). Dieser Plan aber ist es, der vor unsern Augen verborgen sein, ja welchen es Vermessenheit sein soll erkennen zu wollen. Die Unwissenheit des Anaxagoras darüber, wie der Verstand sich in der Wirklichkeit offenbare, war unbefangen; das Denken, das Bewußtsein des Gedankens war in ihm und überhaupt in Griechenland noch nicht weiter gekommen. Er vermochte noch nicht sein allgemeines Prinzip auf das Konkrete

---

1) Am Rande: η) Übergang: Plan der Vorsehung.

anzuwenden, dieses aus jenem zu erkennen. Einen Schritt darin, eine Gestalt der Vereinigung des Konkreten mit dem Allgemeinen, freilich nur in der subjektiven Einseitigkeit zu erfassen, hat Sokrates getan; somit war er nicht polemisch gegen solche Anwendung. Jener Glaube aber ist es wenigstens gegen die Anwendung im Großen, eben gegen die Erkenntnis des Plans der Vorsehung. Denn im besonderen läßt man es hie und [da] wohl gelten, und fromme Gemüter sehen in vielen einzelnen Vorfallenheiten, wo andere nur Zufälligkeiten sehen, nicht nur Schickungen Gottes überhaupt, sondern auch seiner Vorsehung, nämlich Zwecke, welche dieselbe mit solchen Schickungen habe. Doch pflegt dies nur im einzelnen zu geschehen; indem z. B. einem Individuum in einer großen Verlegenheit und Not unerwartet eine Hilfe gekommen ist, so dürfen wir demselben nicht Unrecht geben, wenn es bei seiner Dankbarkeit dafür zugleich zu Gott aufschaut. Aber der Zweck selbst ist beschränkter Art; sein Inhalt ist nur der besondere Zweck dieses Individuums. Wir haben es aber in der Weltgeschichte mit Individuen zu tun, welche Völker, mit Ganzen, welche Staaten sind; wir können also nicht bei jener, sozusagen, Kleinkrämerei des Glaubens an die Vorsehung stehen bleiben und ebenso nicht bei dem bloß abstrakten, unbestimmten Glauben, der bloß bei dem Allgemeinen, daß es eine Vorsehung gebe, welche die Welt regiere, [stehen bleibt], aber nicht zum Bestimmten vorgehen will, sondern wir haben vielmehr Ernst damit zu machen. Das Konkrete, die W e g e der Vorsehung sind die Mittel, die Erscheinungen in der Geschichte, welche offen vor uns liegen; und wir haben sie nur auf jenes allgemeine Prinzip zu beziehen.

Aber ich habe mit der Erwähnung der Erkenntnis des Planes der göttlichen Vorsehung überhaupt an eine in unsern Zeiten an Wichtigkeit obenanstehende Frage erinnert, an die nämlich über die Möglichkeit, Gott zu erkennen, — oder vielmehr, indem es aufgehört hat, eine Frage zu sein, an die zum Vorurteil gewordene Lehre, daß es unmöglich sei, Gott zu erkennen, dem entgegen, was in der heiligen Schrift als die höchste Pflicht geboten wird, Gott nicht nur zu lieben, sondern zu erkennen. Es wird geleugnet, was ebendaselbst gesagt wird, daß der Geist es sei, der in die Wahrheit ein-

führe, daß er alle Dinge erkenne, selbst die Tiefen der Gottheit durchdringe.

Der unbefangene Glaube kann sich der nähern Einsicht begeben und bei der allgemeinen Vorstellung einer göttlichen Weltregierung stehen bleiben. Die dies tun, sind nicht zu tadeln, solange ihr Glaube nicht polemisch wird. Aber man kann auch befangen an dieser Vorstellung halten, und der allgemeine Satz kann eben wegen seiner Allgemeinheit auch einen besondern negativen Sinn haben, so daß das göttliche Wesen in der Ferne gehalten, jenseits der menschlichen Dinge und der menschlichen Erkenntnis gebracht wird. So behält man sich von der andern Seite die Freiheit, die Anforderung des Wahren und Vernünftigen zu entfernen, und gewinnt die Bequemlichkeit, sich in seinen eigenen Vorstellungen zu ergehen. In diesem Sinne wird jene Vorstellung von Gott zum leeren Gerede. Wird Gott jenseits unseres vernünftigen Bewußtseins gestellt, so sind wir davon befreit, sowohl uns um seine Natur zu bekümmern, als Vernunft in der Weltgeschichte zu finden; freie Hypothesen haben dann ihren Spielraum. Die fromme Demut weiß wohl, was sie durch ihr Verzichten gewinnt.

Ich hätte die Erwähnung, daß unser Satz, daß die Vernunft die Welt regiert und regiert hat, in religiöser Form so ausgesprochen wird, daß die Vorsehung die Welt beherrsche, unterlassen können, um nicht an jene Frage von der Möglichkeit der Erkenntnis Gottes zu erinnern. Ich habe jedoch nicht unterlassen wollen, teils bemerklich zu machen, womit solche Materien weiter zusammenhängen, teils aber auch darum nicht [davon geschwiegen], um den Verdacht zu vermeiden, als ob die Philosophie sich scheue oder zu scheuen habe, an die religiösen Wahrheiten zu erinnern, und denselben aus dem Wege ginge, und zwar weil sie gegen dieselben sozusagen kein gutes Gewissen habe. Vielmehr ist es in neuern Zeiten so weit gekommen, daß die Philosophie sich des religiösen Inhalts gegen manche Art von Theologie anzunehmen hat.

Man kann, wie gesagt, häufig hören, daß es eine Vermessenheit sei, den Plan der Vorsehung einsehen zu wollen. Darin ist ein Resultat der Vorstellung zu sehen, die jetzt fast allgemein zum Axiom geworden ist, daß man Gott nicht erkennen könne. Und wenn die Theologie selbst es ist, die zu dieser Verzweiflung gekommen ist, dann muß man sich eben in die Philosophie flüchten, wenn man Gott erkennen will. Der Vernunft wird es zwar zum Hochmut angerechnet, darüber etwas wissen zu wollen. Vielmehr aber muß man sagen, daß die wahrhafte Demut gerade darin besteht, Gott in allem zu erkennen, ihm in allem die Ehre zu geben und vornehmlich auf dem Theater der Weltgeschichte. Man schleppt es als eine Tradition mit sich, daß Gottes Weisheit in der Natur zu erkennen sei. So war es eine Zeitlang Mode, die Weisheit Gottes in Tieren und Pflanzen zu bewundern. Man zeigt, daß man Gott kenne, indem man über menschliche Schicksale oder über Produktionen der Natur erstaunt. Wenn zugegeben wird, daß sich die Vorsehung in solchen Gegenständen und Stoffen offenbare, warum nicht in der Weltgeschichte? Sollte dieser Stoff etwa zu groß erscheinen? Man stellt sich in der Tat gewöhnlich die Vorsehung nur im Kleinen wirkend vor, denkt sie sich als einen reichen Mann, der den Menschen seine Almosen austeilt und ihnen steuert. Meint man aber, daß der Stoff der Weltgeschichte zu groß für die Vorsehung sei, so irrt man; denn die göttliche Weisheit ist im Großen wie im Kleinen eine und dieselbe. In der Pflanze und im Insekt ist sie die gleiche wie in den Schicksalen ganzer Völker und Reiche, und wir müssen Gott nicht für zu schwach halten, seine Weisheit aufs Große anzuwenden. Wenn man die Weisheit Gottes nicht überall für wirksam hält, so müßte dies vielmehr eine Demut sein, die sich auf den Stoff, nicht aber auf jene Weisheit bezöge. Ohnehin ist die Natur ein untergeordneterer Schauplatz als die Weltgeschichte. Die Natur ist das Feld, wo die göttliche Idee im Elemente der Begriffslosigkeit ist; im Geistigen ist sie auf ihrem eigentümlichen Boden, und da gerade muß sie erkennbar sein. Bewaffnet mit dem Begriffe der Vernunft, dürfen wir uns nicht vor irgendwelchem Stoffe scheuen.

Die Behauptung, man solle Gott nicht erkennen wollen, ist zwar einer weiteren Ausführung bedürftig, als hier gemacht werden kann. Weil aber diese Materie mit unserm Zwecke so nahe verwandt ist, so ist es nötig, die allgemeinen Gesichtspunkte anzugeben, auf die es zunächst ankommt. Soll nämlich Gott nicht erkannt werden, so bleibt dem Geiste als etwas, das ihn interessieren könnte, nur das Ungöttliche, Beschränkte, Endliche übrig. Freilich muß sich der Mensch notwendig mit dem Endlichen abgeben; aber es ist eine höhere Notwendigkeit, daß der Mensch einen Sonntag des Lebens habe, wo er sich über die Werktagsgeschäfte erhebt, wo er sich mit dem Wahrhaftigen abgibt und dieses sich zum Bewußtsein bringt.

Wenn der Name Gottes nicht etwas Leeres sein soll, so müssen wir Gott anerkennen als gütig oder sich mitteilend. In den älteren Vorstellungen der Griechen ist Gott als neidisch gedacht und vom Neide der Götter die Rede gewesen, daß das Göttliche dem Großen feind, die Schickung der Götter sei, das Große herabzusetzen. Aristoteles sagt, daß die Dichter viel lügen; Gott könne Neid nicht zugeschrieben werden. Wenn wir nun behaupteten, Gott teile sich nicht mit, so würde das darauf hinauslaufen, Gott Neid nachzusagen; durch die Mitteilung kann Gott nicht verlieren, so wenig wie ein Licht dadurch verliert, wenn an ihm ein anderes angezündet wird.

Nun sagt man, Gott teile sich ja auch mit, aber nur in der Natur einerseits und im Herzen, im Gefühle der Menschen andererseits. Dabei vornehmlich ist es, daß in unserer Zeit behauptet wird, müsse man stehen bleiben; Gott sei für uns in dem unmittelbaren Bewußtsein, in der Anschauung. Anschauung und Gefühl ist darin eins, daß es unreflektiertes Bewußtsein ist. Dagegen muß hervorgehoben werden, daß der Mensch denkend ist, sich durch das Denken vom Tier unterscheidet. Er verhält sich denkend, auch wenn er sich dessen nicht bewußt ist. Wenn Gott sich dem Menschen offenbart, so offenbart er sich ihm wesentlich als dem denkenden; würde er sich ihm wesentlich im Gefühl offenbaren, so würde er ihn dem Tiere gleich achten, dem die Fähigkeit der Reflexion nicht gegeben ist, — den Tieren aber schreiben wir keine Religion zu. In der Tat hat der Mensch Religion nur, weil er nicht ein Tier, sondern denkend ist. Es ist das Trivialste, daß der Mensch sich durch das Denken vom Tier unterscheidet, und doch ist es vergessen.

Gott ist das an und für sich ewige Wesen; und das an und für sich Allgemeine ist Gegenstand des Denkens, nicht des

Gefühls. Wohl muß alles Geistige, jeder Inhalt des Bewußtseins, das, was Produkt und Gegenstand des Denkens ist, vor allem Religion und Sittlichkeit, auch in der Weise des Gefühls in dem Menschen sein und ist es zunächst. Aber das Gefühl ist nicht die Quelle, aus der dem Menschen dieser Inhalt zuströmt, sondern nur die Art und Weise, wie er sich in ihm findet, und ist die schlechteste Form, eine Form, die er mit dem Tiere gemein hat. Was substanziell ist, muß auch in Form des Gefühls sein, aber es ist auch in anderer höherer, würdigerer Form. Wenn man aber das Sittliche, Wahre, den geistigsten Inhalt, notwendig ins Gefühl versetzen und ihn allgemein darin zurückhalten wollte, so würde man ihn wesentlich der tierischen Form zuschreiben; diese ist aber des geistigen Inhalts gar nicht fähig. Das Gefühl ist die niedrigste Form, in der irgend ein Inhalt sein kann; so gering als möglich ist er darin vorhanden. Er ist, solange er bloß im Gefühle bleibt, noch eingehüllt und ganz unbestimmt. Etwas, das man im Gefühle hat, ist noch ganz subjektiv und in subjektiver Weise vorhanden. Sagt man: ich fühle so, dann hat man sich in sich abgeschlossen. Jeder andere hat dasselbe Recht zu sagen: ich aber fühle es nicht so; und man hat sich aus dem gemeinsamen Boden zurückgezogen. In ganz partikulären Sachen ist das Gefühl ganz im Rechte. Aber für irgend einen Inhalt versichern zu wollen, alle Menschen hätten das in ihrem Gefühl, widerspricht dem Standpunkte des Gefühls, auf den man sich doch gestellt hat, dem Standpunkte der besondern Subjektivität eines jeden. So wie ein Inhalt ins Gefühl kommt, ist jedermann auf seinen subjektiven Standpunkt reduziert. Wollte jemand einen, der nur nach seinem Gefühl handelt, mit diesem oder jenem Beinamen belegen, so hätte dieser das Recht, das zurückzugeben; und beide wären von ihrem Standpunkte aus berechtigt, sich zu injuriieren. Sagt jemand, er habe Religion im Gefühl, und ein anderer, er finde im Gefühl keinen Gott, so hat jeder Recht. Wenn man auf diese Weise den göttlichen Inhalt, — die Offenbarung Gottes, das Verhältnis des Menschen zu Gott, das Sein Gottes für den Menschen —, auf das bloße Gefühl reduziert, so beschränkt man es auf den Standpunkt der besondern Subjektivität, der Willkür, des Beliebens. In der Tat hat man sich damit die an und für sich seiende Wahrheit vom Halse geschafft. Wenn nur die unbestimmte Weise des Gefühls da ist und kein Wissen von Gott und von seinem Inhalt, so ist nichts übrig als mein Belieben; das Endliche ist das Geltende und Herrschende. Ich weiß nichts von Gott; also kann es auch mit nichts ernst sein, was in der Beziehung beschränkend sein soll.

Das Wahre ist ein in sich Allgemeines, Wesenhaftes, Substanzielles; und solches ist allein im und für den Gedanken. Das Geistige aber, das, was wir Gott nennen, ist eben die wahrhaft substanzielle und in sich wesentlich individuelle subjektive Wahrheit. Es ist das Denkende, und das Denkende ist in sich schaffend; als solches finden wir es in der Weltgeschichte. Alles andere, was wir noch Wahres nennen, ist nur eine besondere Form dieser ewigen Wahrheit, hat seinen Halt nur in ihr, ist nur ein Strahl derselben. Weiß man von dieser nichts, so weiß man von nichts Wahrem, von nichts Rechtem, nichts Sittlichem. —

Was ist nun der Plan der Vorsehung in der Weltgeschichte? Ist die Zeit gekommen, ihn einzusehen? *Nur dies Allgemeine [will ich hier] bemerken.*

In der christlichen Religion hat Gott sich geoffenbart, d. h. er hat den Menschen zu erkennen gegeben, was er ist, so daß er nicht mehr ein Verschlossenes, Geheimes sei. Es ist mit dieser Möglichkeit, Gott zu erkennen, uns die Pflicht dazu auferlegt, und die Entwickelung des denkenden Geistes, welche aus dieser Grundlage, [aus] der Offenbarung des göttlichen Wesens, ausgegangen ist, muß dazu endlich gedeihen, das, was dem fühlenden und vorstellenden Geiste zunächst vorgelegt worden, auch mit dem Gedanken zu erfassen. Ob es an der Zeit ist zu erkennen, muß davon abhängen, ob das, was Endzweck der Welt ist, endlich auf allgemeingültige, bewußte Weise in die Wirklichkeit getreten ist [m]*).*

Nun ist das Ausgezeichnete der christlichen Religion, daß mit ihr diese Zeit gekommen ist; dies macht die absolute Epoche in der Weltgeschichte aus. Es ist offenbar geworden, was die Natur Gottes sei. Sagt man: wir wissen von Gott nichts, so ist die christliche Religion etwas Überflüssiges, zu

[m]) Am Rande: Dies — Verstehen unserer Zeit.

spät Gekommenes, Verkommenes. In der christlichen Religion weiß man, was Gott ist. Allerdings ist der Inhalt auch für unser Gefühl; aber weil es geistiges Gefühl ist, so ist er auch wenigstens für die Vorstellung, nicht bloß für die sinnliche, sondern auch für die denkende, für das eigentliche Organ, in dem Gott für den Menschen ist. Die christliche Religion ist diejenige, die den Menschen die Natur und das Wesen Gottes manifestiert hat. So wissen wir als Christen, was Gott ist; jetzt ist Gott nicht mehr ein Unbekanntes: behaupten wir dies noch, so sind wir nicht Christen. Die christliche Religion verlangt die Demut, von der wir schon gesprochen haben, nicht aus sich, sondern aus dem göttlichen Wissen und Erkennen Gott zu erkennen. Die Christen sind also in die Mysterien Gottes eingeweiht, und so ist uns auch der Schlüssel zur Weltgeschichte gegeben. Hier gibt es eine bestimmte Erkenntnis der Vorsehung und ihres Plans. Im Christentum ist es Hauptlehre, daß die Vorsehung die Welt beherrscht hat und beherrscht, daß, was in der Welt geschieht, in der göttlichen Regierung bestimmt, dieser gemäß ist. Diese Lehre richtet sich gegen die Vorstellung des Zufalls wie der beschränkten Zwecke, z. B. der Erhaltung des jüdischen Volkes. Es ist der an und für sich seiende, ganz allgemeine Endzweck. In der Religion wird über diese allgemeine Vorstellung nicht hinausgegangen; sie bleibt bei der Allgemeinheit stehen. Aber dieser allgemeine Glaube ist es, aus dem man zunächst zur Philosophie und auch zur Philosophie der Weltgeschichte treten muß, der Glaube, daß die Weltgeschichte ein Produkt der ewigen Vernunft ist und Vernunft ihre großen Revolutionen bestimmt hat.

Es ist deshalb zu sagen, daß auch absolut die Zeit gekommen sei, wo diese Überzeugung, Gewißheit, nicht nur in der Weise der Vorstellung bleiben kann, sondern wo sie auch gedacht, entwickelt, erkannt wird, — ein bestimmtes Wissen. Der Glaube läßt sich nicht ein auf Entwickelung des Inhalts, Einsicht in die Notwendigkeit, — das gibt erst die Erkenntnis. Darin, daß der Geist nicht still steht, liegt es, daß solche Zeit kommen muß; die höchste Spitze des Geistes, der Gedanke, Begriff verlangt sein Recht, seine allgemeinste, wesentliche Wesenheit ist die eigentliche Natur des Geistes.

Die Unterscheidung von Glauben und Wissen ist ein geläufiger Gegensatz geworden. Es gilt als ausgemacht, daß sie verschieden seien, und daß man deshalb von Gott nichts wisse. Man kann die Menschen damit verscheuchen, wenn man ihnen sagt, man wolle Gott erkennen, wissen, und diese Erkenntnis darstellen. In seiner wesentlichen Bestimmung ist aber dieser Unterschied tatsächlich etwas Leeres. Denn was ich glaube, das weiß ich auch, dessen bin ich gewiß. In der Religion glaubt man an Gott und an die Lehren, die seine Natur näher explizieren; aber man w e i ß es auch, ist dessen gewiß. Wissen heißt, etwas als Gegenstand vor seinem Bewußtsein haben und dessen gewiß sein; und genau dasselbe ist Glauben auch. Das Erkennen dagegen sieht sowohl die Gründe, die Notwendigkeit des gewußten Inhaltes, auch des Glaubensinhaltes ein, abgesehen von der Autorität der Kirche und des Gefühls, die ein Unmittelbares ist, und entwickelt andererseits auch den Inhalt in seinen nähern Bestimmungen. Diese nähern Bestimmungen müssen zunächst gedacht werden, damit man sie richtig erkennen, sie in ihrer konkreten Einheit innerhalb des Begriffs erhalten könne. Wenn dann von Vermessenheit des Erkennens gesprochen wird, so ließe sich die Wendung nehmen, daß vom Erkennen keinerlei Aufhebens zu machen sei, indem es ja nur der Notwendigkeit zusehe und die Entwickelung des Inhalts in sich selbst vor ihm sich entfalte. Auch könnte man sagen, dieses Erkennen sei darum nicht für Vermessenheit auszugeben, weil es sich von dem, was wir Glauben nennen, nur durch das Wissen des Besondern unterscheide. Aber diese Wendung wäre doch schief und falsch in sich selbst. Denn die Natur des Geistigen ist nicht, ein Abstraktum zu sein, sondern ein Lebendiges, ein allgemeines Individuum, subjektiv, sich in sich selbst bestimmend, beschließend zu sein. Deshalb wird die Natur Gottes nur dann wahrhaft gewußt, wenn man ihre Bestimmungen kennt. So spricht auch das Christentum von Gott, es erkennt ihn als Geist, und das ist nicht das Abstrakte, sondern der Prozeß in sich selbst, der absolute Unterschiede setzt, mit denen die christliche Religion eben die Menschen bekannt gemacht hat.

Gott will nicht engherzige Gemüter und leere Köpfe zu seinen Kindern, sondern er verlangt, daß man ihn erkenne, er will Kinder haben, deren Geist an sich arm, aber reich an Erkenntnis seiner ist, und die in die Erkenntnis Gottes allen Wert setzen. Die Geschichte ist die Entfaltung der Natur Gottes in einem besondern bestimmten Element, so kann hier keine andere als eine bestimmte Erkenntnis genügen und stattfinden.

Es muß endlich an der Zeit sein, auch diese reiche Produktion der schöpferischen Vernunft zu begreifen, welche die Weltgeschichte ist. — Unsere Erkenntnis geht darauf, die Einsicht zu gewinnen, daß das von der ewigen Weisheit Bezweckte, wie auf dem Boden der Natur, so auf dem Boden des in der Welt wirklichen und tätigen [Geistes] herausgekommen ist. Unsere Betrachtung ist insofern eine Theodizee, eine Rechtfertigung Gottes, welche Leibniz metaphysisch auf seine Weise in noch abstrakten, unbestimmten Kategorien versucht hat: das Übel in der Welt überhaupt, das Böse mit inbegriffen, sollte begriffen, der denkende Geist mit dem Negativen versöhnt werden; und es ist in der Weltgeschichte, daß die ganze Masse des konkreten Übels uns vor die Augen gelegt wird. (In der Tat liegt nirgend eine größere Aufforderung zu solcher versöhnenden Erkenntnis als in der Weltgeschichte, und es ist hierbei, daß wir einen Augenblick verweilen wollen.)

Diese Aussöhnung kann nur durch die Erkenntnis des Affirmativen erreicht werden, in welchem jenes Negative zu einem Untergeordneten und Überwundenen verschwindet, — durch das Bewußtsein, teils was in Wahrheit der Endzweck der Welt sei, teils daß derselbe in ihr verwirklicht worden sei und nicht das Böse neben ihm ebensosehr und gleich mit ihm sich geltend gemacht habe.

Die Rechtfertigung geht darauf hinaus, das Übel gegenüber der absoluten Macht der Vernunft begreiflich zu machen. Es handelt sich um die Kategorie des Negativen, von der vorher die Rede war, und die uns sehen läßt, wie in der Weltgeschichte das Edelste und Schönste auf ihrem Altar geopfert wird [n]). Dabei, daß einzelne Individuen gekränkt worden sind, kann die Vernunft nicht stehen bleiben; be-

---

n) L. fügt hier noch den (offensichtlich verderbten) Satz ein: Dies Negative wird von der denkenden Vernunft verworfen, die dafür vielmehr einen affirmativen Zweck will.

sondere Zwecke verlieren sich in dem Allgemeinen. Sie sieht in dem Entstehen und Vergehen das Werk, das aus der allgemeinen Arbeit des Menschengeschlechtes hervorgegangen ist, ein Werk, das wirklich in der Welt ist, der wir angehören. Das Erscheinende hat sich ohne unser Zutun zu einem Wirklichen gestaltet; es ist nur das Bewußtsein, und zwar das denkende Bewußtsein nötig, es aufzufassen. Denn jenes Affirmative ist eben nicht bloß im Genusse des Gefühls, der Phantasie, sondern es ist etwas, das der Wirklichkeit angehört und uns angehört oder dem wir angehören.

Die Vernunft, von der gesagt worden, daß sie die Welt regiere, ist ein ebenso unbestimmtes Wort als die Vorsehung, — man spricht immer von der Vernunft, ohne eben angeben zu können, was denn ihre Bestimmung, ihr Inhalt ist, was das Kriterium sei, wonach wir beurteilen können, ob etwas vernünftig ist oder unvernünftig. Die Vernunft in ihrer B e s t i m m u n g gefaßt, dies ist erst die S a c h e; das andere, wenn man eben so bei der Vernunft überhaupt stehen bleibt, das sind nur Worte. Mit dieser Ausgabe gehen wir zu dem zweiten Gesichtspunkte über, den wir, wie angegeben, in dieser Einleitung betrachten wollen.

B.

[DIE VERWIRKLICHUNG DES GEISTES IN DER GESCHICHTE]

Was die Bestimmung der Vernunft an ihr selbst betrifft und insofern die Vernunft [a]*) in Beziehung auf die Welt genommen wird, so ist es dieselbe Frage, was der Endzweck der Welt ist; näher liegt in dem Ausdruck, daß derselbe realisiert, verwirklicht werden soll. Es ist daran zweierlei zu erwägen, der Inhalt dieses Endzwecks, die Bestimmung selbst als solche — und die Verwirklichung derselben.*

Zuerst müssen wir beachten, daß unser Gegenstand, die Weltgeschichte, auf dem g e i s t i g e n B o d e n vorgeht. Welt begreift die physische und psychische Natur in sich. Die physische Natur greift gleichfalls in die Weltgeschichte ein, und wir werden gleich anfangs auf diese Grundverhältnisse der Naturbestimmung aufmerksam machen. Aber der Geist und der Verlauf seiner Entwicklung ist das Substanzielle. Die Natur haben wir hier nicht zu betrachten, wie sie an ihr selbst gleichfalls ein System der Vernunft sei, in einem besonderen, eigentümlichen Elemente, sondern nur relativ auf den Geist [b]*).*

Nach der Schöpfung der Natur tritt der Mensch auf, und er bildet den Gegensatz zu der natürlichen Welt; er ist das Wesen, das sich in die zweite Welt erhebt. Wir haben in unserm allgemeinen Bewußtsein zwei Reiche, das der Natur und das des Geistes. Das Reich des Geistes ist das, was von dem Menschen hervorgebracht wird. Man mag sich allerlei Vorstellungen vom Reiche Gottes machen, so ist es immer ein Reich des Geistes, das im Menschen realisiert und von ihm in die Existenz gesetzt werden soll.

Der Boden des Geistes ist der allumfassende; er schließt alles in sich, was den Menschen je interessiert hat und noch

---

a) Ms. st. d.: insofern sie
b) Am Rande: Geist *höher* als Natur.

interessiert. Der Mensch ist darin wirksam; er mag tun, was er will, so ist er ein solches, worin der Geist tätig ist. So kann es von Interesse sein, im Verlaufe der Geschichte die geistige Natur in ihrer Existenz, d. h. wie der Geist mit der Natur vereinigt ist, also die menschliche Natur, zu erkennen. Wenn man von menschlicher Natur sprach, hat man vornehmlich etwas Bleibendes sich vorgestellt. Die Darstellung der menschlichen Natur soll auf alle Menschen passen, auf vormalige und jetzige Zeit. Diese allgemeine Vorstellung kann unendlich viele Modifikationen erleiden; aber tatsächlich ist das Allgemeine ein und dasselbe Wesen in den verschiedensten Modifikationen. Die denkende Reflexion ist es nun, die von dem Unterschiede absieht und das Allgemeine festhält, das unter allen Umständen auf gleiche Weise wirksam sein und in dem gleichen Interesse sich zeigen soll. Der allgemeine Typus läßt sich auch in dem aufzeigen, was sich am stärksten von ihm zu entfernen scheint; in der verzerrtesten Gestalt kann man das Menschliche noch spüren. Es läßt sich eine Art von Trost und Versöhnung geben dadurch, daß doch noch ein Zug der Menschheit in dergleichen übrig ist. In diesem Interesse wird dann bei Betrachtung der Weltgeschichte darauf der Nachdruck gelegt, daß die Menschen sich gleich geblieben, daß unter allen verschiedenen Umständen Laster und Tugenden dieselben gewesen seien; und man könnte also füglich mit Salomo sagen: es gibt nichts Neues unter der Sonne.

Wenn wir z. B. einen Menschen vor einem Idole knien und beten sehen, und dieser sein Inhalt etwas vor der Vernunft Verwerfliches ist, so können wir doch sein Gefühl festhalten, das darin lebendig ist, und können sagen, daß dies Gefühl denselben Wert habe wie das des Christen, der den Abglanz der Wahrheit anbetet, und wie das des Philosophen, der sich in die ewige Wahrheit mit denkender Vernunft vertieft. Nur die Gegenstände sind verschieden; aber das subjektive Gefühl ist eins und dasselbe. So, wenn wir uns die Geschichte von den Assassinen zur Vorstellung bringen, nach der Erzählung, die man von ihrem Verhältnis zu ihrem Herrn, dem Alten vom Berge, macht, sehen wir, wie sich diese dem Herrn hinopferten für seine Schandtaten. In subjektivem Sinn ist es dieselbe Aufopferung, als wenn Curtius in den

Schlund springt, um sein Vaterland zu retten. Wenn wir dies überhaupt festhalten, so können wir sagen, daß man es nicht nötig habe, sich an das größe Theater der Weltgeschichte zu richten. Es ist eine bekannte Anekdote von Cäsar, daß er in einer kleinen Munizipalstadt dieselben Aspirationen und Tätigkeiten antraf, die er auf dem großen Schauplatz in Rom sah. Dieselben Triebe und Bemühungen finden sich in einer kleinen Stadt wie auf dem großen Welttheater.

Wir sehen, daß bei dieser Art der Betrachtung von dem Inhalt, den Zwecken der menschlichen Tätigkeit abstrahiert wird. Diese vornehme Gleichgültigkeit gegen die Objektivität kann man besonders bei Franzosen und Engländern finden; da wird dergleichen philosophische Geschichtsschreibung genannt. Aber doch kann der gebildete Menschensinn nicht umhin, Unterschiede zu machen zwischen Neigungen und Trieben, wie sie sich in kleinem Kreise zeigen und wie sie sich im Interessenkampfe der Weltgeschichte darstellen. Dies objektive Interesse, das sowohl dem allgemeinen Zwecke wie dem Individuum nach, das ihn vertritt, auf uns wirkt, ist das, was die Geschichte anziehend macht. Derartige Zwecke und Individuen sind es, deren Verlust und Untergang wir betrauern. Wenn wir den Kampf der Griechen gegen die Perser vor uns haben oder Alexanders wuchtige Herrschaft, so ist uns sehr wohl bewußt, was uns interessiert, nämlich die Griechen von der Barbarei befreit zu sehen, und daß wir uns für die Erhaltung des athenischen Staates, für den Herrscher interessieren, der an der Spitze der Griechen Asien unterworfen hat. Stellen wir uns vor, daß Alexander in seinem Unternehmen gescheitert wäre, so würden wir gewiß nichts verloren haben, wenn es hier bloß um menschliche Leidenschaften zu tun wäre. Daran hätte es uns nicht gefehlt, ein Spiel der Leidenschaften zu sehen; aber wir würden uns damit nicht zufriedengestellt fühlen. Wir haben hier ein stoffartiges, objektives Interesse.

Welcher Art ist nun der substanzielle Zweck, in dem der Geist zu solchem wesentlichen Inhalte kommt? Das Interesse ist von substanzieller und bestimmter Art, bestimmte Religion, Wissenschaft, Kunst. Wie kommt der Geist zu solchem Inhalt, von wo kommt solcher Inhalt her? Die empirische Antwort ist leicht. In der Gegenwart findet jedes Individuum sich an solches wesentliche Interesse gewiesen; es findet sich in einem bestimmten Vaterlande, in einer bestimmten Religion, einem bestimmten Kreise von Wissen und von Vorstellungen über das, was recht und sittlich ist. Überlassen ist ihm nur, sich besondere Kreise darin auszuwählen, an die es sich anschließen will. Aber daß wir die Völker mit solchem Inhalt beschäftigt, von solchen Interessen erfüllt finden, ist schon die Weltgeschichte, nach deren Inhalt wir gerade fragen. Wir können uns nicht mit der empirischen Weise begnügen, sondern müssen die nähere Frage stellen, wie der Geist denn zu solchem Inhalte komme, der Geist als solcher, wir oder die Individuen oder die Völker. Wir haben den Inhalt aus nichts anderem als aus den spezifischen Begriffen zu fassen. Das Bisherige findet sich in unserm gewöhnlichen Bewußtsein; ein anderes ist der Begriff, der jetzt angeführt werden soll, — daß er wissenschaftlich auseinandergelegt werde, ist hier nicht die Zeit. Die Philosophie kennt wohl die gewöhnliche Vorstellung, hat aber ihren Grund, davon abzuweichen.

Die Weltgeschichte nach ihrem Endzwecke haben wir zu betrachten; dieser Endzweck ist das, was in der Welt gewollt wird. Von Gott wissen wir, daß er das Vollkommenste ist; er kann also nur sich selbst wollen und was ihm gleich ist. Gott und die Natur seines Willens ist einerlei; diese nennen wir philosophisch die Idee. So ist es die Idee überhaupt, aber in diesem Elemente des menschlichen Geistes, was wir zu betrachten haben; bestimmter ist es die Idee der menschlichen Freiheit. Die reinste Form, in der sich die Idee offenbart, ist der Gedanke selbst; so wird die Idee in der Logik betrachtet. Eine andere Form ist die der physischen Natur, die dritte endlich die des Geistes überhaupt.

Der Geist aber ist auf dem Theater, auf dem wir ihn betrachten, in der Weltgeschichte, in seiner konkretesten Wirklichkeit. Dessen ungeachtet aber, oder vielmehr um von dieser Weise seiner konkreten Wirklichkeit selbst auch das Allgemeine zu fassen, müssen wir von der Natur des Geistes zuvörderst einige abstrakte Bestimmungen vorausschicken; und zugleich kann mehr nur behauptungsweise darüber gesprochen werden, als daß hier der Ort und Zeit wäre, ohnehin nicht die Idee des Geistes spekulativ zu exponieren, [vielmehr] das zu Sagende für die gewöhnliche, bei den Zuhörern vorauszusetzende Bildung ihrer Vorstellungsweise gehörig annehmbar zu machen. Was in einer Einleitung gesagt werden kann, ist überhaupt als historisch, als, wie schon bemerkt, eine Voraussetzung zu nehmen, die entweder anderwärts ihre Ausführung und ihren Erweis erhalten hat oder in der Folge, in der Abhandlung der Wissenschaft, wenigstens ihre Beglaubigung erhalten soll.

a) [Die Bestimmung des Geistes]

Das Erste also, was wir anzugeben haben, ist die abstrakte Bestimmung des Geistes[a]*. Wir sagen nun von ihm,* daß er nicht ein Abstraktum ist, nicht solch eine Abstraktion von menschlicher Natur, sondern durchaus individuell, tätig, schlechterdings lebendig: Bewußtsein, aber auch sein Gegenstand, — und dies ist das Dasein des Geistes, sich selbst zum Gegenstand zu haben. Der Geist also ist denkend und ist das Denken eines solchen, das ist, und Denken, daß es ist und wie es ist. Er ist wissend: Wissen aber ist Bewußtsein eines vernünftigen Gegenstandes. Bewußtsein ferner hat der Geist nur, insofern er Selbstbewußtsein ist; d. h. ich weiß von einem Gegenstande nur, sofern ich darin auch von mir selbst weiß, meine Bestimmung darin weiß, daß das, was ich bin, auch für mich Gegenstand ist, daß ich nicht bloß dies oder jenes bin, sondern das bin, wovon ich weiß. Ich weiß von meinem Gegenstande, und ich weiß von mir; beides ist nicht zu trennen. Der Geist macht sich also eine bestimmte Vorstellung von sich, von dem, was er wesentlich ist, was seine Natur ist. Er kann nur geistigen Inhalt haben; und das Geistige eben ist sein Inhalt, sein Interesse. So ist es, daß der Geist zu einem Inhalte kommt; nicht daß er seinen Inhalt vorfindet, sondern er macht sich zu seinem Gegenstande, zum Inhalte seiner selbst. Das Wissen ist seine Form und sein Verhalten, der Inhalt aber ist eben das Geistige selber. So ist der Geist seiner Natur nach bei sich selbst, oder er ist frei.

---

[a]) Am Rande: α) allgemeine Bestimmung, β) erscheinende *Mittel*, diese Bestimmung zu vollbringen, γ) vollendete Realität, Staat.

Die Natur des Geistes läßt sich an seinem vollkommenen Gegensatz erkennen. Wir stellen den Geist der Materie gegenüber. Wie die Schwere die Substanz der Materie, so, müssen wir sagen, ist die Freiheit die Substanz des Geistes. Jedem ist es unmittelbar glaublich, daß der Geist auch unter andern Eigenschaften die Freiheit besitze; die Philosophie aber lehrt uns, daß alle Eigenschaften des Geistes nur durch die Freiheit bestehen, alle nur Mittel für die Freiheit sind, alle nur diese suchen und hervorbringen. Es ist dies eine Erkenntnis der spekulativen Philosophie, daß die Freiheit das einzige Wahrhafte des Geistes sei. Die Materie ist insofern schwer, als in ihr der Trieb nach einem Mittelpunkte ist; sie ist wesentlich zusammengesetzt, besteht aus lauter einzelnen Teilen, die alle nach dem Mittelpunkte streben; also ist keine Einheit in der Materie. Sie besteht als ein Außereinander und sucht ihre Einheit; also trachtet sie, sich selbst aufzuheben, und sucht ihr Gegenteil. Wenn sie dies erreichte, wäre sie keine Materie mehr, sondern sie wäre als solche untergegangen; sie strebt nach Idealität, denn in der Einheit ist sie ideell. Der Geist im Gegenteil ist eben dies, in sich den Mittelpunkt zu haben; er strebt auch nach dem Mittelpunkte, aber der Mittelpunkt ist er selbst in sich. Er hat die Einheit nicht außer sich; er findet sie beständig in sich, er ist in und bei sich selbst. Die Materie hat ihre Substanz außer ihr; der Geist dagegen ist das Beisichselbstsein, und dies eben ist die Freiheit. Denn wenn ich abhängig bin, so beziehe ich mich auf ein anderes, das ich nicht bin, und kann nicht ohne solch ein Äußeres sein. Frei bin ich, wenn ich bei mir selbst bin.

Wenn der Geist nach seinem Mittelpunkte strebt, so strebt er, seine Freiheit zu vervollkommnen; und dieses Streben ist ihm wesentlich. Sagt man nämlich, der Geist ist, so hat das zunächst den Sinn: er ist etwas Fertiges. Er ist aber etwas Tätiges. Die Tätigkeit ist sein Wesen; er ist sein Produkt, und so ist er sein Anfang und auch sein Ende. Seine Freiheit besteht nicht in einem ruhenden Sein, sondern in einer beständigen Negation dessen, was die Freiheit aufzuheben droht. Sich zu produzieren, sich zum Gegenstande seiner selbst zu machen, von sich zu wissen, ist das Geschäft des Geistes; so ist er für sich selber. Die natürlichen Dinge sind nicht für sich selber; darum sind sie nicht frei. Der Geist produziert, realisiert sich nach seinem Wissen von sich; er wirkt, daß das, was er von sich weiß, auch realisiert werde. So kommt alles auf das Bewußtsein des Geistes von sich an; wenn der Geist es weiß, daß er frei ist, so ist dies ganz etwas anderes, als wenn er es nicht weiß. Denn wenn er es nicht weiß, dann ist er Sklave und mit der Sklaverei zufrieden und weiß nicht, daß sie sich nicht gebührt. Die Empfindung der Freiheit ist es erst, die den Geist frei macht, obgleich er an und für sich immer frei ist.

Das nächste Wissen des Geistes von sich in seiner Gestaltung als menschliches Individuum ist, daß er fühlend ist. Hier ist noch keine Gegenständlichkeit vorhanden. Wir finden uns so oder so bestimmt. Diese Bestimmtheit suche ich nun von mir abzutrennen und gehe darauf aus, mich mit mir selbst zu entzweien. So werden meine Gefühle eine äußere und eine innere Welt. Zugleich tritt eine eigene Weise meiner Bestimmtheit ein, nämlich, daß ich mich als mangelhaft, als negativ fühle, einen Widerspruch in mir finde, der mich aufzulösen droht. Ich bin aber; das weiß ich und setze dies der Negation, dem Mangel entgegen. Ich erhalte mich und suche den Mangel aufzuheben, und so bin ich Trieb. Der Gegenstand, worauf der Trieb geht, ist dann der Gegenstand meiner Befriedigung, der Wiederherstellung meiner Einheit. Alles Lebendige hat Triebe. So sind wir Naturwesen, und der Trieb ist ein Sinnliches überhaupt. Die Gegenstände, sofern ich mich zu ihnen mit dem Triebe danach verhalte, sind Mittel der Integration; dies macht überhaupt die Grundlage des Theoretischen und Praktischen aus. Wir sind aber in diesen Anschauungen der Gegenstände, auf die sich der Trieb richtet, unmittelbar im Äußerlichen und selbst äußerlich. Die Anschauungen sind ein Einzelnes, Sinnliches; ebenso ist es der Trieb, gleichviel welches sein Inhalt sei. Nach dieser Bestimmung wäre der Mensch mit dem Tiere einerlei; denn im Triebe ist kein Selbstbewußtsein. Der Mensch aber weiß um sich selbst, und dies unterscheidet ihn von dem Tier. Er ist denkend; Denken aber ist Wissen des Allgemeinen. Durch das Denken wird der Inhalt ins Einfache gesetzt, und so wird der Mensch selbst vereinfacht, d. h. ein Inneres, Ideelles. Vielmehr aber bin ich das Innere, Einfache;

und nur indem ich den Inhalt in dies Einfache setze, wird er allgemein, ideell.

Was der Mensch reell ist, muß er ideell sein. Von dem Realen als dem Ideellen wissend, hört er auf, ein bloßes Natürliches zu sein, bloß seinen unmittelbaren Anschauungen und Trieben, deren Befriedigung und Produktion hingegeben zu sein. Daß er dies weiß, stellt sich so dar, daß er seine Triebe hemmt; das Ideelle, den Gedanken stellt er zwischen das Drängen des Triebes und seine Befriedigung. Beim Tier fällt beides zusammen; es unterbricht diesen Zusammenhang nicht aus sich selbst, — nur durch Schmerz oder Furcht kann er unterbrochen werden. In dem Menschen ist der Trieb vorhanden, ehe oder ohne daß er ihn befriedigt; indem er seine Triebe hemmen oder laufen lassen kann, handelt er nach Zwecken, bestimmt sich nach dem Allgemeinen. Welcher Zweck ihm gelten soll, hat er zu bestimmen; er kann das ganz Allgemeine selbst zu seinem Zwecke setzen. Was ihn dabei determiniert, sind die Vorstellungen von dem, was er sei und was er wolle. Hierin liegt die Selbständigkeit des Menschen; was ihn determiniert, weiß er. Er kann sich so den einfachen Begriff zu seinem Zwecke machen, z. B. seine positive Freiheit. Das Tier hat seine Vorstellungen nicht als Ideelles, Wirkliches; darum fehlt ihm diese innere Selbständigkeit. Auch das Tier hat als Lebendiges die Quelle seiner Bewegung in sich selbst. Aber es wird von dem Äußern nicht erregt, wenn nicht der Reiz schon in ihm liegt; was nicht seinem Innern entspricht, ist für das Tier auch nicht vorhanden. Das Tier entzweit sich selbst aus sich selbst in ihm selbst. Es kann zwischen seinen Trieb und dessen Befriedigung nichts einschieben; es hat keinen Willen, kann die Hemmung nicht vornehmen. Das Erregende fängt bei ihm im Innern an und setzt eine immanente Ausführung voraus. Der Mensch aber ist nicht darum selbständig, weil die Bewegung in ihm anfängt, sondern weil er die Bewegung hemmen kann und also seine Unmittelbarkeit und Natürlichkeit bricht.

Denken, daß er Ich ist, macht die Wurzel der Natur des Menschen aus. Der Mensch ist als Geist nicht ein Unmittelbares, sondern wesentlich ein in sich Zurückgekehrtes. Diese Bewegung der Vermittelung ist wesentliches Moment des Geistes. Seine Tätigkeit ist das Hinausgehen über die Unmittelbarkeit, das Negieren derselben und damit die Rückkehr in sich; er ist also das, wozu er sich durch seine Tätigkeit macht. Erst das in sich Zurückgekehrte ist das Subjekt, reelle Wirklichkeit. Der Geist ist nur als sein Resultat. Zur Erläuterung kann die Vorstellung des Samens dienen. Mit ihm fängt die Pflanze an; aber er ist zugleich Resultat des ganzen Lebens der Pflanze: sie entwickelt sich deshalb, um ihn hervorzubringen. Dies aber ist die Ohnmacht des Lebens, daß der Same Anfang und zugleich Resultat des Individuums, als Ausgangspunkt und als Resultat verschieden und doch dasselbe ist, Produkt des einen Individuums und Anfang des anderen. Die beiden Seiten fallen an ihm ebenso auseinander wie die Form der Einfachheit im Korn und der Verlauf der Entwicklung an der Pflanze.

Ein näheres Beispiel hat jedes Individuum an sich selbst. Der Mensch ist, was er sein soll, nur durch Bildung, durch Zucht; was er unmittelbar ist, ist nur die Möglichkeit, es zu sein, d. h. vernünftig, frei zu sein, nur die Bestimmung, das Sollen. Das Tier ist bald fertig mit seiner Bildung; aber das darf man nicht als eine Wohltat der Natur für das Tier betrachten. Sein Wachstum ist nur ein quantitatives Erstarken. Der Mensch dagegen muß sich selbst zu dem machen, was er sein soll; er muß sich alles erst selbst erwerben, eben weil er Geist ist; er muß das Natürliche abschütteln. Der Geist ist also sein eigenes Resultat.

Das erhabenste Beispiel gibt die Natur Gottes selbst; eigentlich ist sie nicht ein Beispiel (Bei-her-spiel), sondern das Allgemeine, das Wahre selbst, von dem alles Andere ein Beispiel ist. Die ältern Religionen haben Gott zwar auch Geist genannt; allein das war noch bloß ein Name und noch nicht so gefaßt, daß die Natur des Geistes expliziert worden wäre. In der jüdischen Religion ist der Geist auch nur erst allgemein vorgestellt. Im Christentum aber ist Gott als Geist offenbart, und zwar ist er zuerst Vater, Macht, abstrakt Allgemeines, das noch eingehüllt ist, zweitens ist er sich als Gegenstand, ein Anderes seiner selbst, ein sich Entzweiendes, der Sohn. Dieses Andere seiner selbst ist aber ebenso unmittelbar er selbst; er weiß sich darin und schaut sich darin an, — und eben dieses Sichwissen und Sichanschauen ist drittens der Geist selber. Das heißt, das Ganze ist der

Geist, weder das Eine noch das Andere für sich allein. Gott in der Weise der Empfindung ausgesprochen ist die ewige Liebe, dies, das Andere als sein Eigenes zu haben. Diese Dreifaltigkeit ist es, wodurch die christliche Religion höher steht als die andern Religionen. Wäre sie ohne diese, so könnte es sein, daß der Gedanke in andern Religionen mehr fände. Sie ist das Spekulative darin, und dies ist es, wodurch die Philosophie auch in ihr die Idee der Vernunft findet. —

Das nächste ist, daß wir den Geist, den wir als Bewußtsein seiner wesentlich fassen, näher in seiner Gestaltung nicht als einzelnes menschliches Individuum betrachten. Der Geist ist wesentlich Individuum; aber in dem Elemente der Weltgeschichte haben wir es nicht mit Einzelnem oder mit der Beschränkung und dem Zurückgehen auf die partikulare Individualität zu tun. Der Geist in der Geschichte ist ein Individuum, das allgemeiner Natur, dabei aber ein bestimmtes ist, d. h. ein Volk überhaupt; und der Geist, mit dem wir es zu tun haben, ist der Volksgeist. Die Volksgeister aber unterscheiden sich wieder nach der Vorstellung, die sie sich von sich selber machen, nach der Oberflächlichkeit oder Tiefe, in der sie das, was der Geist ist, gefaßt, ergründet haben. Das Recht des Sittlichen bei den Völkern ist das Bewußtsein des Geistes von sich; sie sind der Begriff, den der Geist von sich hat. Also die Vorstellung des Geistes ist es, die sich in der Geschichte realisiert. Was der Geist von sich weiß, davon hängt das Bewußtsein des Volkes ab; und das letzte Bewußtsein, worauf alles ankommt, ist dies, daß der Mensch frei sei. Das Bewußtsein des Geistes muß sich in der Welt gestalten; das Material dieser Realisierung, ihr Boden ist nichts anderes als das allgemeine Bewußtsein, das Bewußtsein eines Volkes. Dieses Bewußtsein enthält und nach ihm richten sich alle Zwecke und Interessen des Volks; dieses Bewußtsein macht des Volkes Rechte, Sitten, Religion aus. Es ist das Substanzielle des Geistes eines Volks, auch wenn die Individuen es nicht wissen, sondern es als eine Voraussetzung ausgemacht dasteht. Es ist wie eine Notwendigkeit; das Individuum wird in dieser Atmosphäre erzogen, weiß von nichts anderm. Doch aber ist es nicht bloß Erziehung und Folge von Erziehung; sondern dies Bewußtsein wird aus dem Individuum selbst entwickelt, nicht ihm angelehrt: das Individuum *ist* in dieser Substanz. Diese allgemeine Substanz ist nicht das Weltliche; das Weltliche strebt ohnmächtig dagegen. Kein Individuum kann über diese Substanz hinaus; es kann sich wohl von andern einzelnen Individuen unterscheiden, aber nicht von dem Volksgeist. Es kann geistreicher sein als viele andere, nicht aber kann es den Volksgeist übertreffen. Die Geistreichen sind nur die, die von dem Geiste des Volkes wissen und sich danach zu richten wissen. Diese sind die Großen eines Volks, sie lenken das Volk dem allgemeinen Geiste gemäß. Die Individualitäten also verschwinden für uns und gelten uns nur als diejenigen, die das in Wirklichkeit setzen, was der Volksgeist will. In der philosophischen Betrachtung der Geschichte muß man absehen von solchen Ausdrücken wie: ein Staat wäre nicht zugrunde gegangen, wenn ein Mann dagewesen wäre, der usw. Die Individuen verschwinden vor dem allgemeinen Substanziellen, und dieses bildet sich seine Individuen selbst, die es zu seinem Zwecke nötig hat. Aber die Individuen hindern nicht, daß geschieht, was geschehen muß.

Der Volksgeist ist zugleich wesentlich ein besonderer, zugleich nichts als der absolute allgemeine Geist, — denn der ist Einer. Der Weltgeist ist der Geist der Welt, wie er sich im menschlichen Bewußtsein expliziert; die Menschen verhalten sich zu diesem als Einzelne zu dem Ganzen, das ihre Substanz ist. Und dieser Weltgeist ist gemäß dem göttlichen Geiste, welcher der absolute Geist ist. Insofern Gott allgegenwärtig ist, ist er bei jedem Menschen, erscheint im Bewußtsein eines jeden; und dies ist der Weltgeist. Der besondere Geist eines besondern Volkes kann untergehen; aber er ist ein Glied in der Kette des Ganges des Weltgeistes, und dieser allgemeine Geist kann nicht untergehen. Der Volksgeist ist so der allgemeine Geist in einer besondern Gestaltung, über die er an sich erhaben ist, die er aber hat, insofern er existiert: mit dem Dasein, mit der Existenz tritt die Besonderheit ein. Die Besonderheit des Volksgeistes besteht in der Art und Weise seines Bewußtseins, das er sich über den Geist macht. Im gewöhnlichen Leben sprechen wir so: dies Volk hat diese Vorstellung von Gott gehabt, diese Religion, dies Recht; über Sittlichkeit hat es sich solche Vorstellungen gemacht. Wir sehen das alles etwa wie äußerliche

Gegenstände an, die ein Volk gehabt habe. Aber bei oberflächlicher Betrachtung schon merken wir, daß diese Dinge geistiger Art sind und keine andere Art ihrer Wirklichkeit haben können als der Geist ist, das Bewußtsein des Geistes vom Geist.

Dieses aber ist, wie gesagt, zugleich Selbstbewußtsein. Hier können wir in das Mißverständnis geraten, daß ich von mir beim Selbstbewußtsein die Vorstellung als von dem zeitlichen Individuum habe. Das ist eine Schwierigkeit der philosophischen Seite, daß die meisten dabei denken, sie enthalte nichts als die besondere empirische Existenz des Individuums. Der Geist aber im Bewußtsein des Geistes ist frei; darin hat er die zeitliche, beschränkte Existenz aufgehoben und verhält sich zum reinen Wesen, das sein Wesen zugleich ist. Wenn das göttliche Wesen nicht das Wesen von Mensch und Natur wäre, so wäre es eben ein Wesen, das nichts wäre. Selbstbewußtsein ist also ein philosophischer Begriff, der nur in philosophischer Darstellung seine volle Bestimmtheit erlangen kann. Indem wir dies so festgesetzt sein lassen, ist das Weitere, daß das bestimmte Volksbewußtsein das Bewußtsein über sein Wesen ist. Der Geist ist sich zunächst der Gegenstand; solange er es wohl für uns ist, aber sich selbst noch nicht darin erkennt, ist er noch nicht nach seiner wahrhaften Weise sein Gegenstand. Das Ziel aber ist, daß gewußt werde, daß er nur auf das dringt, selbst zu wissen, wie er an und für sich selbst ist, daß er sich in seiner Wahrheit für sich selbst zur Erscheinung bringt, — daß er eine geistige Welt hervorbringe, die dem Begriffe seiner selbst gemäß ist, seine Wahrheit vollbringe, verwirkliche, daß Religion, Staat so von ihm produziert werden, daß er seinem Begriffe gemäß, daß er sein in der Wahrheit oder die Idee seiner selbst sei, — Idee ist die Realität, die nur der Spiegel, der Ausdruck des Begriffes ist, — so ist das allgemeine Ziel des Geistes und der Geschichte gefaßt; und wie der Keim die ganze Natur des Baumes, den Geschmack, die Form der Früchte in sich trägt, so enthalten auch schon die ersten Spuren des Geistes virtualiter die ganze Geschichte.

Von der Weltgeschichte kann nach dieser abstrakten Bestimmung gesagt werden, daß sie die Darstellung des Geistes sei, wie er zum Wissen dessen zu kommen sich erarbeitet, was er an sich ist. Die Orientalen wissen es nicht, daß der Geist oder der Mensch als solcher an sich frei ist. Weil sie es nicht wissen, sind sie es nicht. Sie wissen nur, daß Einer frei ist; aber ebendarum ist solche Freiheit nur Willkür, Wildheit, Dumpfheit der Leidenschaft oder auch eine Milde, Zahmheit derselben, die selbst nur ein Naturzufall oder eine Willkür ist. Dieser Eine ist darum nur ein Despot, nicht ein freier Mann, ein Mensch. — In den Griechen ist erst das Bewußtsein der Freiheit aufgegangen, und darum sind sie frei gewesen; aber sie, wie auch die Römer, wußten nur, daß Einige frei sind, nicht der Mensch als solcher. Dies wußten Plato und Aristoteles nicht; darum haben die Griechen nicht nur Sklaven gehabt und ist ihr Leben und der Bestand ihrer schönen Freiheit daran gebunden gewesen, sondern auch ihre Freiheit war selbst teils nur ein zufällige, unausgearbeitete, vergängliche und beschränkte Blume, teils zugleich eine harte Knechtschaft des Menschlichen, des Humanen. — Erst die germanischen Nationen sind im Christentum zum Bewußtsein gekommen, daß der Mensch als Mensch frei ist, die Freiheit des Geistes seine eigenste Natur ausmacht. Dies Bewußtsein ist zuerst in der Religion, in der innersten Region des Geistes aufgegangen; aber dies Prinzip auch in das weltliche Wesen einzubilden, dies war eine weitere Aufgabe, welche zu lösen und auszuführen eine schwere, lange Arbeit der Bildung erfordert. Mit der Annahme der christlichen Religion hat z. B. nicht unmittelbar die Sklaverei [aufgehört], noch weniger ist damit sogleich in den Staaten die Freiheit herrschend, sind die Regierungen und Verfassungen auf eine vernünftige Weise organisiert, auf das Prinzip der Freiheit gegründet worden. Diese Anwendung des Prinzips auf die Weltlichkeit, die Durchdringung, Durchbildung des weltlichen Zustandes durch dasselbe ist der lange Verlauf, welcher die Geschichte selbst [ausmacht]. Auf diesen Unterschied des Prinzips als eines solchen und seiner Anwendung, d. i. Einführung und Durchführung in der Wirklichkeit des Geistes und Lebens, habe ich schon aufmerksam gemacht; wir werden sogleich weiter darauf zurückkommen: es ist eine

Grundbestimmung in unserer Wissenschaft, und sie[b]*) ist wesentlich im Gedanken festzuhalten. Wie nun dieser Unterschied in Ansehung des christlichen Prinzips, des Selbstbewußtseins der Freiheit, hier vorläufig herausgehoben worden, so findet er auch wesentlich statt in Ansehung des Prinzips der Freiheit überhaupt. Die Weltgeschichte ist der Fortschritt im Bewußtsein der Freiheit, — ein Fortschritt, den wir in seiner Notwendigkeit zu erkennen haben.*

Mit dem, was ich im allgemeinen über den Unterschied des Wissens von der Freiheit gesagt habe, und zwar zunächst in der Form, daß die Orientalen nur gewußt haben, daß Einer frei sei, die griechische und römische Welt aber, daß einige frei sind, daß wir aber wissen, daß alle Menschen an sich frei, der Mensch als Mensch frei ist, damit liegt die Einteilung, die wir in der Weltgeschichte machen und nach der wir sie abhandeln werden [, vor]. Dies ist jedoch nur im Vorbeigehn vorläufig bemerkt; wir haben vorher noch einige Begriffe zu explizieren.

Es ist also als das, was die Vernunft des Geistes in ihrer Bestimmtheit, was hiemit die Bestimmung der geistigen Welt ist, und — indem diese die substanzielle und die physische Welt ihr untergeordnet [ist], oder im spekulativen Ausdruck, keine Wahrheit gegen die erste hat, — als der Endzweck der Welt das Bewußtsein des Geistes von seiner Freiheit und ebendamit erst die Wirklichkeit seiner Freiheit überhaupt angegeben worden. Daß aber diese Freiheit, wie sie angegeben worden, selbst noch unbestimmt oder daß sie ein unendlich vieldeutiges Wort ist, daß sie, in dem sie das Höchste ist, unendlich viele Mißverständnisse, Verwirrungen, Irrtümer mit sich führt und alle möglichen Ausschweifungen in sich begreift, dies ist etwas, was man nie besser gewußt und erfahren hat als in jetziger Zeit; aber wir lassen es hier zunächst bei jener allgemeinen Bestimmung bewenden. Ferner wurde auf die Wichtigkeit des unendlichen Unterschieds zwischen dem Prinzip, dem, was nur erst an sich, und zwischen dem, was wirklich ist, aufmerksam gemacht. Zugleich ist [es] die Freiheit in ihr selbst, welche die unendliche Notwendigkeit in sich schließt, eben sich zum Bewußtsein, —

---

b) Ms.: er

denn sie ist, ihrem Begriffe nach, Wissen von sich, — und damit zur Wirklichkeit zu bringen: sie ist sich der Zweck, den sie ausführt, und der einzige Zweck des Geistes [c]).

Des Geistes Substanz ist die Freiheit. Sein Zweck in dem geschichtlichen Prozesse ist hiermit angegeben: die Freiheit des Subjekts, daß es sein Gewissen und seine Moralität, daß es für sich allgemeine Zwecke habe, die es geltend mache, daß das Subjekt unendlichen Wert habe und auch zum Bewußtsein dieser Extremität komme. Dieses Substanzielle des Zweckes des Weltgeistes wird erreicht durch die Freiheit eines jeden.

Die Volksgeister sind die Glieder in dem Prozesse, daß der Geist zur freien Erkenntnis seiner selbst komme. Die Völker aber sind Existenzen für sich, — wir haben es hier nicht mit dem Geiste an sich zu tun —, als solche haben sie ein natürliches Dasein. Sie sind Nationen, und insofern ist ihr Prinzip ein natürliches; und weil die Prinzipien unterschieden sind, so sind auch die Völker natürlich unterschieden. Jedes hat sein eigenes Prinzip, dem es als seinem Zwecke nachstrebt; hat es diesen Zweck erreicht, dann hat es nichts mehr in der Welt zu tun.

Der Geist eines Volkes ist also zu betrachten als die Entwickelung des Prinzips, das in die Form eines dunkeln Triebes eingehüllt ist, der sich herausarbeitet, sich objektiv zu machen strebt. Ein solcher Volksgeist ist ein bestimmter Geist, ein konkretes Ganzes; er m u ß in seiner Bestimmtheit erkannt werden. Weil er Geist ist, läßt er sich nur geistig, durch den Gedanken fassen, und wir sind es, die den Gedanken erfassen; ein Weiteres ist dann, daß auch der Volksgeist selbst sich denkend erfaßt. Wir haben also den bestimmten Begriff, das Prinzip dieses Geistes zu betrachten. Dies Prinzip ist in sich sehr reich und entfaltet sich mannigfach; denn der Geist ist lebendig und wirkend, und es ist ihm um das Produkt seiner selbst zu tun. Er allein ist es, der in allen Taten und Richtungen des Volkes sich hervortreibt, der sich zu seiner Verwirklichung, zum Selbstgenusse und Selbst-

c) Am Rande: Erziehung des Menschengeschlechts — zu was? — zur Freiheit — Mensch erzogen dazu — nicht unmittelbar — Resultat.

erfassen bringt. Seine Entfaltung sind Religion, Wissenschaft, Künste, Schicksale, Begebenheiten. Dieses, nicht die Naturbestimmtheit des Volkes (wie die Ableitung des Wortes natio von nasci nahelegen könnte) geben dem Volke seinen Charakter. In seinem Wirken weiß der Volksgeist zunächst nur von den Zwecken seiner bestimmten Wirklichkeit, noch nicht von sich selber. Er selbst hat aber den Trieb, seine Gedanken zu fassen. Seine höchste Tätigkeit ist Denken, und so ist er in seiner höchsten Wirkung tätig, sich selbst zu fassen. Es ist das Höchste für den Geist, sich zu wissen, sich nicht nur zur Anschauung, sondern auch zum Gedanken seiner selbst zu bringen. Dies muß und wird er auch vollbringen; aber diese Vollbringung ist zugleich sein Untergang und dieser das Hervortreten einer andern Stufe, eines andern Geistes. Der einzelne Volksgeist vollbringt sich, indem er den Übergang zu dem Prinzip eines andern Volkes macht, und so ergibt sich ein Fortgehen, Entstehen, Ablösen der Prinzipien der Völker. Worin der Zusammenhang dieser Bewegung bestehe, das aufzuzeigen, ist die Aufgabe der philosophischen Weltgeschichte.

Die abstrakte Weise des Fortganges des Volksgeistes ist das ganz sinnliche Fortgehen der Zeit, eine erste Tätigkeit; die konkretere Bewegung ist die geistige Tätigkeit. Ein Volk macht Fortschritte in sich selbst; es erlebt Fortgang und Untergang. Das Nächste ist hier die Kategorie der Bildung, der Überbildung und Verbildung; dies Letzte ist für das Volk Produkt oder Quelle seines Verderbens. Mit dem Worte Bildung ist jedoch noch nichts über den substanziellen Inhalt des Volksgeistes bestimmt; sie ist formell und wird überhaupt durch die Form der Allgemeinheit konstruiert. Der gebildete Mensch ist der, der allem seinem Tun den Stempel der Allgemeinheit aufzudrücken weiß, der seine Partikularität aufgegeben hat, der nach allgemeinen Grundsätzen handelt. Die Bildung ist Form des Denkens; näher liegt hierin, daß der Mensch sich zu hemmen weiß, nicht bloß nach seinen Neigungen, Begierden handelt, sondern sich sammelt. Er gibt dadurch dem Gegenstande, dem Objekt eine freie Stellung und ist gewöhnt, sich theoretisch zu verhalten. Damit ist die Gewohnheit verbunden, die einzelnen Seiten in ihrer Vereinzelung aufzufassen, die Umstände zu zersplittern, das Isolieren der Seiten, das Abstrahieren, indem jeder dieser Seiten unmittelbar die Form der Allgemeinheit gegeben wird. Der gebildete Mensch kennt an den Gegenständen die verschiedenen Seiten; sie sind für ihn vorhanden, seine gebildete Reflexion hat ihnen die Form der Allgemeinheit gegeben. Er kann dann auch in seinem Benehmen jede einzelne Seite gewähren lassen. Der Ungebildete hingegen, indem er die Hauptsache auffaßt, kann wohlmeinend ein halbes Dutzend anderer verletzen. Indem der gebildete Mensch die verschiedenen Seiten festhält, handelt er konkret; er ist gewöhnt, nach allgemeinen Gesichtspunkten, Zwecken zu handeln. Die Bildung also drückt die einfache Bestimmung aus, daß einem Inhalt der Charakter des Allgemeinen aufgeprägt werde.

Indessen muß die Entwickelung des Geistes als die Bewegung, aus der die Bildung hervorgegangen ist, noch konkreter aufgefaßt werden. Es ist das Allgemeine des Geistes, die Bestimmungen, die er *an sich* hat, zu *setzen*. Dies kann wieder in subjektivem Sinne verstanden werden; und man nennt dann, was der Geist an sich ist, Anlage, und insofern er gesetzt ist, nennt man es Eigenschaften, Geschicklichkeiten. Dann wird auch das Hervorgebrachte selbst nur in subjektiver Form aufgefaßt. In der Geschichte dagegen ist es in der Form, wie es als Gegenstand, Tat, Werk vom Geiste hervorgebracht ist. Der Volksgeist ist Wissen, und die Tätigkeit des Gedankens auf die Realität eines Volksgeistes ist, daß er sein Werk als Objektives, nicht mehr bloß Subjektives weiß. In Rücksicht dieser Bestimmungen ist zu bemerken, daß oft ein Unterschied gemacht wird zwischen dem, was der Mensch innerlich ist, und seinen Taten. In der Geschichte ist dies unwahr; die Reihe seiner Taten ist der Mensch selbst. Man bildet sich wohl ein, daß die Intention, die Absicht etwas Vortreffliches sein könne, wenn auch die Taten nichts taugen sollten. Es kann freilich im Einzelnen vorkommen, daß der Mensch sich verstellt; das ist aber ganz etwas Partielles. Das Wahre ist, daß das Äußere von dem Innern nicht verschieden ist. Besonders in der Geschichte fallen dergleichen Ausklügelungen momentaner Trennungen weg. Was ihre Taten sind, das sind die Völker. Die Taten sind ihr Zweck.

Der Geist handelt wesentlich, er macht sich zu dem, was er an sich ist, zu seiner Tat, zu seinem Werk; so wird er sich Gegenstand, so hat er sich als ein Dasein vor sich. So der Geist eines Volkes; sein Tun ist, sich zu einer vorhandenen Welt zu machen, die auch im Raume besteht; seine Religion, Kultus, Sitten, Gebräuche, Kunst, Verfassung, politische Gesetze, der ganze Umfang seiner Einrichtungen, seine Begebenheiten und Taten, das ist sein Werk, — das ist dies Volk. Diese Empfindung hat jedes Volk. Das Individuum findet das Sein des Volkes dann als eine bereits fertige, feste Welt vor sich, der es sich einzuverleiben hat. Es hat sich dieses substanzielle Sein anzueignen, daß dieses seine Sinnesart und Geschicklichkeit werde, auf daß es selbst etwas sei. Das Werk ist vorhanden, und die Individuen haben sich ihm anzubilden, ihm gemäß zu machen. Wenn wir die Periode dieses Hervorbringens betrachten, so finden wir, daß hier das Volk für den Zweck seines Geistes handelt, und nennen es sittlich, tugendhaft, kräftig, weil es das, was der innere Wille seines Geistes ist, hervorbringt und sein Werk in der Arbeit seiner Objektivierung auch gegen äußere Gewalt verteidigt. Hier findet die Absonderung der Individuen von dem Ganzen noch nicht statt; sie tritt erst später in der Periode der Reflexion hervor. Hat das Volk sich so zu seinem Werke gemacht, so ist der Zwiespalt zwischen dem Ansich, was es in seinem Wesen ist, und der Wirklichkeit aufgehoben, und es hat sich befriedigt: was es an sich ist, hat es als seine Welt hingestellt. In diesem seinem Werke, seiner Welt genießt sich nun der Geist.

Das Nächste ist nun, was eintritt, wenn der Geist hat, was er will. Seine Tätigkeit ist nicht mehr erregt, seine substanzielle Seele nicht mehr in Tätigkeit. Sein Tun steht nur mehr in entfernterem Zusammenhange mit seinen höchsten Interessen. Ich habe Interesse für etwas nur, insofern es mir noch verborgen oder für meinen Zweck notwendig, dieser aber noch nicht erfüllt ist. Indem also das Volk sich ausgestaltet, seinen Zweck erreicht hat. schwindet sein tieferes Interesse. Der Volksgeist ist ein natürliches Individuum; als ein solches blüht er auf, ist stark, nimmt ab und stirbt. Es liegt in der Natur der Endlichkeit, daß der beschränkte Geist vergänglich ist. Er ist lebendig und insofern wesentlich Tätigkeit; mit dem Hervorbringen seiner selbst, der Produktion, der Verwirklichung seiner selbst ist er beschäftigt. Ein Gegensatz ist vorhanden, sofern die Wirklichkeit seinem Begriffe noch nicht gemäß oder sofern der innere Begriff seiner noch nicht zum Selbstbewußtsein gebracht worden ist. Sobald aber der Geist sich seine Objektivität in seinem Leben gegeben hat, sobald er den Begriff seiner ganz herausgearbeitet und ihn ganz zur Ausführung gebracht hat, so ist er, wie gesagt, zum Genusse seiner selbst gekommen, der nicht mehr Tätigkeit, der ein widerstandsloses Ergehen seiner durch sich selbst ist. In die Periode, wo der Geist noch tätig ist, fällt die schönste Zeit, die Jugend eines Volkes; da haben die Individuen den Drang, ihr Vaterland zu erhalten, den Zweck ihres Volkes geltend zu machen. Ist das vollbracht, tritt die Gewohnheit des Lebens ein; und wie der Mensch an der Gewohnheit des Lebens erstirbt, so auch der Volksgeist an dem Genusse seiner selbst. Wenn der Geist des Volkes seine Tätigkeit durchgesetzt hat, dann hört die Regsamkeit und das Interesse auf; das Volk lebt in dem Übergange vom Mannesalter ins Greisenalter, im Genusse des Erreichten. Vorher war ein Bedürfnis, eine Not, hervorgetreten; sie ist durch irgend eine Einrichtung befriedigt worden und nicht mehr vorhanden. Dann ist auch die Einrichtung aufzuheben, und es tritt bedürfnislose Gegenwart ein. Vielleicht hat sich das Volk auch, manche Seite seines Zweckes aufgebend, mit einem geringern Umfange begnügt. Wenn seine Einbildung auch darüber hinausging, so hat es dieselbe als Zweck aufgegeben, wenn die Wirklichkeit sich nicht dazu darbot, und hat den Zweck nach dieser beschränkt. Es lebt nun in der Befriedigung des erreichten Zwecks, verfällt in die Gewohnheit, in der keine Lebendigkeit mehr ist, und geht so seinem natürlichen Tode entgegen. Es kann noch viel tun in Krieg und Frieden, im Innern und Äußern; es kann noch lange fortvegetieren. Es regt sich; aber diese Regsamkeit ist bloß die der besondern Interessen der Individuen, nicht mehr das Interesse des Volkes selbst. Das größte, höchste Interesse hat sich aus dem Leben verloren; denn Interesse ist nur vorhanden, wo Gegensatz ist.

Der natürliche Tod des Volksgeistes kann sich als politische Nullität zeigen. Er ist das, was wir die Gewohnheit nennen. Die Uhr ist aufgezogen und geht von selber fort. Die Gewohnheit ist ein gegensatzloses Tun, dem nur die formelle Dauer übrig sein kann, und in dem die Fülle und Tiefe des Zwecks nicht mehr zur Sprache zu kommen braucht, — eine gleichsam äußerliche, sinnliche Existenz, die sich nicht mehr in die Sache vertieft. So sterben Individuen, so sterben Völker eines natürlichen Todes; wenn letztere auch fortdauern, so ist es eine interesselose, unlebendige Existenz, die ohne das Bedürfnis ihrer Institutionen ist, eben weil das Bedürfnis befriedigt ist, — eine politische Nullität und Langeweile. Das Negative erscheint dann nicht als Zwiespalt, Kampf; so z. B. bei den alten Reichsstädten, die in sich unschuldig aufgehört haben, ohne daß sie gewußt haben, wie ihnen geschah. Bei solchem Tode kann sich ein Volk recht gut befinden, obwohl es aus dem Leben der Idee herausgetreten ist. Es dient dann als Material eines höhern Prinzips, wird Provinz eines andern Volkes, in dem ein höheres Prinzip gilt. Das Prinzip aber, zu dem ein Volk gelangt ist, ist ein Wirkliches; auch wenn es in der Gewohnheit seinen Tod findet, so kann es doch als ein Geistiges nicht aussterben, sondern es drängt sich zu einem Höhern durch. Die Vergänglichkeit ist es, die uns erschüttern kann, die wir aber tiefer als notwendig erkennen in der höhern Idee des Geistes. Da ist der Geist so gesetzt, daß er dadurch seinen absoluten Endzweck vollbringt; und so müssen wir mit seiner Vergänglichkeit versöhnt werden.

Der besondere Volksgeist ist der Vergänglichkeit unterworfen, geht unter, verliert die Bedeutung für die Weltgeschichte, hört auf, der Träger des höchsten Begriffs zu sein, den der Geist von sich gefaßt hat. Denn jedesmal das Volk ist an der Zeit und das regierende, das den höchsten Begriff des Geistes gefaßt hat. Es kann sein, daß Völker von nicht so hohen Begriffen bleiben; aber sie sind in der Weltgeschichte auf die Seite gesetzt.

Weil aber das Volk ein Allgemeines, Gattung ist, so tritt eine weitere Bestimmung ein. Der Volksgeist ist als Gattung für sich existierend; hierin liegt die Möglichkeit, daß in diesem Existierenden das Allgemeine, das in ihm ist, als das Entgegengesetzte erscheint. Das Negative seiner kommt in ihm zur Erscheinung; das Denken erhebt sich über das unmittelbare Wirken. Und so erscheint sein natürlicher Tod auch als Tötung seiner selbst. Wir beobachten so einesteils den Untergang, den sich der Volksgeist selbst bereitet. Die Erscheinung des Vergehens hat ihre verschiedenen Gestalten, daß von innen das Verderben herausbricht, die Begierden los werden, daß die Einzelheit ihre Befriedigung sucht und so der substanzielle Geist zu kurz kommt und zertrümmert wird. Die einzelnen Interessen reißen die Kräfte, Vermögen an sich, die vorher dem Ganzen gewidmet waren. So erscheint das Negative als Verderben von innen, sich zu besondern. Es pflegt äußere Gewalt verbunden zu sein, die das Volk außer den Besitz der Herrschaft setzt und bewirkt, daß es das erste zu sein aufhört. Diese äußere Gewalt aber gehört nur zur Erscheinung; keine Macht kann sich gegen den Volksgeist oder in ihm zerstörend geltend machen, wenn er nicht in ihm selbst leblos, erstorben ist.

Das Weitere aber nach dem Momente der Vergänglichkeit ist, daß allerdings nachher auf den Tod Leben folgt. Man könnte an das Leben in der Natur erinnern, wie die Knospen abfallen und andere hervortreten. Aber im geistigen Leben ist es anders. Der Baum perenniert, treibt Sprossen, Blätter, Blüten, bringt Früchte hervor und fängt so immer wieder von vorn an. Die einjährige Pflanze überlebt ihre Frucht nicht; der Baum läßt es jahrzehntelang an sich vorübergehen, aber er stirbt doch auch. Die Wiederbelebung in der Natur ist nur die Wiederholung eines und desselben; es ist die langweilige Geschichte mit immer demselben Kreislauf. Unter der Sonne geschieht nichts Neues. Aber mit der Sonne des Geistes ist es anders. Deren Gang, Bewegung ist nicht eine Selbstwiederholung, sondern das wechselnde Ansehen, das der Geist sich in immer andern Gebilden macht, ist wesentlich Fortschreiten. Das stellt sich in dieser Auflösung des Volksgeistes durch die Negativität seines Denkens so dar, daß die Erkenntnis, die denkende Auffassung des Seins, die Quelle und Geburtsstätte einer neuen Gestalt ist, und zwar einer höhern Gestalt in einem teils erhaltenden, teils verklärenden Prinzip. Denn der Gedanke ist das Allgemeine, die Gattung, die nicht stirbt, die sich selbst gleichbleibt. Die bestimmte Gestalt des Geistes geht nicht bloß natürlich in der Zeit vorüber, sondern wird in der selbstwirkenden, selbstbewußten Tätigkeit des Selbstbewußtseins aufgehoben. Weil dies Aufheben Tätigkeit des Gedankens ist, ist es zugleich Erhalten und Verklären. — Indem somit der Geist einerseits die Realität, das Bestehen dessen, was er ist, aufhebt, gewinnt er zugleich das Wesen, den Gedanken, das Allgemeine dessen, was er nur war. Sein Prinzip ist nicht mehr dieser unmittelbare Inhalt und Zweck, wie er war, sondern das Wesen desselben.

Indem wir den Übergang eines Volksgeistes in den andern nachzuweisen haben, ist zu bemerken, daß der allgemeine Geist überhaupt nicht stirbt, als Volksgeist aber, der der Weltgeschichte angehört, zu dem Wissen dessen, was sein Werk ist, und dazu gelangen muß, sich zu denken. Dieses Denken, diese Reflexion, hat dann vor dem Unmittelbaren, das es als ein besonderes Prinzip erkennt, keinen Respekt mehr; es entsteht eine Trennung des subjektiven Geistes von dem allgemeinen. Die Individuen treten in sich zurück und streben nach eigenen Zwecken; wir haben schon bemerklich gemacht, daß dieses das Verderben des Volkes ist: jeder setzt sich nach seinen Leidenschaften seine eigenen Zwecke. Zugleich aber tritt bei diesem Zurücktreten des Geistes in sich nun das Denken als besondere Wirklichkeit hervor, und es entstehen die Wissenschaften. So sind Wissenschaften und das Verderben, der Untergang eines Volkes immer miteinander verpaart.

Darin aber liegt der Beginn eines höhern Prinzips. Die Entzweiung enthält, führt mit sich das Bedürfnis der Vereinigung, weil der Geist einer ist. Er ist lebendig und stark genug, die Einheit hervorzubringen. Der Gegensatz, worein der Geist mit dem niedern Prinzip tritt, der Widerspruch, führt zum höhern. So hatten die Griechen in ihrer blühenden Periode, in ihrer heitern Sittlichkeit, nicht den Begriff der allgemeinen Freiheit; sie hatten wohl das καθηκον, das Geziemende, aber keine Moralität oder kein Gewissen. Moralität, was Rückkehr des Geistes in sich, Reflexion, Flucht des Geistes in sich hinein ist, war nicht da; das fing erst mit Sokrates an. Sobald nun die Reflexion eintrat und das Individuum sich in sich zurückzog und sich von der Sitte trennte, um in sich und nach eigenen Bestimmungen zu leben, da entstand das Verderben, der Widerspruch. In dem Gegensatze kann aber der Geist nicht bleiben, er sucht eine Vereinigung, und in der Vereinigung liegt das höhere Prinzip. Dieser Prozeß, dem Geiste zu seinem Selbst, zu seinem Begriffe zu verhelfen, ist die Geschichte. Die Entzweiung enthält also das Höhere des Bewußtseins; aber dies Höhere hat ebenso noch eine Seite, die nicht in das Bewußtsein eingeht. Dann erst kann der Gegensatz in das Bewußtsein aufgenommen werden, wenn das Prinzip der persönlichen Freiheit schon da ist.

Das Resultat dieses Ganges ist also, daß der Geist, indem er sich objektiviert und dieses sein Sein denkt, einerseits die Bestimmtheit seines Seins zerstört, anderseits das Allgemeine desselben erfaßt, und dadurch seinem Prinzip eine neue Bestimmung gibt. Hiemit hat sich die substantielle Bestimmtheit dieses Volksgeistes geändert, d. i. sein Prinzip ist in ein anderes, und zwar höheres Prinzip aufgegangen.

Es ist das Wichtigste, die Seele und das Ausgezeichnete im philosophischen Auffassen und Begreifen der Geschichte, den Gedanken dieses Übergangs zu haben und zu kennen. Ein Individuum durchläuft als eines verschiedene Bildungsstufen und bleibt dasselbe Individuum; ebenso auch ein Volk, bis zu der Stufe, welche die allgemeine Stufe seines Geistes ist. In diesem Punkte liegt die innere, die Begriffsnotwendigkeit der Veränderung. Die Ohnmacht des Lebens zeigt sich aber — worauf wir schon hingewiesen haben — darin, daß, was anfängt, und was Resultat ist, auseinanderfallen. So auch im Leben der Individuen und Völker. Der bestimmte Volksgeist ist nur ein Individuum im Gange der Weltgeschichte. Das Leben eines Volkes bringt eine Frucht zur Reife; denn seine Tätigkeit geht dahin, sein Prinzip zu vollführen. Diese Frucht fällt aber nicht in seinen Schoß zurück, wo sie sich ausgeboren hat, es bekommt sie nicht zu genießen; im Gegenteil sie wird ihm ein bitterer Trank. Lassen kann es nicht von ihm, denn es hat den unendlichen Durst nach demselben, aber das Kosten des Tranks ist seine Vernichtung, doch zugleich das Aufgehen eines neuen Prinzips. Die Frucht wird wieder Samen, aber Samen eines andern Volkes, um dieses zur Reife zu bringen.

Der Geist ist wesentlich Resultat seiner Tätigkeit: seine

Tätigkeit ist Hinausgehen über die Unmittelbarkeit, das Negieren derselben und Rückkehr in sich.

Der Geist ist frei; und sich dies sein Wesen wirklich zu machen, diesen Vorzug zu erreichen, ist das Bestreben des Weltgeistes in der Weltgeschichte. Sich zu wissen und zu erkennen ist seine Tat, die aber nicht mit einem Male, sondern im Stufengange vollbracht wird. Jeder einzelne neue Volksgeist ist eine neue Stufe in der Eroberung des Weltgeistes, zur Gewinnung seines Bewußtseins, seiner Freiheit. Der Tod eines Volksgeistes ist Übergang ins Leben, und zwar nicht so wie in der Natur, wo der Tod des einen ein anderes Gleiches ins Dasein ruft. Sondern der Weltgeist schreitet aus niedern Bestimmungen zu höheren Prinzipien, Begriffen seiner selbst, zu entwickelteren Darstellungen seiner Idee vor.

Es wäre hier also um den Endzweck zu tun, den die Menschheit hat, den der Geist in der Welt sich vorsetzt zu erreichen, den er unendlich, mit absoluter Gewalt getrieben ist, sich zu verwirklichen. Das Bestimmtere in Ansehung dieses Endzwecks schließt sich an das an, was vorher in bezug auf den Volksgeist erinnert worden ist. Gesagt worden ist, daß das, um was es dem Geiste zu tun ist, nichts anderes sein kann als er selbst. Es gibt nichts Höheres als den Geist, nichts, das würdiger wäre, sein Gegenstand zu sein. Er kann nicht ruhen, mit nichts anderm sich beschäftigen, bis er weiß, was er ist. Dies ist freilich ein allgemeiner, abstrakter Gedanke, und es ist eine weite Kluft zwischen diesem Gedanken, von dem wir sprechen, daß er das höchste, einzige Interesse des Geistes sei, und dem, wovon wir in der Geschichte sehen, daß es die Interessen der Völker und der Individuen ausmacht. In der empirischen Ansicht sehen wir besondere Zwecke, partikuläre Interessen, die die Völker jahrhundertelang beschäftigt haben, man denke z. B. an den Gegensatz zwischen Rom und Karthago. Und es ist eine weite Kluft bis dahin, in den Erscheinungen der Geschichte den Gedanken zu erkennen, der von uns als das wesentliche Interesse angegeben worden ist. Wenn der Gegensatz zwischen den zunächst erscheinenden Interessen und dem, was als absolutes Interesse des Geistes angegeben worden ist, erst später erörtert werden wird, so ist wenigstens der allgemeine Gedanke des Begriffs leicht zu fassen, daß der freie Geist sich notwendig zu sich selbst verhält, da er freier Geist ist; sonst wäre er abhängig und nicht frei. Indem so das Ziel bestimmt ist, daß der Geist zum Bewußtsein seiner selbst komme oder die Welt sich gemäß mache, — denn beides ist dasselbe: man kann sagen, daß der Geist die Gegenständlichkeit sich zu eigen mache, oder umgekehrt, daß der Geist seinen Begriff aus sich hervorbringe, ihn objektiviere und so sein Sein werde; in der Gegenständlichkeit wird er sich seiner bewußt, auf daß er selig sei: denn wo Gegenständlichkeit entsprechend ist der inneren Forderung, da eben ist Freiheit, — indem er also das Ziel bestimmt hat, so erhält das Fortschreiten seine nähere Bestimmung, nämlich nach der Seite, daß es nicht als ein bloßes Mehrwerden gefaßt ist. Wir können sogleich dies anknüpfen, daß wir auch in unserm gewöhnlichen Bewußtsein zugeben, daß das Bewußtsein, um sein Wesen zu wissen, Stufen der Bildung durchzugehen habe.

Das Ziel der Weltgeschichte ist also, daß der Geist zum Wissen dessen gelange, was er wahrhaft ist, und dies Wissen gegenständlich mache, es zu einer vorhandenen Welt verwirkliche, sich als objektiv hervorbringe. Das Wesentliche ist, daß dies Ziel ein Hervorgebrachtes ist. Der Geist ist nicht ein Naturding wie das Tier; das ist, wie es ist, unmittelbar. Der Geist ist dies, daß er sich hervorbringt, sich zu dem macht, was er ist. Deswegen seine nächste Gestaltung, daß er wirklich sei, ist nur Selbsttätigkeit. Sein Sein ist Aktuosität, kein ruhendes Dasein, sondern dies, sich hervorgebracht zu haben, für sich geworden zu sein, durch sich selbst sich gemacht zu haben. Daß er wahrhaft sei, dazu gehört, daß er sich hervorgebracht habe; sein Sein ist der absolute Prozeß. In diesem Prozeß, der eine Vermittelung seiner mit sich selbst durch sich, nicht durch anderes ist, liegt es, daß er unterschiedene Momente hat, Bewegungen und Veränderungen in sich enthält, bald so und bald anders bestimmt ist. Es sind also in diesem Prozesse wesentlich Stufen enthalten, und die Weltgeschichte ist die Darstellung des göttlichen Prozesses, des Stufenganges, in dem der Geist sich selbst, seine Wahrheit weiß und verwirklicht. Es sind alles Stufen der Selbsterkenntnis; das höchste Gebot, das Wesen des Geistes ist es, sich selbst zu erkennen, sich als das, was er ist, zu wissen und hervorzubringen. Das vollbringt er in der Weltgeschichte; er bringt sich als bestimmte Gestalten hervor, und diese Gestalten sind die weltgeschichtlichen Völker. Es sind Gebilde, deren jedes eine besondere Stufe ausdrückt und die so Epochen in der Weltgeschichte bezeichnen. Tiefer begriffen: es sind die Prinzipien, die der Geist von sich gefunden hat, und die er gedrungen ist zu realisieren. Es ist also darin ein wesentlicher Zusammenhang, der nichts ausdrückt als die Natur des Geistes.

Die Weltgeschichte ist die Darstellung des göttlichen, absoluten Prozesses des Geistes in seinen höchsten Gestalten, dieses Stufenganges, wodurch er seine Wahrheit, das Selbstbewußtsein über sich erlangt. Die Gestaltungen dieser Stufen sind die welthistorischen Volksgeister, die Bestimmtheiten ihres sittlichen Lebens, ihrer Verfassung, ihrer Kunst, Religion und Wissenschaft. Diese Stufen zu realisieren, ist der unendliche Trieb des Weltgeistes, sein unwiderstehlicher Drang; denn diese Gliederung, sowie ihre Verwirklichung ist sein Begriff. — Die Weltgeschichte zeigt nur, wie der Geist allmählich zum Bewußtsein und zum Wollen der Wahrheit kommt; es dämmert in ihm, er findet Hauptpunkte, am Ende gelangt er zum vollen Bewußtsein. Über den Endzweck dieses Fortschreitens haben wir uns oben erklärt. Die Prinzipien der Volksgeister in einer notwendigen Stufenfolge sind selbst nur Momente des einen allgemeinen Geistes, der durch sie in der Geschichte sich zu einer sich erfassenden Totalität erhebt und abschließt. —

Dieser Anschauung eines Prozesses, durch den der Geist in der Geschichte sein Ziel verwirklicht, steht eine sehr verbreitete Vorstellung entgegen von dem, was das Ideal sei und welches Verhältnis es zur Wirklichkeit habe. Es ist nämlich nichts häufiger und geläufiger als die Klage zu hören, daß die Ideale in der Wirklichkeit nicht realisiert werden könnten, — es seien Ideale der Phantasie oder der Vernunft, was immer den Anspruch macht, — besonders daß die Ideale der Jugend von der kalten Wirklichkeit zu Träumen heruntergesetzt würden. Diese Ideale, welche an der Klippe der harten Wirklichkeit auf der Lebensfahrt scheiternd zugrunde gehen, können zunächst nur subjektive sein und der sich für das Höchste und Klügste haltenden Individualität des einzelnen angehören. Die gehören eigentlich nicht hieher. Denn was das Individuum für sich in seiner Einzelheit sich ausspinnt, kann für die allgemeine Wirklichkeit nicht Gesetz sein, ebenso wie das Weltgesetz nicht für die einzelnen Individuen allein ist, die dabei sehr zu kurz kommen können. Es kann allerdings geschehen, daß dergleichen nicht realisiert wird. Das Individuum macht sich oft seine Vorstellungen von sich selbst, von hohen Absichten, herrlichen Taten, die es ausführen wolle, von der Wichtigkeit, die es selbst habe, die es berechtigt sei in Anspruch zu nehmen, die zum Heile der Welt diene. Was solche Vorstellungen betrifft, so müssen sie an ihren Ort gestellt bleiben. Man kann sich viel von sich träumen, was nichts als übertriebene Vorstellungen vom eigenen Werte sind. Es kann auch sein, daß dem Individuum Unrecht geschieht; aber das geht die Weltgeschichte nichts an, der die Individuen als Mittel in ihrem Fortschreiten dienen.

Aber man versteht unter den Idealen auch Ideale der Vernunft, die Ideen vom Guten, Wahren, von dem Besten in der Welt, die wahre Anforderung ihrer Befriedigung haben; daß diese nicht eintrete, sieht man als objektives Unrecht an. Dichter wie Schiller haben ihre Trauer darüber empfindsam und rührend dargestellt. Sagen wir nun dagegen, die allgemeine Vernunft vollführe sich, so ist es um das empirisch Einzelne freilich nicht zu tun; denn das kann besser und schlechter sein, weil hier der Zufall, die Besonderheit ihr ungeheures Recht auszuüben vom Begriffe die Macht erhält. Man kann sich allerdings in Rücksicht auf besondere Dinge vorstellen, daß manches in der Welt unrecht sei. So wäre denn an den Einzelheiten der Erscheinung vieles zu tadeln. Aber um das empirisch Besondere ist es hier nicht zu tun; das ist dem Zufall anheimgegeben, und darauf kommt es nicht an. Es ist auch nichts leichter als zu tadeln und durch den Tadel sich die Meinung von seinem Besserwissen, guter Absicht zu geben. Dies subjektive Tadeln, das nur das Einzelne und seinen Mangel vor sich hat, ohne die allgemeine Vernunft darin zu erkennen, ist leicht und kann, indem es die Versicherung guter Absicht für das Wohl des Ganzen herbeibringt und sich den Schein des guten Herzens gibt, gewaltig groß tun und sich aufspreizen. Es ist leichter, den Mangel an Individuen, an Staaten, an der Weltleitung einzusehen als ihren wahrhaften Gehalt. Denn beim negativen Tadeln steht man vornehm und mit hoher Miene über der Sache, ohne in sie eingedrungen zu sein, d. h. sie selbst, ihr Positives erfaßt zu haben. Gewiß kann der Tadel gegründet sein; nur ist es viel leichter, das Mangelhafte aufzufinden als das Substanzielle (z. B. bei Kunstwerken). Die Menschen meinen oft, sie seien fertig, wenn sie das mit Recht Tadelhafte aufgefunden haben; sie haben freilich recht, aber sie haben auch unrecht, daß sie das Affirmative an der Sache verkennen. Es ist das Zeichen der größten Oberflächlichkeit, überall das Schlechte zu finden, nichts von dem Affirmativen, Echten daran zu sehen. Das Alter im allgemeinen macht milder, die Jugend ist immer unzufrieden; das macht beim Alter die Reife des Urteils, das nicht nur aus Interesselosigkeit auch das Schlechte sich gefallen läßt, sondern, durch den Ernst des Lebens tiefer belehrt, auf das Substanzielle, Gediegene der Sache ist geführt worden; es ist das nicht eine Billigkeit, sondern eine Gerechtigkeit. —

Was aber das wahrhafte Ideal betrifft, die Idee der Vernunft selbst, so ist die Einsicht, zu der die Philosophie verhelfen soll, daß die wirkliche Welt ist, wie sie sein soll, daß der vernünftige Wille, das konkret Gute das Mächtigste ist in der Tat, die absolute Macht, die sich vollführt. Das wahrhafte Gute, die allgemeine göttliche Vernunft ist auch die Macht sich selbst zu vollbringen. Dieses Gute, diese Vernunft in ihrer konkretesten Vorstellung ist Gott. Das Gute, nicht bloß als Idee überhaupt, sondern als eine Wirksamkeit ist das, was wir Gott nennen. Die Einsicht der Philosophie ist, daß keine Gewalt über die Macht des Guten, Gottes, geht, die ihn hindert, sich geltend zu machen, daß Gott Recht behält, daß die Weltgeschichte nichts anderes darstellt als den Plan der Vorsehung. Gott regiert die Welt; der Inhalt seiner Regierung, die Vollführung seines Plans ist die Weltgeschichte, diesen zu fassen ist die Aufgabe der Philosophie der Weltgeschichte und ihre Voraussetzung ist, daß das Ideal sich vollbringt, daß nur das Wirklichkeit hat, was der Idee gemäß ist. Vor dem reinen Licht dieser göttlichen Idee, die kein bloßes Ideal ist, verschwindet der Schein, als ob die Welt ein verrücktes, törichtes Geschehen sei. Die Philosophie will den Inhalt, die Wirklichkeit der göttlichen Idee erkennen und die verschmähte Wirklichkeit rechtfertigen. Denn die Vernunft ist das Vernehmen des göttlichen Werkes.

Das, was sonst Wirklichkeit heißt, wird von der Philosophie als ein Faules betrachtet, das wohl scheinen kann, aber nicht an und für sich wirklich ist. Diese Einsicht enthält, man kann es den Trost nennen gegen die Vorstellung von dem absoluten Unglück, der Verrücktheit dessen, was geschehen ist. Trost ist indessen nur der Ersatz für ein Übel, das nicht hätte geschehen sollen, und ist im Endlichen zu Hause. Die Philosophie ist also nicht ein Trost; sie ist mehr, sie versöhnt, sie verklärt das Wirkliche, das unrecht scheint, zu dem Vernünftigen, zeigt es als solches auf, das in der Idee selbst begründet ist und womit die Vernunft befriedigt werden soll. Denn in der Vernunft ist das Göttliche. Der Inhalt, der der Vernunft zugrunde liegt, ist die göttliche Idee und wesentlich der Plan Gottes. Als Weltgeschichte erfaßt ist nicht die Vernunft in dem Willen des Subjekts der Idee gleich, sondern allein die Wirksamkeit Gottes ist der Idee gleich. Aber in der Vorstellung ist die Vernunft das Vernehmen der Idee, schon etymologisch das Vernehmen dessen, was ausgesprochen ist (Logos), — und zwar des Wahren. Die Wahrheit des Wahren — das ist die erschaffene Welt. Gott spricht; er spricht nur sich selbst aus, und er ist die Macht, sich auszusprechen, sich vernehmlich zu machen. Und die Wahrheit Gottes, die Abbildung seiner ist es, was in der Vernunft vernommen wird. So geht die Philosophie dahin, daß, was leer ist, kein Ideal ist, sondern nur, was wirklich ist, — daß die Idee sich vernehmlich mache.

Die unmittelbare Frage kann nun die sein: welche Mittel gebraucht sie? Dies ist das zweite, was hier zu betrachten ist.

b) [Die Mittel der Verwirklichung]

Diese Frage nach den Mitteln, wodurch sich die Freiheit zu einer Welt hervorbringt, führt uns in die Erscheinung der Geschichte selbst. Wenn die Freiheit als solche zunächst der innere Begriff ist, so sind die Mittel dagegen ein Äußerliches, das Erscheinende, das sich also in der Geschichte wie [sie] uns unmittelbar vor Augen kommt, darstellt. Die nächste Ansicht der Geschichte aber zeigt uns die Handlungen der Menschen, die von ihren Bedürfnissen, Leidenschaften, ihren Interessen und den Vorstellungen und Zwecken, die sich darnach bilden, ihren Charakteren und Talenten ausgehen, und zwar so, daß in diesem Schauspiel der Tätigkeit nur diese Bedürfnisse, Leidenschaften, Interessen usf. als die Triebfedern erscheinen. Die Individuen wollen teils wohl allgemeinere Zwecke, ein Gutes, wollen aber so, daß dies Gute selbst von beschränkter Art ist, z. B. edle Vaterlandsliebe, aber etwa eines Landes, das in einem unbedeutenden Verhältnisse zur Welt und zum allgemeinen Zwecke der Welt steht, oder Liebe zu seiner Familie, Freunden, — Rechtschaffenheit überhaupt. Kurz, alle Tugenden fallen hieher; allein in denselben können wir wohl die Vernunftbestimmung in diesen Subjekten selbst und in den Kreisen ihrer Wirksamkeit verwirklicht sehen: aber dies sind einzelne Individuen, die in geringem Verhältnisse mit der Masse des Menschengeschlechts stehen, — indem wir sie als Einzelne mit den übrigen Individuen vergleichen müssen —; und ebenso ist der Umfang des Daseins, den ihre Tugenden haben, relativ von geringer Ausdehnung. Teils aber sind die Leidenschaften, Zwecke des partikulären Interesses, die Befriedigung der Selbstsucht das Gewaltigste; sie haben ihre Macht darin, [daß] sie keine der Schranken achten, welche das Recht und Moralität ihnen setzen wollen, und daß die Naturgewalt der Leidenschaft dem Menschen unmittelbar näher [a]) liegt als die künstliche und langwierige Zucht zur Ordnung und Mäßigung, zum Rechte und zur Moralität.

Wenn wir dieses Schauspiel der Leidenschaften betrachten und die Folgen ihrer Gewalttätigkeit, des Unverstandes, der sich nicht nur zu ihnen, sondern selbst auch und sogar vornehmlich zu dem, was gute Absichten, rechtliche Zwecke sind, gesellt, in der Geschichte uns vor Augen halten [b]), das Übel, das Böse, den Untergang der blühendsten Reiche, die der Menschengeist hervorgebracht hat, wenn wir auf die

a) Ms.: nahe
b) Ms.: treten

Individuen mit tiefstem Mitleid ihres namenlosen Jammers [blicken], so können wir nur mit Trauer über diese Vergänglichkeit überhaupt, und indem dieses Untergehen nicht nur ein Werk der Natur c)*, sondern des Willens der Menschen [ist], noch mehr mit moralischer Trauer, mit der Empörung des guten Geistes, wenn ein solcher in uns ist, über solches Schauspiel enden. Man kann jene Erfolge ohne rednerische Übertreibung, bloß mit richtiger Zusammenstellung des Unglücks, das das Herrlichste an Völker- und Staatengestaltungen wie an Privattugenden oder Unschuld wenigstens erlitten hat, zu dem furchtbarsten Gemälde erheben und ebenso damit die Empfindung zur tiefsten, ratlosesten Trauer steigern, welcher kein versöhnendes Resultat das Gegengewicht hält, und gegen die wir uns etwa dadurch befestigen oder daraus heraustreten, daß wir denken: es ist eben so gewesen, ein Schicksal; es ist nicht[s] daran zu ändern, und dann, daß wir aus der Langeweile, welche uns jene Reflexion der Trauer machen kann, zurück in unser Lebensgefühl, in die Gegenwart unserer Zwecke und Interessen, welche nicht eine Trauer über Vergangenheit, sondern unsere Wirksamkeit [fordert], — auch in die Selbstsucht zurücktreten, welche am ruhigern Ufer steht und von da aus sicher des fernen Anblicks der verworrenen Trümmermasse genießt. Aber auch indem wir die Geschichte als diese Schlachtbank betrachten, auf welcher das Glück der Völker, die Weisheit der Staaten und die Tugend der Individuen zum Opfer gebracht worden, so entsteht dem Gedanken notwendig auch die Frage, wem, welchem Endzwecke diese ungeheuersten Opfer gebracht worden sind. Von hier aus geht gewöhnlich die Frage nach dem, was wir zum allgemeinen Anfange unsrer Betrachtung gemacht; von demselben aus haben wir die Begebenheiten, die uns jenes Gemälde für die trübe Empfindung und für die darüber sinnende Reflexion darbieten, sogleich als das Feld bestimmt, in welchem wir nur die Mittel sehen wollen für das, was wir behaupten, daß es die substantielle Bestimmung, der absolute Endzweck, oder was dasselbe ist, daß es das wahrhafte Resultat der Weltgeschichte sei. Wir haben es über-*

c) Ms.: Natur nur

haupt von Anfang an verschmäht, den Weg der Reflexion einzuschlagen, von jenem Bilde des Besondern zum allgemeinen aufzusteigen; ohnehin ist es auch eigentlich nicht das Interesse jener gefühlvollen Reflexion selbst, sich wahrhaft über jene Ansichten und deren Empfindungen zu erheben und die Rätsel der Vorsehung, welche uns [d]) *in jenen Betrachtungen aufgegeben worden, in der Tat zu lösen, sondern vielmehr in den leeren, unfruchtbaren Erhabenheiten jenes negativen Resultats sich trübselig zu gefallen. Wir kehren also zum Standpunkte, den wir genommen, zurück; und die Momente, die wir darüber anführen wollen, werden auch die wesentlichen Bestimmungen für die Beantwortung der Fragen, die aus jenen Gemälden hervorgehen können, enthalten.*

Das Erste, was wir bemerken, ist, [e]) *daß das, was wir Prinzip, Endzweck, Bestimmung, oder was* a n s i c h *der Geist [ist], seine Natur, seinen Begriff genannt haben, — nur ein* A l l g e m e i n e s , A b s t r a k t e s *ist. Prinzip, so auch Grundsatz, Gesetz ist ein Allgemeines, Inneres, das als solches, so wahr es auch an ihm sei, nicht vollständig wirklich ist. Zwecke, Grundsätze usf. sind in unsern Gedanken erst in unserer innern Absicht oder auch in den Büchern, aber noch nicht in der Wirklichkeit; oder was* a n s i c h *erst ist, ist eine Möglichkeit, ein Vermögen,* [f]) *aber noch nicht aus seinem Innern zur Existenz gekommen. Es muß ein zweites Moment für ihre Wirklichkeit hinzukommen, und dies ist die Betätigung, Verwirklichung, und deren Prinzip ist der Wille,* [g]) *die Tätigkeit der Menschen in der Welt überhaupt. Es ist nur durch diese Tätigkeit, daß jene Begriffe, an sich seiende Bestimmungen realisiert, verwirklicht werden.* [h])

Die Gesetze, Prinzipien leben, gelten nicht unmittelbar durch sich selbst. Die Tätigkeit, welche sie ins Werk und Dasein [setzt], ist des Menschen Bedürfnis, Trieb, und weiter seine Neigung und Leidenschaft. Daß ich etwas zur Tat und

---

d) Ms.: von
e) Am Rande: Verbindung der Besonderheit mit der Allgemeinheit, wodurch jene Mittel wird.
f) Am Rande: einseitig (Philos.).
g) Am Rande: Individueller Wille.
h) Am Rande: Wille und Zwecke des Individuums.

zum Dasein bringe, [dazu] muß mir daran gelegen sein; ich muß dabei sein, ich will durch die Vollführung befriedigt werden,— es muß mein Interesse sein. »Interesse« heißt[:] darin, dabei sein; ein Zweck, für welchen ich tätig sein soll, muß auf irgendeine Weise auch mein Zweck sein; ich muß meinen Zweck zugleich dabei befriedigen, wenngleich der Zweck, für welchen ich tätig bin, noch viele andere Seiten hat, nach welchen er mich nichts angeht. Dies ist das unendliche Recht des Subjekts, das zweite wesentliche Moment der Freiheit, daß das Subjekt sich selbst befriedigt findet in einer Tätigkeit, Arbeit; und wenn die Menschen sich für etwas interessieren sollen, so müssen sie tätig dabei sein können, d. h. sie verlangen bei einem Interesse ihr eigenes, wollen sich selbst darin haben und ihr eigenes Selbstgefühl darin finden. Man muß einen Mißverstand hiebei vermeiden: man tadelt es, man sagt in einem übeln Sinne mit Recht von einem Individuum, er sei interessiert überhaupt, — interessiert wird für sich gesagt — d. i., er suche nur seinen Privatvorteil, d. h. diesen Privatvorteil isoliert, nur seine Sache, ohne Gesinnung für den allgemeinen Zweck, bei dessen Gelegenheit er jenen sucht, teils auch gegen denselben mit Verkümmerung, Nachteil, Aufopferung desselben. Aber wer tätig für eine Sache ist, der ist nicht nur interessiert überhaupt, sondern interessiert dabei,[i]) — die Sprache drückt diesen Unterschied richtig aus. Es geschieht daher nichts, wird nichts vollbracht, ohne daß die Individuen, die dabei tätig sind, auch sich befriedigen; — sich: sie sind partikuläre, d. h., sie haben besondere, ihnen eigentümliche, obzwar mit andern gemeine — d. h. dieselben als andere, nicht dem Inhalte nach von denen der andern sich unterscheidende — Bedürfnisse, Triebe, — Interessen überhaupt: unter diesen Interessen [j]) [k]) ist nicht nur das des eigenen Bedürfnisses und Willens, sondern auch der eigenen Einsicht, Überzeugung, oder wenigstens des Dafürhaltens, der Meinung; wenn anders schon das Bedürfnis des Räsonnements,

---

i) Am Rande: Geg. Hon. — meinen Geist befriedigen — hartnäckig dabei.

j) Ms. st. d.: Bedürfnissen

k) Am Rande: Heutzutage Privatinteresse mit dem allgemeinen verbunden.

des Verstands, der Vernunft erwacht ist. Dann verlangen die Menschen auch, daß, wenn sie für eine Sache tätig sein sollen, die Sache ihnen zusagt, überhaupt, daß sie mit ihrer Meinung, Überzeugung, es sei von der Güte der Sache, ihrem Rechte, Nützlichkeit, Vorteil für sie usf., dabei sind. Dies ist besonders ein wesentliches Moment unserer Zeit, wo die Menschen wenig mehr nach Zutrauen und Autorität zu etwas herbeigezogen [werden], sondern mit ihrem eigenen Verstande, selbständiger Überzeugung und Dafürhalten den Anteil ihrer Tätigkeit einer Sache widmen wollen. —

Wir haben es in der Weltgeschichte mit der Idee zu tun, wie sie sich in dem Elemente des menschlichen Willens, der menschlichen Freiheit äußert, so daß der Wille die abstrakte Basis der Freiheit, das Produkt aber das ganze sittliche Dasein eines Volkes wird. Das erste Prinzip der Idee in dieser Form ist, wie gesagt, diese Idee selbst, abstrakt, das andere ist die menschliche Leidenschaft; beide bilden den Einschlag und den Faden des Teppichs der Weltgeschichte. Die Idee als solche ist die Wirklichkeit; die Leidenschaften sind der Arm, womit sie sich erstreckt. Dies sind die Extreme; die sie bindende Mitte, worin beide konkurrieren, ist die sittliche Freiheit. Objektiv betrachtet, stehen die Idee und die besondere Einzelheit in dem großen Gegensatze der Notwendigkeit und der Freiheit. Es ist der Kampf des Menschen gegen das Geschick; aber wir nehmen die Notwendigkeit nicht als die äußere des Schicksals, sondern als die der göttlichen Idee, und es fragt sich, wie ist diese hohe Idee mit der menschlichen Freiheit zu vereinen? Der Wille des Einzelnen ist frei, wenn er abstrakt, absolut und an und für sich setzen kann, was er will. Wie kann dann das Allgemeine, das Vernünftige überhaupt in der Geschichte bestimmend sein? Ganz ins Einzelne kann dieser Widerspruch hier nicht erläutert werden. Man denke aber an folgendes.

Die Flamme verzehrt die Luft; sie wird vom Holze genährt. Die Luft ist die einzige Bedingung für das Wachsen der Bäume; indem das Holz wirkt, die Luft durch das Feuer zu verzehren, kämpft es gegen sich selbst und gegen die eigene Quelle; und dennoch besteht der Sauerstoff in der Luft fort, und die Bäume hören nicht auf zu grünen. So auch, wenn einer ein Haus bauen will, so steht dies in seiner Willkür; die Elemente aber müssen ihm alle dazu helfen. Und doch ist das Haus da, um die Menschen gegen die Elemente zu schützen. Die Elemente werden hier also gegen sich selbst gebraucht; aber das allgemeine Naturgesetz wird dadurch nicht gestört. Ein Hausbau ist zunächst ein innerer Zweck und Absicht. Dem gegenüber stehen als Mittel die besondern Elemente, als Material Eisen, Holz, Steine. Die Elemente werden angewendet, dieses zu bearbeiten: Feuer, um das Eisen zu schmelzen, Luft, um das Feuer anzublasen, Wasser, um die Räder in Bewegung zu setzen, das Holz zu schneiden usf. Das Produkt ist, daß die Luft, die geholfen, durch das Haus abgehalten wird, ebenso die Wasserfluten des Regens und die Verderblichkeit des Feuers, insoweit es feuerfest ist. Die Steine und Balken gehorchen der Schwere, drängen hinunter in die Tiefe, und durch sie sind hohe Wände aufgeführt. So werden die Elemente ihrer Natur gemäß gebraucht und wirken zusammen zu einem Produkt, wodurch sie beschränkt werden. In ähnlicher Weise befriedigen sich die Leidenschaften, sie führen sich selbst und ihre Zwecke aus nach ihrer Naturbestimmung und bringen das Gebäude der menschlichen Gesellschaft hervor, worin sie dem Rechte, der Ordnung die Gewalt gegen sich verschafft haben. Im täglichen Leben sehen wir, daß ein Recht vorhanden ist, welches uns sichert; und dies Recht gibt sich von selbst, es ist eine substanzielle Handlungsweise der Menschen, die oft gegen ihre besondern Interessen und Zwecke gerichtet ist. Im einzelnen fechten die Menschen ihre besondern Zwecke gegen das allgemeine Recht aus; sie handeln frei. Aber dadurch wird der allgemeine Boden, das Substanzielle, das Recht, nicht getrübt. So ist es auch in der Weltordnung; hier sind die Leidenschaften das eine und das Vernünftige ist das andere Ingrediens. Die Leidenschaften sind das Betätigende. Sie sind keineswegs immer der Sittlichkeit entgegengesetzt, sondern verwirklichen das Allgemeine. Was das Moralische der Leidenschaften betrifft, so streben sie freilich nach dem eigenen Interesse. So erscheinen sie einerseits schlecht und eigennützig. Indes das Tätige ist immer individuell: im Handeln bin ich; es ist mein Zweck, den ich zu erfüllen suche. Dieser Zweck aber kann ein guter, auch ein allgemeiner sein. Das Interesse kann zwar ein ganz besonderes sein; daraus aber folgt noch nicht, daß es dem Allgemeinen entgegen sei. Das Allgemeine muß durch das Besondere in die Wirklichkeit treten.

Leidenschaft wird als etwas angesehen, das nicht recht ist, das mehr oder weniger schlecht ist: der Mensch soll keine Leidenschaften haben. Leidenschaft ist auch nicht ganz das passende Wort für das, was ich hier ausdrücken will. Ich verstehe hier nämlich überhaupt die Tätigkeit des Menschen aus partikulären Interessen, aus speziellen Zwecken, oder wenn man will, selbstsüchtigen Absichten, und zwar so, daß sie in diese Zwecke die ganze Energie ihres Wollens und Charakters legen, ihnen anderes, das auch Zweck sein kann, oder vielmehr alles andere aufopfern. Dieser partikuläre Inhalt ist so eins mit dem Willen des Menschen, daß er die ganze Bestimmtheit desselben ausmacht und untrennbar von ihm ist; er ist dadurch das, was er ist. Denn das Individuum ist ein solches, das da ist, nicht Mensch überhaupt, denn der existiert nicht, sondern ein bestimmter. Charakter drückt gleichfalls diese Bestimmtheit des Willens und der Intelligenz aus. Aber Charakter begreift überhaupt alle Partikularitäten in sich, die Weise des Benehmens in Privatverhältnissen usf., und ist nicht diese Bestimmtheit als in Wirksamkeit und Tätigkeit gesetzt. Ich werde also Leidenschaft sagen und somit die partikuläre Bestimmtheit des Charakters verstehen, insofern diese Bestimmtheiten des Wollens nicht einen privaten Inhalt nur haben, sondern das Treibende und Wirkende allgemeiner Taten sind. Von Absichten als einem ohnmächtigen, gemeinten Innern, womit sich schwache Charaktere herumdrücken und Mäuse gebären, ist hier nicht die Rede.

So sagen wir also, daß überhaupt nichts ohne das Interesse derer, deren Tätigkeit mitwirkte, zustande gekommen ist; und indem wir ein Interesse Leidenschaft nennen, insofern die ganze Individualität mit Hintenansetzung aller der vielen andern Interessen und Zwecke, die man auch hat und haben kann, mit allen ihr inwohnenden Adern von Wollen sich in einen Gegenstand legt, in diesen Zweck alle ihre Bedürfnisse und Kräfte konzentriert, so müssen wir überhaupt sagen, daß nichts Großes in der Welt ohne Leidenschaft vollbracht worden ist. Leidenschaft ist die subjek-

tive, insofern formelle Seite der Energie des Wollens und der Tätigkeit — wobei der Inhalt oder Zweck noch unbestimmt [ist] — ebenso wie bei dem eigenen Überzeugtsein, [bei] der eigenen Einsicht und Gewissen. Es kommt dann darauf an, welchen Inhalt meine Überzeugung hat, ebensosehr als welchen Zweck die Leidenschaft hat, ob der eine oder der andere wahrhafter Natur ist. Aber umgekehrt, wenn er dies ist, so gehört dazu, daß er in die Existenz trete, wirklich sei, das Moment des subjektiven Willens, worunter alles dieses, Bedürfnis, Trieb, Leidenschaft sowie die eigene Einsicht, Meinung, Überzeugung begriffen ist.

Aus dieser Erläuterung über das zweite wesentliche Moment geschichtlicher Wirklichkeit eines Zwecks überhaupt geht hervor, indem wir im Vorbeigehen Rücksicht auf den Staat nehmen, daß nach dieser Seite ein Staat wohlbestellt und kraftvoll in sich selbst ist, wenn mit seinem allgemeinen Zwecke das Privatinteresse der Bürger vereinigt [ist], eins in dem andern seine Befriedigung und Verwirklichung findet, — ein für sich höchst wichtiger Satz. Aber im Staate bedarf es vieler Veranstaltungen, Erfindungen von zweckgemäßen Einrichtungen, aber mit langen Kämpfen des Verstandes, bis er zum Bewußtsein bringt, was das Zweckgemäße sei, sowie Kämpfe mit dem partikulären Interesse und den Leidenschaften, einer schweren und langwierigen Zucht derselben usf., bis jene Vereinigung zustande gebracht wird. Der Zeitpunkt solcher Vereinigung macht in seiner Geschichte die Periode seiner Blüte, seiner Tugend, seiner Kraft und seines Glücks aus. Aber die Weltgeschichte beginnt nicht mit irgend einem bewußten Zwecke, — wie bei den besondern Kreisen der Menschen der einfache Trieb des Zusammenlebens derselben schon den bewußten Zweck der Sicherung ihres Lebens, Eigentums hat, und dann, indem solches Zusammenleben zustande gekommen, solcher Zweck sich sogleich weiter bestimmt, die Stadt Athen, Rom usf. zu erhalten, und mit jedem darin entstehenden Übelstande oder Bedürfnis die Aufgabe ebenso sich näher bestimmt zeigt. Die Weltgeschichte fängt mit ihrem allgemeinen Zwecke, daß der Begriff des Geistes befriedigt werde, nur an sich an, d. h. als Natur;[1]*) — er ist der innere, der innerste bewußtlose Trieb, — und das ganze Geschäft der Weltgeschichte ist, wie schon überhaupt erinnert, die Arbeit, ihn zum Bewußtsein zu bringen. So in Gestalt des Naturwesens, des Naturwillens auftretend, ist das, was die subjektive Seite genannt worden, das Bedürfnis, der Trieb, die Leidenschaft, das partikuläre Interesse, wie die Meinung und subjektive Vorstellung sogleich für sich selbst vorhanden. Diese unermeßliche Masse von Wollen, Interessen und Tätigkeiten sind die Werkzeuge und Mittel des Weltgeistes, seinen Zweck zu vollbringen, — ihn zum Bewußtsein zu erheben und zu verwirklichen; und dieser ist nur, sich zu finden, zu sich selbst zu kommen und sich als Wirklichkeit anzuschauen. Daß aber jene Lebendigkeiten der Individuen und der Völker, indem sie das Ihrige suchen und befriedigen, zugleich die Mittel und die Werkzeuge eines Höhern, Weitern sind, von dem sie nichts wissen, das sie bewußtlos vollbringen, dies ist es, was zur Frage gemacht werden könnte, auch gemacht worden, und was ebenso vielfältig geleugnet worden, als Träumerei, als Philosophie verschrieen und verachtet worden ist. Darüber aber habe ich gleich von Anfang erklärt und unsre Voraussetzung oder Glaube, — was aber auch nur Resultat sein zu sollen gesagt worden und hier noch keine weitere Prätension macht, — ausgesprochen, daß die Vernunft die Welt regiert und so auch die Weltgeschichte regiert hat und regiert. Gegen dieses an und für sich Allgemeine und Substanzielle ist alles andere untergeordnet, ihm dienend und Mittel für dasselbe. Aber ferner ist diese Vernunft immanent in dem geschichtlichen Dasein und vollbringt sich in demselben und durch dasselbe. Die Vereinigung des Allgemeinen, an und für sich Seienden überhaupt und der Einzelnheit, des Subjektiven, — daß sie allein die Wahrheit sei, dies ist spekulativer Natur und wird in dieser allgemeinen Form in der Logik abgehandelt. Aber im Gange der Weltgeschichte selbst, als noch im Fortschreiten begriffenen Gange, ist die subjektive Seite, das Bewußtsein, noch [nicht] im Besitze, zu wissen, was der reine letzte Zweck*

[1]) Am Rande: Wirklichkeit nur erst als Natur.

der Geschichte, der Begriff des Geistes sei. Derselbe ist eben damit auch nicht der Inhalt seines Bedürfnisses und Interesses; und indem es bewußtlos darüber ist, ist das Allgemeine dennoch in den besonderen Zwecken und vollbringt sich durch dieselben. Da, wie gesagt, die spekulative Seite dieses Zusammenhangs in die Logik gehört, so kann ich hier nicht den Begriff desselben geben und entwickeln, d. h. denselben, wie man es nennt, nicht b e g r e i f l i c h machen. Aber ich kann versuchen, ihn durch Beispiele etwa vorstellig und deutlicher zu machen.

Jener Zusammenhang enthält nämlich dies, daß in der Weltgeschichte durch die Handlungen der Menschen noch etwas anderes überhaupt herauskomme, als sie bezwecken und erreichen, als sie unmittelbar wissen und wollen. Sie vollbringen ihr Interesse; aber es wird noch ein Ferneres damit zustande gebracht, das auch innerlich darin liegt, aber das nicht in ihrem Bewußtsein und ihrer Absicht lag. Als ein analoges Beispiel führen wir einen Menschen an, der aus Rache, die vielleicht gerecht ist, d. h. aus einer ungerechten Verletzung, einem andern das Haus anzündet; hiebei schon tut sich ein Zusammenhang der unmittelbaren Tat mit weitern, jedoch selbst äußerlichen Umständen hervor, die nicht zu jener ganz für sich unmittelbar genommenen Tat gehören. Diese ist als solche das Hinhalten etwa einer kleinen Flamme an eine kleine Stelle eines Balkens. Was damit noch nicht getan worden, macht sich weiter durch sich selbst; die angezündete Stelle des Balkens hängt mit den fernern Stellen desselben, dieser mit dem Gebälke des ganzen Hauses und dieses mit andern Häusern zusammen, und eine weite Feuersbrunst [entsteht], die vieler anderer Menschen, als gegen den die Rache gerichtet war, Eigentum verzehrt, ja vielen Menschen das Leben kostet. Dies lag weder in der unmittelbaren Tat noch in der Absicht dessen, der solches anfing. Aber ferner enthält die Handlung noch eine weitere [m]) allgemeine Bestimmung: in dem Zwecke des Handelnden war sie nur eine Rache gegen ein Individuum durch Zerstörung seines Eigentums; aber sie ist noch weiter ein Verbrechen, und dies enthält ferner die Strafe desselben.

[m]) Ms.: fernere

Dies mag nicht im Bewußtsein, noch weniger im Willen des Täters gelegen haben, aber dies ist seine Tat an sich, das Allgemeine, Substanzielle derselben, das durch sie selbst vollbracht wird. — Es ist an diesem Beispiel eben nur dies festzuhalten, daß in der unmittelbaren Handlung etwas Weiteres liegen kann als in dem Willen und Bewußtsein des Täters. Dieses Beispiel hat jedoch dies ferner an ihm, [daß] die Substanz der Handlung, und damit überhaupt die Handlung selbst, sich gegen den umkehrt, der sie vollbrachte; sie wird ein Rückschlag gegen ihn, der ihn zertrümmert, und die Handlung, sofern sie ein Verbrechen ist, zunichte macht und das Recht in sein Gelten wiederherstellt. Auf diese Seite des Beispiels haben wir zunächst nicht ein Gewicht zu legen; sie gehört dem besondern Falle an, — ich habe auch gesagt, daß ich nur ein analoges Beispiel anführen wolle.

Doch will ich noch eines beibringen, das späterhin an seinem Orte vorkommen wird und als selbst geschichtlich jene Vereinigung des Allgemeinen und Besonderen, einer für sich notwendigen Bestimmung und eines als zufällig erscheinenden Zwecks in der eigentümlichern Form enthält, in der sie uns wesentlich angeht. C ä s a r in Gefahr, die Stellung, wenn auch etwa noch nicht des Übergewichts, doch wenigstens der Gleichheit [zu verlieren], zu der er sich neben die andern, die an der Spitze des Staates standen, erhoben hatte, und ihnen [zu unterliegen], die im Übergange dazu [waren], seine Feinde zu werden, die [n]*) aber zugleich auf der Seite ihrer persönlichen Zwecke die formelle Staatsverfassung und damit die Macht des rechtlichen Scheins für sich hatten, bekämpfte [diese] im Interesse, sich, seine Stellung, Ehre und Sicherheit zu erhalten; und der Sieg über sie, indem ihre Macht die Herrschaft über die Provinzen des römischen Reichs war, wurde zugleich die Eroberung dieses ganzen Reichs: so war er mit Belassung der Form der Staatsverfassung der individuelle Gewalthaber im Staate. Was ihm so die Ausführung seines zunächst negativen Zwecks erwarb, die Alleinherrschaft Roms, war aber zugleich an sich notwendige Bestimmung in Roms und in der Welt Geschichte, so daß sie nicht nur sein partikulärer Gewinn, sondern seine*

---

n) Ms.: zu werden, waren, zu unterliegen, die

Arbeit ein Instinkt war, der das vollbrachte, was an und für sich an der Zeit war. Dies sind die großen Menschen in der Geschichte, deren eigene partikuläre Zwecke das Substanzielle enthalten, welches Wille des Weltgeistes ist. Dieser Gehalt ist ihre wahrhafte Macht; er ist in dem allgemeinen bewußtlosen Instinkte der Menschen. Sie sind innerlich dazu getrieben und haben keine weitere Haltung gegen den, der die Ausführung solchen Zwecks in seinem Interesse übernommen hat, ihm zu widerstehen. Die Völker sammeln sich vielmehr um sein Panier; er zeigt ihnen und führt das aus, was ihr eigener immanenter Trieb ist.

Was ein Volk sei, seine Momente, die sich in ihm unterscheiden, gehört zur allgemeinen Erscheinung; zu ihr ist das andere Prinzip die Individualität, und diese beiden Prinzipien gehören zusammen zur Wirklichkeit der Idee. Es ist im Volk, im Staate zu tun um das Wesen der beiden Seiten, die Weise ihres Unterschiedes und ihrer Vereinigung. Diese ist der lebendige Prozeß, durch den die Idee lebendig ist. Sie ist zunächst ein Inneres, Untätiges, ein nicht Wirkliches, Gedachtes, Vorgestelltes, das Innere in dem Volke; und das, wodurch dies Allgemeine betätigt, herausgesetzt wird, daß es wirklich sei, ist die Tätigkeit der Individualität, die das Innere in die Wirklichkeit setzt und das, was man fälschlicherweise Wirklichkeit nennt, die bloße Äußerlichkeit, der Idee gemäß macht.

Unter diese bloße Äußerlichkeit kann die Individualität selbst gerechnet werden, soweit sie noch nicht geistig oder noch ungezogen ist; das Individuum ist ein um so wahrhafteres, als es nach seiner Totalität kräftiger ins Substanzielle eingebildet und die Idee in es eingebildet ist. Dies Verhältnis des Allgemeinen und der Subjektivität ist es, worauf es ankommt, daß nämlich das Innere in das Bewußtsein des Volkes herausgesetzt sei und das Volk Bewußtsein habe von dem Wahren als dem ewig an und für sich Sein, als dem Wesentlichen. Diese Ausbildung zum lebendigen Bewußtsein, vermittelst derer das Anundfürsichsein gewußt wird, ist nicht in seiner rechten Weise, der Form der Allgemeinheit, vorhanden. Wenn er nur Inneres, Schlummerndes ist, so ist der Wille nur natürlicher Wille und hat das Vernünftige noch nicht gefunden. Es ist das Rechte, die Gesinnung des Rechten als solchen noch nicht für ihn vorhanden. Erst das Wissen der Individuen von ihrem Zwecke ist das wahrhaft Sittliche. Es muß das Unbewegte gewußt werden, der unbewegte Bewegende, wie Aristoteles sagt, der das Bewegende ist in den Individuen. Daß es so das Bewegende sei, dazu gehört, daß das Subjekt für sich zur freien Eigentümlichkeit herausgebildet sei. Es muß also dies ewig Unbewegte zum Bewußtsein kommen, und weiter müssen die individuellen Subjekte frei, für sich selbständig sein. Wie wir in der Weltgeschichte die Völker zu betrachten haben, die sich selbständig herausgebildet haben, so betrachten wir hier die Individuen in ihrem Volke.

Die Idee hat in ihr selbst die Bestimmung des Sichwissens, der Tätigkeit. So ist sie als das ewige Leben Gottes in sich selbst, gleichsam vor Erschaffung der Welt, der logische Zusammenhang. Es fehlt ihr da noch die Form des Seins in der Unmittelbarkeit; sie ist zunächst das Allgemeine, Innere, Vorgestellte. Das Zweite ist nun, daß die Idee dazu fortgehen muß, dem Gegensatze, der zunächst nur ideell in ihr ist, sein Recht widerfahren zu lassen, d. i. den Unterschied zu setzen. Es ist der Unterschied der Idee in ihrer freien allgemeinen Weise, worin sie bei sich selbst bleibt, und der Idee als rein abstrakter Reflexion in sich. Indem die allgemeine Idee so auf die eine Seite tritt, bestimmt sie die andere Seite als formelles Fürsichsein, formelle Freiheit, abstrakte Einheit des Selbstbewußtseins, unendliche Reflexion in sich, unendliche Negativität: Ich, das sich aller Erfüllung als Atom gegenüberstellt, das höchste Extrem des Gegensatzes, das Gegenüber der ganzen Fülle der Idee. Die allgemeine Idee ist so als substanzielle Fülle einerseits und als das Abstrakte der freien Willkür andererseits. Gott und alles ist auseinandergetreten und jedes als ein anderes gesetzt; das Wissende aber, das Ich, steht so, daß für es auch das Andere ist. Wenn man das weiter entwickelt, so ist darin die Erschaffung freier Geister, der Welt usf. enthalten. Dies Andere, das Atom, das zugleich Vielheit ist, ist die Endlichkeit überhaupt. Es ist für sich nur als Ausschließendes des Andern, das folglich an ihm seine Grenze, seine Schranke hat und somit selbst Endlichkeit ist. Diese Reflexion in sich, das einzelne Selbstbewußtsein, ist das Andere gegen die Idee überhaupt und damit in absoluter Endlichkeit.

Dies Endliche, die Spitze der Freiheit, dies formelle Wissen, ist aber in Beziehung auf die Ehre Gottes als der absoluten Idee, die erkennt, was sein soll, der Boden, in den das geistige Moment des Wissens als solches fällt, also auch die Seite des Absoluten, seiner, obgleich nur formellen Realität. Den absoluten Zusammenhang dieses Gegensatzes zu fassen, ist die tiefe Aufgabe der Metaphysik. Für das Ich ist das Andere als das Göttliche, und so die Religion vorhanden, ferner aber auch in der Gestalt des Andern als die Welt überhaupt, der universelle Umfang der Endlichkeit. Das Ich ist darin auch seine eigene Endlichkeit; es faßt sich als Endliches nach dieser Seite und ist so der Standpunkt der endlichen Zwecke, der Erscheinung. Die Reflexion in sich, diese Freiheit, ist überhaupt abstrakt das formelle Moment der Tätigkeit der absoluten Idee. Dies sich Wissende will sich erstens überhaupt und will sich in allem; in aller Objektivität soll diese seine sich wissende Subjektivität sein. Dies ist die Gewißheit seiner selbst; und indem die Subjektivität weiter keinen Inhalt hat, ist dies der Trieb der Vernunft zu nennen, — wie es auch bei der Frömmigkeit nur darauf ankommt, daß das Subjekt gerettet werde. Das Ich will so sich selbst zuerst nicht als Wissendes, sondern als Endliches nach seiner Unmittelbarkeit, und dies ist die Sphäre seiner Erscheinung. Es will sich nach seiner Besonderheit. Dies ist der Punkt, worein die Leidenschaften fallen, wo die Individualität ihre Partikularität verwirklicht. Kommt sie damit zustande, ihre Endlichkeit zu verwirklichen, so hat sie sich verdoppelt; und indem sich das Atom und sein Anderes auf diese Weise aussöhnen, so haben die Individuen das, was man Glück nennt. Denn glücklich nennt man den, der sich harmonisch mit sich findet. Man kann auch in der Betrachtung der Geschichte das Glück als Gesichtspunkt haben; aber die Geschichte ist nicht der Boden für das Glück. Die Zeiten des Glückes sind in ihr leere Blätter. Wohl ist in der Weltgeschichte auch Befriedigung; aber diese ist nicht das, was Glück genannt wird: denn es ist Befriedigung solcher Zwecke, die über den partikulären Interessen stehen. Zwecke, die in der Weltgeschichte Bedeutung haben, müssen durch abstraktes Wollen, mit Energie festgehalten werden. Die weltgeschichtlichen Individuen, die solche Zwecke verfolgt haben, haben wohl sich befriedigt, aber sie haben nicht glücklich sein wollen.

Dies Moment der abstrakten Tätigkeit ist als das Bindende, als der medius terminus zwischen der allgemeinen Idee, die im innern Schachte des Geistes ruht, und dem Äußern zu betrachten, als das, was die Idee aus ihrer Innerlichkeit in die Äußerlichkeit setzt. Die Allgemeinheit, indem sie herausgesetzt wird, wird zugleich vereinzelt. Das Innere für sich wäre ein Totes, ein Abstraktes; durch die Tätigkeit wird es ein Daseiendes. Umgekehrt erhebt die Tätigkeit die leere Objektivität zur Erscheinung des Wesens, das an und für sich ist. Wir haben bisher die eine Seite an der Diremtion der Idee betrachtet, daß sie sich sondert in die Idee und das Atom, aber das Atom, das sich denkt. Dieses ist für ein anderes, und das andere ist für es; es ist deshalb als Tätigkeit, als unendliche Unruhe in sich zu fassen. Als ein Dieses ist es auf die eine Seite, auf die Spitze gestellt; aber es ist zugleich auch das Unmittelbare, dem es obliegt, alles in die Materie, in das Allgemeine hinein- und alles daraus herauszuarbeiten, damit der absolute Wille gewußt und vollbracht werde. Dieser unendliche Trieb der Einheit, des Zurückbringens der Entzweiung ist die andere Seite der Diremtion. Der Standpunkt der Endlichkeit überhaupt besteht in der individuellen Tätigkeit, die das Allgemeine zum Dasein bringt, indem es seine Bestimmungen verwirklicht. Die eine Seite ist hier die Tätigkeit als solche, indem die Individuen ihr wirkliches endliches Wollen zu vollführen, den Genuß ihrer Besonderheit sich zu verschaffen streben. Die andere Seite aber ist, daß hier sogleich allgemeine Zwecke, das Gute, Recht, Pflicht hineinscheinen. Wo das nicht der Fall ist, haben wir den Standpunkt der Roheit, der Willkür; über den aber sind wir hier hinaus. Die Verallgemeinerung des einzelnen ist es, worin die Erziehung des Subjekts liegt zu dem, was sittlich ist, und eben dadurch kommt die Sittlichkeit zum Gelten. Dies Allgemeine in den Besonderheiten ist das besondere Gute überhaupt; das was als Sittliches vorhanden ist. Das Erzeugen desselben ist insofern nur ein Erhalten, als Erhalten immer Hervorbringen ist, nicht bloß tote Dauer.

Dieses Erhalten, die Sitte, das geltende Recht ist ein Bestimmtes, nicht das Gute überhaupt, das Abstrakte. Die Pflicht fordert, dieses bestimmte Vaterland zu verteidigen, nicht ein beliebiges. Hierin liegt die Richtschnur für die sittliche Tätigkeit der Individuen überhaupt; hierin liegen die bekannten Pflichten und Gesetze, die jedem Individuum bekannt sind, das Objektive der Stellung eines jeden. Denn so etwas Leeres, wie das Gute um des Guten willen, hat überhaupt in der lebendigen Wirklichkeit nicht Platz. Wenn man handeln will, muß man nicht nur das Gute wollen, sondern man muß wissen, ob dieses oder jenes das Gute ist. Welcher Inhalt aber gut oder nicht gut, recht oder unrecht sei, dies ist für die gewöhnlichen Fälle des Privatlebens in den Gesetzen und Sitten eines Staates gegeben. Es hat keine große Schwierigkeit, das zu wissen.

Der Wert der Individuen also beruht darauf, daß sie gemäß seien dem Geiste des Volks, daß sie Repräsentanten desselben seien und sich einem Stande der Geschäfte des Ganzen zugeteilt haben. Und es gehört zur Freiheit im Staate, daß dies von der Willkür des Individuums abhängt und daß nicht kastenweise Verteilung bestimmt, welchem Geschäfte es sich widmen will. Die Moralität des Individuums besteht dann darin, daß es die Pflichten seines Standes erfüllt; und dies ist etwas leicht zu Wissendes: welches die Pflichten seien, ist durch den Stand bestimmt. Das Substanzielle solchen Verhältnisses, das Vernünftige ist bekannt; es ist in dem ausgesprochen, was eben die Pflicht genannt wird. Das, was Pflicht sei, zu untersuchen, ist unnütze Grübelei; in dem Hange, das Moralische als etwas Schweres anzusehen, ist eher die Sucht zu erkennen, sich von seinen Pflichten loszumachen. Jedes Individuum hat seinen Stand, es weiß, was rechtliche, ehrliche Handlungsweise überhaupt ist. Für die gewöhnlichen Privatverhältnisse, wenn man es da für so schwierig erklärt, das Rechte und Gute zu wählen, und wenn man für eine vorzügliche Moralität hält, darin viele Schwierigkeit zu finden und Skrupel zu machen, so ist dies vielmehr dem üblen oder bösen Willen zuzuschreiben, der Ausflüchte gegen seine Pflichten sucht, die zu erkennen eben nicht schwer ist, oder wenigstens für ein Müßiggehen des reflektierenden Gemüts zu halten, dem ein kleinlicher Wille nicht viel zu tun gibt, und das sich also sonst in sich zu tun macht und sich in der moralischen Wohlgefälligkeit ergeht. Die Natur eines Verhältnisses, worin das Moralische bestimmend ist, liegt in dem, was Substanzielles ist und was die Pflicht angibt. So ergibt die Natur des Verhältnisses von Kindern zu Eltern einfach die Pflicht, sich ihm gemäß zu betragen. Oder im rechtlichen Verhältnis; ich bin jemandem Geld schuldig: dem Rechte nach muß ich nach der Natur der Sache handeln und das Geld zurückerstatten. Hier ist nichts Schweres. Den Boden der Pflicht bildet das bürgerliche Leben: die Individuen haben ihren angewiesenen Beruf, und also auch ihre angewiesene Pflicht; und ihre Moralität besteht darin, sich dieser gemäß zu betragen. —

Die Vereinigung also der beiden Extreme, die Realisierung der allgemeinen Idee zur unmittelbaren Wirklichkeit und das Erheben der Einzelheit in die allgemeine Wahrheit, geschieht zwar zunächst unter der Voraussetzung der Verschiedenheit und Gleichgültigkeit der beiden Seiten gegeneinander. Die Handelnden haben in ihrer Tätigkeit endliche Zwecke, besondere Interessen; aber sie sind auch Wissende, Denkende. Der Inhalt ihrer Zwecke ist deshalb durchzogen mit allgemeinen, wesenhaften Bestimmungen des Rechts, des Guten, der Pflicht usf. Denn die bloße Begierde, die Wildheit und Roheit des Wollens fällt außerhalb des Theaters und der Sphäre der Weltgeschichte. Diese allgemeinen Bestimmungen, welche zugleich Richtlinien für die Zwecke und Handlungen sind, sind von bestimmtem Inhalte. Jedes Individuum ist der Sohn seines Volkes auf einer bestimmten Stufe der Entwicklung dieses Volkes. Niemand kann den Geist seines Volkes überspringen, sowenig er die Erde überspringen kann. Die Erde ist das Zentrum der Schwere; wenn ein Körper vorgestellt wird als sein Zentrum verlassend, so ist er vorgestellt als in der Luft zerstäubend. So verhält es sich mit dem Individuum. Aber daß es seiner Substanz gemäß ist, dies ist es durch sich selbst; es muß den Willen, den dies Volk fordert, in sich zum Bewußtsein, zum Aussprechen bringen. Das Individuum erfindet seinen Inhalt nicht, sondern es ist nur dies, daß es den substanziellen Inhalt in sich betätigt.

Gegen dieses Allgemeine, das jeder zu betätigen hat, durch welche Tätigkeit dann das Ganze der Sittlichkeit erhalten wird, ist aber ein zweites Allgemeines vorhanden, das in der großen Geschichte sich ausspricht und wodurch eben die Schwierigkeit herbeigeführt wird, sich der Sittlichkeit gemäß zu verhalten. Wo dieses Allgemeine herkommt, ist früher bemerklich gemacht worden, als von dem Fortgange der Idee gesprochen wurde. Innerhalb des sittlichen Gemeinwesens kann es nicht fallen; dort kann sich Einzelnes ereignen, was gegen ihr bestimmtes Allgemeine ist, Laster, Betrug usf., das aber wird unterdrückt. Dagegen indem ein sittliches Ganze ein Beschränktes ist, so hat es ein höheres Allgemeines über sich; durch dies wird es in sich gebrochen. Der Übergang von einer geistigen Gestalt zur andern ist eben dies, daß das vorhergehende Allgemeine durch das Denken desselben als ein Besonderes aufgehoben wird. Dies spätere Höhere, sozusagen die nächste Gattung der vorigen Art, ist innerlich vorhanden, aber noch nicht zum Gelten gekommen; und dies macht die existierende Wirklichkeit schwankend, gebrochen.

Im Gange der Geschichte ist das eine wesentliche Moment die Erhaltung eines Volkes, Staates, und die Erhaltung der geordneten Sphären seines Lebens. Und das ist die Tätigkeit der Individuen, daß sie an dem gemeinsamen Werke Teil nehmen und es in seinen besonderen Arten hervorbringen helfen; das ist die Erhaltung des sittlichen Lebens. Das andere Moment aber ist, daß der Bestand eines Volksgeistes, wie er ist, durchbrochen wird, weil er sich ausgeschöpft und ausgearbeitet hat, daß die Weltgeschichte, der Weltgeist fortgeht. Die Stellung der Individuen innerhalb des sittlichen Ganzen und ihr moralisches Verhalten, ihre Pflicht berühren wir hier nicht, sondern es geht nur um die Fortbildung, das Weiterschreiten, Sicherheben des Geistes zu einem höhern Begriffe seiner selbst. Dies ist aber verknüpft mit einer Herabsetzung, Zertrümmerung, Zerstörung der vorhergehenden Weise der Wirklichkeit, die sich sein Begriff durchgebildet hatte. Dies macht sich einesteils in der innern Entwickelung der Idee; andererseits ist diese selbst eine gemachte, und es sind die Individuen, die ihre Täter sind und ihre Verwirklichung hervorbringen. Hier ist es gerade, wo die großen Kollisionen zwischen den bestehenden, anerkannten Pflichten, Gesetzen und Rechten und zwischen Möglichkeiten entstehen, welche diesem System entgegengesetzt sind, es verletzen, ja seine Grundlage und Wirklichkeit zerstören und zugleich einen Inhalt haben, der auch gut, im großen vorteilhaft, wesentlich und notwendig scheinen kann. Diese Möglichkeiten nun werden geschichtlich; sie schließen ein Allgemeines anderer Art in sich als das Allgemeine, das in dem Bestehen eines Volkes oder Staates die Basis ausmacht. Dies Allgemeine ist ein Moment der produzierenden Idee, ein Moment der nach sich selbst strebenden und treibenden Wahrheit.

Es sind nun die großen welthistorischen Individuen, die solches höhere Allgemeine ergreifen und zu ihrem Zwecke machen, die den Zweck verwirklichen, der dem höhern Begriffe des Geistes gemäß ist. Sie sind insofern Heroen zu nennen. Sie nehmen ihre Zwecke und ihren Beruf nicht aus dem ruhigen, eingeordneten System, dem geheiligten Lauf der Dinge. Ihre Berechtigung liegt nicht in dem vorhandenen Zustande, sondern es ist eine andere Quelle, aus der sie schöpfen. Es ist der verborgene Geist, der an die Gegenwart pocht, der noch unterirdisch, der noch nicht zu einem gegenwärtigen Dasein gediehen ist und heraus will, dem die gegenwärtige Welt nur eine Schale ist, die einen andern Kern in sich schließt, als der zur Schale gehörte. Nun ist aber alles, was vom Bestehenden abweicht, Absichten, Zwecke, Meinungen, sogenannte Ideale, in gleicher Weise von dem Vorhandenen verschieden. Abenteurer jeder Art haben solche Ideale, und ihre Tätigkeit geht auf solche Vorstellungen, die den vorhandenen Verhältnissen zuwider sind. Daß aber solche Vorstellungen, gute Gründe, allgemeine Prinzipien von den bestehenden verschieden sind, berechtigt sie noch nicht. Die wahrhaften Zwecke sind allein dieser Inhalt, zu dem sich der innere Geist durch seine absolute Macht selbst heraufgebildet hat; und eben die weltgeschichtlichen Individuen sind diejenigen, die nicht ein Eingebildetes, Vermeintes, sondern ein Richtiges und Notwendiges gewollt und vollbracht haben, die es wissen, in deren Innerem sich geoffenbart hat, was an der Zeit, was notwendig ist.

Man kann hiervon noch unterscheiden das Begreifen, daß auch solche Gestaltungen nur Momente in der allgemeinen Idee sind. Dieser Begriff ist der Philosophie eigentümlich. Die welthistorischen Menschen sollen ihn nicht haben; denn sie sind praktisch. Sie wissen aber und wollen ihr Werk, weil es an der Zeit ist. Es ist das, was im Innern schon vorhanden ist. Ihre Sache war es, dies Allgemeine, die notwendige, höchste Stufe ihrer Welt, zu wissen, diese sich zum Zwecke zu machen und ihre Energie in sie zu legen. Sie haben das Allgemeine, das sie vollbracht haben, aus sich selbst geschöpft; es ist aber nicht von ihnen erfunden worden, sondern es ist ewig vorhanden und wird durch sie gesetzt und mit ihnen geehrt. Weil sie es aus dem Innern schöpfen, aus einer Quelle, die vorher noch nicht vorhanden war, scheinen sie es bloß aus sich selbst zu schöpfen; und die neuen Weltverhältnisse, die Taten, die sie hervorbringen, erscheinen als ihre Hervorbringungen, ihr Interesse und ihr Werk. Aber sie haben das Recht auf ihrer Seite, denn sie sind die Einsichtigen: sie wissen, was die Wahrheit ihrer Welt, ihrer Zeit, was der Begriff ist, das nächste hervorgehende Allgemeine, und die andern, wie gesagt, sammeln sich um ihr Panier, weil sie aussprechen, was an der Zeit ist. Sie sind in ihrer Welt die Einsichtsvollsten und wissen am besten, um was es zu tun ist; und was sie tun, ist das Rechte. Die Andern müssen ihnen gehorchen, weil sie das fühlen. Ihre Reden, ihre Handlungen sind das Beste, was gesagt, getan werden konnte. So sind die geschichtlich großen Individuen nur an ihrer Stelle zu verstehen; und nur das ist das Bewunderungswürdige an ihnen, daß sie sich zu Organen dieses substanziellen Geistes herausgebildet haben. Dies ist das wahre Verhältnis des Individuums zu seiner allgemeinen Substanz. Sie ist es, von der alles ausgeht, der einzige Zweck, die einzige Macht, das, was von solchen Individuen allein gewollt wird, was in ihnen seine Befriedigung sucht, sich vollführt. Ebendadurch haben sie Gewalt in der Welt, und nur indem sie diese sind, die den Zweck haben, der dem Zwecke des an und für sich seienden Geistes angemessen ist, so ist das absolute Recht auf ihrer Seite, aber ein Recht ganz eigentümlicher Art.

Der Zustand der Welt ist noch nicht gewußt; der Zweck ist, ihn hervorzubringen. Dies ist das Ziel der welthistorischen Menschen, und darin finden sie ihre Befriedigung. Sie sind sich der Ohnmacht dessen bewußt, was gegenwärtig noch ist, noch gleißt, aber die Wirklichkeit zu sein nur scheint. Der Geist, der sich im Innern fortgebildet hat, der Welt entwachsen, im Begriff ist, darüber hinauszugehen, sein Bewußtsein von sich darin nicht mehr befriedigt findet, hat durch diese Art von Unzufriedenheit das noch nicht gefunden, was er will, — dies ist noch nicht affirmativ vorhanden; — er steht deswegen auf der negativen Seite. Die welthistorischen Individuen sind es, die den Menschen erst gesagt haben, was sie wollen. Zu wissen, was man will, ist schwer; man kann in der Tat etwas wollen und man steht doch auf dem negativen Standpunkt, ist nicht zufrieden; das Bewußtsein des Affirmativen kann sehr wohl mangeln. Jene Individuen aber wußten es auch so, daß dies selbst, was sie wollten, das Affirmative sei. Zunächst befriedigen diese Individuen sich; sie handeln gar nicht, um andere zu befriedigen. Wenn sie das wollten, dann hätten sie viel zu tun; denn die andern wissen nicht, was die Zeit will, nicht was sie selbst wollen. Aber jenen welthistorischen Individuen zu widerstreben, ist ein ohnmächtiges Unterfangen. Sie sind unwiderstehlich getrieben, ihr Werk zu vollbringen. Das ist dann das Richtige, und die andern, wenn sie auch nicht meinten, daß dies das sei, was sie wollten, hangen dem an, lassen es sich gefallen; es ist eine Gewalt in ihnen über sie selbst, wenn sie ihnen auch als eine äußerliche und fremde erscheint und wider das Bewußtsein ihres gemeinten Wollens geht. Denn der weitergeschrittene Geist ist die innerliche Seele aller Individuen, aber die bewußtlose Innerlichkeit, die ihnen die großen Männer zum Bewußtsein bringen. Es ist doch das, was sie selbst wahrhaft wollen, und deshalb übt es eine Gewalt, der sie sich übergeben auch mit Widerspruch ihres bewußten Wollens, deshalb folgen sie diesen Seelenführern, denn sie fühlen die unwiderstehliche Gewalt ihres eigenen innern Geistes, der ihnen entgegentritt.

Werfen wir weiter einen Blick auf das Schicksal dieser welthistorischen Individuen, so haben sie das Glück gehabt, die Geschäftsführer eines Zwecks [zu sein], der eine Stufe in dem Fortschreitungsgange des allgemeinen Geistes bildet [o]). *Aber sie, als von dieser ihrer Substanz auch unterschiedene Subjekte,* sind das, was man gemeinhin glücklich nennt, nicht gewesen. Das wollten sie auch nicht sein, sondern ihren Zweck erreichen; und die Erreichung ihres Zwecks ist vollbracht durch ihre mühevolle Arbeit. Sie haben es verstanden, sich zu befriedigen, ihren Zweck, den allgemeinen Zweck hervorzubringen. Mit einem so großen Zwecke haben sie sich die Kühnheit vorgesetzt, es gegen alle Meinungen der Menschen aufzunehmen. So ist es nicht das Glück, was sie wählen, sondern Mühe, Kampf, Arbeit um ihren Zweck. Sie sind, wenn sie ihr Ziel erreicht hatten, nicht zum ruhigen Genuß übergegangen, nicht glücklich geworden. Was sie sind, ist eben ihre Tat gewesen; diese ihre Leidenschaft hat den Umfang ihrer Natur, ihres Charakters ausgemacht. Ist der Zweck erreicht, so gleichen sie leeren Hülsen, die abfallen. Es ist ihnen vielleicht sauer geworden, das Ihre auszuführen; und in dem Augenblicke, wo es geworden ist, sind sie früh gestorben wie Alexander oder wie Cäsar ermordet, wie Napoleon deportiert worden. Man kann fragen: was haben sie für sich gewonnen? Das, was sie gewonnen haben, ist ihr Begriff, ihr Zweck, das, was sie vollbracht haben. Gewinn anderer Art, ruhigen Genuß haben sie nicht erreicht. Diesen schauderhaften Trost, daß die geschichtlichen Menschen nicht das gewesen sind, was man glücklich nennt, und dessen das Privatleben, das unter sehr verschiedenen, äußerlichen Umständen stattfinden kann, nur fähig ist, — diesen Trost können die sich aus der Geschichte nehmen, die dessen bedürftig sind. Bedürftig aber desselben ist der Neid, den das Große, Emporragende verdrießt, der sich bestrebt, es klein zu machen und einen Schaden an ihm zu finden, und es nur darum erträglich findet, daß solches Hervorragende da war, weil es nicht glücklich geworden ist. Dadurch meint er zwischen sich und ihm ein Gleichgewicht zu haben. So ist es auch in neuern Zeiten zur Genüge demonstriert worden, daß die Fürsten überhaupt auf ihrem Throne nicht glücklich seien, daher man denselben ihnen dann gönnt und es erträglich findet, daß man nicht selbst, sondern sie auf dem Throne

o) Ms. st. d.: zu sein.

sitzen. Der freie Mensch dagegen ist nicht neidisch, er erkennt die großen Individuen gern an und freut sich ihrer.

Aber an solche großen Menschen heftet sich ein ganzer Troß mit seinem Neide, der ihnen dann ihre Leidenschaften als Fehler nachweist. In der Tat kann auf ihre Erscheinung die Form der Leidenschaft angewendet und die moralische Seite der Beurteilung insbesondere hervorgekehrt werden, indem man sagt, ihre Leidenschaft habe sie getrieben. Allerdings waren sie Menschen von Leidenschaften, d. h. sie haben eben die Leidenschaft ihres Zwecks gehabt, ihren ganzen Charakter, Genie, Naturell in diesen Zweck gesetzt. Hier erscheint also das, was an und für sich notwendig ist, in der Form der Leidenschaft. Jene großen Männer scheinen zwar nur ihrer Leidenschaft, ihrer Willkür zu folgen; aber was sie wollen, ist das Allgemeine, dies ist ihr Pathos. Die Leidenschaft ist eben die Energie ihres Ich gewesen; ohne diese hätten sie gar nichts hervorbringen können.

Der Zweck der Leidenschaft und der Idee ist auf diese Weise ein und derselbe; die Leidenschaft ist absolute Einheit des Charakters und des Allgemeinen. Es ist gleichsam etwas Tierisches, wie der Geist in seiner subjektiven Besonderheit hier mit der Idee identisch ist.

Der Mensch, der etwas Tüchtiges hervorbringt, legt seine ganze Energie hinein; er hat nicht die Nüchternheit, dies oder das zu wollen; er zerstreut sich nicht in so und so viele Zwecke, sondern ist seinem wahrhaftigen großen Zwecke ganz ergeben. Die Leidenschaft ist die Energie dieses Zwecks und die Bestimmtheit dieses Wollens. Es ist eine Art von Trieb, fast tierisch, daß der Mensch seine Energie so in eine Sache legt. Diese Leidenschaft ist, was wir auch Begeisterung, Enthusiasmus nennen. Doch brauchen wir den Ausdruck Enthusiasmus nur, wo die Zwecke mehr idealer, allgemeiner Natur sind. Der politische Mensch ist nicht Enthusiast; er muß die klare Besonnenheit haben, die man den Enthusiasten gewöhnlich nicht zuschreibt. Die Leidenschaft ist die Bedingung, daß aus dem Menschen etwas Tüchtiges hervorkommt; also ist sie nichts Unmoralisches. Wenn diese Begeisterung wahrhafter Natur ist, so ist sie zugleich eine kalte; die Theorie hat die Übersicht über das, wodurch diese wahrhaften Zwecke hervorgebracht werden.

Zu bemerken ist ferner, daß die welthistorischen Menschen dadurch, daß sie ihren großen Zweck erreicht haben, der dem allgemeinen Geist notwendig ist, nicht nur sich selbst befriedigt, sondern auch andere Äußerlichkeiten dazu erworben haben. Ihren Zweck haben sie zugleich als den ihrigen hervorgebracht; das ist dies Untrennbare: die Sache und der Held für sich, beides wird befriedigt. Man kann diese Seite des Sichbefriedigens von der Seite der erreichten Sache trennen, kann den großen Menschen nachweisen, daß sie das Ihrige gesucht haben, und dazu fortgehen zu behaupten, sie haben nur das Ihrige gesucht. In der Tat haben diese Menschen Ruhm und Ehre erlangt, sind von der Mit- und Nachwelt anerkannt worden, solange diese nicht in die kritische Sucht, vornehmlich des Neides gefallen ist. Aber es ist absurd zu meinen, man könne etwas tun, ohne dabei sich befriedigen zu wollen. Das Subjektive als bloß Partikuläres, das bloß endliche, einzelne Zwecke hat, muß sich freilich dem Allgemeinen unterwerfen. Insofern es aber die Betätigung der Idee ist, so ist es selbst das Erhaltende dessen, was die Substanzielle ist.

Es ist die psychologische Kleinmeisterei, die diese Trennung vornimmt; indem sie der Leidenschaft den Namen einer Sucht gibt und dadurch die Moral jener Menschen verdächtig macht, stellt sie die Folgen von dem, was sie getan haben, als ihre Zwecke vor und setzt die Taten selbst zum Mittel herab: sie haben nur aus Ruhmsucht, Eroberungssucht gehandelt. So wird z. B. das Streben Alexanders als Eroberungssucht zu etwas Subjektivem gemacht und ist deswegen nicht das Gute. Diese sogenannte psychologische Betrachtung weiß alle Handlungen ins Herz hinein so zu erklären und in die subjektive Gestalt zu bringen, daß ihre Urheber alles aus irgendeiner kleinen oder großen Leidenschaft, aus einer Sucht getan haben und um dieser Leidenschaften und Suchten willen keine moralischen Menschen gewesen seien. Alexander von Makedonien hat zum Teil Griechenland, dann Asien erobert, also ist er eroberungssüchtig gewesen. Er hat aus Ruhmsucht, Eroberungssucht gehandelt, und der Beweis, daß diese ihn getrieben haben, ist, daß er solches getan habe, das Ruhm brachte. Welcher Schulmeister hat nicht von Alexander dem Großen, von Julius Cäsar vordemonstriert, daß diese Menschen von solchen Leidenschaften getrieben worden und daher unmoralische Menschen gewesen seien? woraus sogleich folgt, daß er, der Schulmeister, ein vortrefflicherer Mensch sei als jene, weil er solche Leidenschaften nicht besitze und den Beweis dadurch gebe, daß er Asien nicht erobere, den Darius, Porus nicht besiege, sondern freilich wohl lebe, aber auch leben lasse. — Diese Psychologen hängen sich dann vornehmlich auch an die Betrachtung von den Partikularitäten, welche den großen, historischen Figuren als Privatpersonen zukommen. Der Mensch muß essen und trinken, steht in Beziehung zu Freunden und Bekannten, hat Empfindungen und Aufwallungen des Augenblicks. Solche Partikularitäten haben jene großen Männer auch gehabt, haben gegessen, getrunken, dies Gericht lieber gegessen, diesen Wein lieber getrunken als einen andern oder als Wasser. Für einen Kammerdiener gibt es keinen Helden, ist ein bekanntes Sprichwort; ich habe hinzugesetzt, — und Goethe hat es zwei Jahre später wiederholt [p]), — nicht aber darum, weil dieser kein Held, sondern weil jener der Kammerdiener ist. Dieser zieht dem Helden die Stiefel aus, hilft ihm zu Bette, weiß, daß er lieber Champagner trinkt usf. Für den Kammerdiener gibt es den Helden nicht; der ist für die Welt, die Wirklichkeit, die Geschichte. — Die geschichtlichen Personen, von solchen psychologischen Kammerdienern in der Geschichtschreibung bedient, kommen schlecht weg; sie werden von ihnen nivelliert, auf gleiche Linie oder vielmehr ein paar Stufen unter die Moralität solcher feinen Menschenkenner gestellt. Der Thersites des Homer, der die Könige tadelt, ist eine stehende Figur aller Zeiten. Schläge, d. h. Prügel mit einem soliden Stabe, bekommt er zwar nicht zu allen Zeiten, wie in den homerischen; aber sein Neid, seine Eigensinnigkeit ist der Pfahl, den er im Fleische trägt; und der unsterbliche Wurm, der ihn nagt, ist die Qual, daß seine vortrefflichen Absichten und Tadeleien in der Welt doch ganz erfolglos bleiben. Man kann auch eine Schadenfreude am Schicksal des Thersitismus haben.

p) Vgl. Hegels »Phänomenologie des Geistes« hg. Joh. Hoffmeister, 1952, S. 468.

In solcher psychologischer Kleinmeisterei ist übrigens selbst auch ein Widerspruch. Die Ehre, der Ruhm wird den Menschen zum Tadel gerechnet, als ob dies ihr Zweck gewesen sei. Andererseits behauptet man, das, was solche Menschen tun wollen, müsse die Zustimmung der andern haben, d. h. ihr subjektiver Wille solle von den andern respektiert sein. Nun enthält ja gerade die Ehre, der Ruhm, diese Zustimmung, die gefordert wird, die Anerkennung, daß, was jene Menschen gewollt haben, das Richtige war. Die welthistorischen Individuen haben das Ziel gesteckt, das in der Tat der innere Wille der Menschen gewesen ist. Dennoch rechnet man ihnen diese Zustimmung der andern, die man fordert, als Tadel an, nachdem sie erfolgt ist, und beschuldigt sie, die Ehre und den Ruhm gewollt zu haben. Dagegen läßt sich nun erwidern, es sei jenen gar nicht um Ehre und Ruhm zu tun gewesen; denn sie hätten gerade das Gewöhnliche, das bisher Angesehene, das auf der Oberfläche herumschwimmt, verachtet. Und nur dadurch haben sie ihr Werk vollbracht; sonst wären sie auf der gewöhnlichen Weise der Menschen stehen geblieben, und ein anderer hätte vollbracht, was der Geist wollte.

Dann aber gibt man ihnen wieder deswegen Schuld, daß sie nicht die Anerkennung der Menschen gesucht, daß sie ihre Meinung verachtet haben. Freilich ging ihre Ehre aus der Verachtung des Gebilligten hervor. Indem das Neue, das sie zur Welt bringen, ihr eigenes Ziel ist, so haben sie ihre Vorstellung davon aus sich geschöpft, und es ist ihr Zweck, den sie erreichen. So sind sie befriedigt. Sie haben es gewollt gegen den Widerspruch der andern, und darin finden sie ihre Befriedigung. Große Menschen haben gewollt, um sich, nicht um die wohlgemeinten Absichten der andern zu befriedigen. Von denen haben sie nichts erfahren; hätten sie es sich von andern sagen lassen, so wäre es das Borniertere, das Schiefere gewesen; sie wußten es am besten. Cäsar hatte die richtigste Vorstellung von dem, was die römische Republik hieß, daß nämlich die seinsollenden Gesetze von der auctoritas und dignitas erdrückt waren, und daß es sich gehörte, dieser als der partikulären Willkür ein Ende zu machen. Dies hat er vollführen können, weil es richtig war. Hätte er sich an den Cicero gehalten, so wäre er nichts geworden. Cäsar wußte, daß die Republik die Lüge war, daß Cicero Leeres rede und daß eine andere Gestalt an die Stelle dieser hohlen gesetzt werden müsse, daß die Gestalt, die er hervorbrachte, die notwendige sei. So haben solche welthistorischen Individuen allerdings in ihren großen Interessen andere, für sich achtungswerte Interessen, heilige Rechte, leichtherzig, flüchtig, momentan, rücksichtslos behandelt, eine Behandlungsweise, die moralischem Tadel ausgesetzt ist. Aber ihre Stellung überhaupt ist als eine andere zu fassen. Eine große Gestalt, die da einherschreitet, zertritt manche unschuldige Blume, muß auf ihrem Wege manches zertrümmern.

Das besondere Interesse der Leidenschaft ist also unzertrennlich von der Betätigung des Allgemeinen; denn es ist aus dem Besonderen und Bestimmten und aus dessen Negation, daß das Allgemeine resultiert. Das Besondere hat sein eigenes Interesse in der Weltgeschichte; es ist etwas Endliches und muß als solches untergehen. Es ist das Besondere, das sich aneinander abkämpft, und wovon ein Teil zugrunde gerichtet wird. Aber eben im Kampf, im Untergange des Besondern resultiert das Allgemeine. Dieses wird nicht gestört. Nicht die allgemeine Idee ist es, welche sich in Gegensatz und Kampf, welche sich in Gefahr begibt; sie hält sich unangegriffen und unbeschädigt im Hintergrund und schickt das Besondere der Leidenschaft in den Kampf, sich abzureiben. Man kann es die List der Vernunft nennen, daß sie die Leidenschaften für sich wirken läßt, wobei das, durch was sie sich in Existenz setzt, einbüßt und Schaden leidet. Denn es ist die Erscheinung, von der ein Teil nichtig, ein Teil affirmativ ist. Das Partikuläre ist meistens zu gering gegen das Allgemeine; die Individuen werden aufgeopfert und preisgegeben. Die Idee bezahlt den Tribut des Daseins und der Vergänglichkeit nicht aus sich, sondern durch die Leidenschaften der Individuen. Cäsar mußte das Notwendige vollbringen, die morsche Freiheit umzustoßen; er selbst kam in diesem Kampfe um, aber das Notwendige blieb doch: die Freiheit lag nach der Idee unter dem äußern Geschehen.

Wenn wir es uns nun gefallen lasssen, die Individualitäten, ihre Zwecke und deren Befriedigung aufgeopfert, ihr Glück überhaupt dem Reiche der Naturgewalt und damit der Zufälligkeit, dem es angehört, preisgegeben zu sehen und die Individuen überhaupt unter der Kategorie der Mittel zu betrachten, so ist doch eine Seite in ihnen, die wir Anstand nehmen, auch gegen das Höchste nur in diesem Gesichtspunkt zu fassen, weil es ein schlechthin nicht Untergeordnetes, sondern ein in ihnen an ihm selbst Ewiges, Göttliches sei. Dies ist die Moralität, Sittlichkeit, Religiosität. Schon indem von der Betätigung des Vernunftzwecks durch die Individuen überhaupt gesprochen worden ist, ist die subjektive Seite derselben, ihr Interesse überhaupt, das ihrer Bedürfnisse und Triebe, ihres Dafürhaltens und Einsicht, als die formelle Seite zwar angegeben worden, aber welche selbst ein unendliches Recht habe, befriedigt werden zu müssen. Wenn wir von einem Mittel sprechen, so stellen wir uns dasselbe zunächst als ein dem Zwecke nur äußerliches vor, das keinen Teil an ihm habe. In der Tat aber müssen schon die natürlichen Dinge überhaupt, selbst das gemeinste Leblose, das als Mittel gebraucht wird, von der Beschaffenheit sein, daß sie dem Zwecke entsprechen, in ihnen etwas haben, das ihnen mit diesem gemein ist. In jenem ganz äußerlichen Sinne verhalten sich die Menschen am wenigsten als Mittel zum Vernunftzwecke; nicht nur befriedigen sie zugleich mit diesem und bei Gelegenheit desselben die dem Inhalte nach von ihm verschiedenen Zwecke ihrer Partikularität, sondern sie haben Teil an jenem Vernunftzweck selbst und sind eben dadurch Selbstzwecke, — Selbstzwecke nicht nur formell, wie die Lebendigen überhaupt, [q]) deren individuelles Leben selbst, seinem Gehalte nach, ein schon dem menschlichen Leben Untergeordnetes ist und mit Recht als Mittel verbraucht wird, — sondern die Menschen, Individuen sind auch Selbstzwecke dem Inhalte des Zweckes nach. In diese Bestimmung fällt eben jenes, was wir der Kategorie eines Mittels entnommen zu sein verlangen, Moralität, Sittlichkeit, Religiosität. Zweck in ihm selbst ist der Mensch nur durch das Göttliche, das in ihm ist, — durch das, was von Anfang Vernunft und, insofern als sie tätig in sich, selbst-

q) Am Rande: siehe Kant.

bestimmend ist, Freiheit genannt worden ist; und wir sagen, ohne hier in weitere Entwicklung eingehen zu können, daß eben Religiosität, Sittlichkeit usf. hierin ihren Boden und Quelle haben und damit selbst über die äußere Notwendigkeit und Zufälligkeit an sich erhoben sind. Aber es ist nicht zu vergessen, daß wir hier von ihnen nur sprechen, insofern sie in den Individuen existieren, somit insofern sie der individuellen Freiheit anheimgegeben sind; in dieser Bestimmung fällt der Schuld der Individuen selbst die religiöse und sittliche Schwächung, Verderben und Verlust anheim.

Dies ist das Siegel der hohen, absoluten Bestimmung des Menschen, daß er wisse, was gut und böse ist, und daß eben sein das Wollen ist, entweder des Guten oder des Bösen, — mit einem Wort, daß er Schuld haben kann, Schuld nicht nur am Bösen, sondern auch am Guten und Schuld nicht an diesem und auch an jenem und an allem, in was er ist und was in ihm ist, sondern Schuld an dem seiner individuellen Freiheit angehörigen Guten und Bösen. Nur das Tier ist wahrhaft durch und durch unschuldig. Aber um alle Mißverständnisse, die sich hierüber zu ergeben pflegen, (z. B. sogleich, daß das, was Unschuld genannt wird, — die Unwissenheit selbst des Bösen — hiemit herabgesetzt, mißachtet werde), abzuschneiden oder zu beseitigen, dies erforderte eine weitläufige Auseinandersetzung, so weitläufig, als eine durchgeführte Abhandlung über die Freiheit selbst sein müßte.

Aber bei Betrachtung überhaupt des Schicksals, welches die Tugend, Sittlichkeit, auch Religiosität in der Geschichte habe, müssen wir nicht in die Litanei der Klagen verfallen, daß es den Guten und Frommen in der Welt oft oder gar meist schlecht, den Bösen und Schlechten dagegen gut gehe. Unter dem Gutgehen pflegt man sehr mancherlei zu verstehen, auch Reichtum, äußerliche Ehre u. dergl. Aber wenn von solchem die Rede ist, was an und für sich seiender Zweck sei, kann solches sogenanntes Gut- oder Schlechtgehen von diesen oder jenen einzelnen Individuen nicht zu einem Moment der vernünftigen Weltordnung gemacht werden sollen. Aber mit mehr Recht als nur Glück, Glücksumstände von Individuen, wird an den Weltzweck gefordert, daß gute, sittliche, rechtliche Zwecke unter ihm und in ihm ihre Ausführung und Sicherung suchen. Was die Menschen moralisch unzufrieden macht, — eine Unzufriedenheit, worauf sie sich etwas zugute tun, — ist, daß sie ihrem Inhalte nach allgemeinere Zwecke, welche sie für das Rechte und Gute halten, insbesondere heutzutage Ideale von Staatseinrichtungen, oder in dem Geschmack, Ideale zu erfinden und an dergleichen sich ein Hochgefühl zu geben, den Gedanken, Grundsätzen, Einsichten darüber die Gegenwart nicht entsprechend findet; sie setzen solchem Dasein ihr Sollen dessen, was das Recht der Sache sei, entgegen. Hier ist es nicht das partikuläre Interesse, nicht die Leidenschaft, welche Befriedigung verlangt, sondern die Vernunft, das Recht, die Freiheit; und mit diesem Titel ausgerüstet, trägt diese Forderung das Haupt hoch und ist leicht nicht nur unzufrieden über den Weltzustand und Weltbegebenheiten, sondern empört dagegen. Um solches Gefühl und die Ansichten zu würdigen, müßte in Untersuchung der aufgestellten Forderungen, [der] sehr assertorischen Einsichten und Ansichten eingegangen werden. Zu keiner Zeit wie in der unsrigen, sind hierüber allgemeinere Sätze, Gedanken, und mit größerer Prätension aufgestellt worden. Wenn die Geschichte sonst vornehmlich sich als ein Kampf der Leidenschaften darzustellen scheint, so zeigt sie in unserer Zeit, obgleich die Leidenschaften nicht fehlen, teils überwiegend für sich den Kampf berechtigender Gedanken untereinander, teils den Kampf der Leidenschaften und subjektiven Interessen wesentlich nur unter dem Titel solcher höhern Berechtigungen. Diese im Namen dessen, was als die Bestimmung der Vernunft, als absoluter Zweck angegeben worden [ist], als die ihrer selbst bewußte Freiheit, gemachten Rechtsforderungen gelten eben damit als absolute Zwecke, ebenso wie Religion, Sittlichkeit, Moralität.

Auf den Staat, auf welchen sich jene Forderungen beziehen, kommen wir sogleich; was aber die Verkümmerung, Verletzung und Untergang von religiösen, sittlichen und moralischen Zwecken und Zuständen überhaupt betrifft, so muß dies nur gesagt werden[r]*) — wir kommen später noch*

r) Ms.: haben

zu einer nähern Einsicht darüber —, daß allerdings jene geistigen Mächte schlechthin berechtigt sind; aber ihre Gestaltungen, Inhalt und Entwicklung zur Wirklichkeit können, indem das Innere, Allgemeine derselben unendlich ist, beschränkter Art sein, damit in äußerm Naturzusammenhang und unter der Zufälligkeit stehen [s]*; und darum überhaupt sind sie nach dieser Seite auch vergänglich, der Verkümmerung und Verletzung ausgesetzt. Die Religion und Sittlichkeit haben eben als die in sich allgemeinen Wesenheiten die Eigenschaft, ihrem Begriffe gemäß, somit wahrhaftig, in der individuellen Seele vorhanden zu sein, wenn sie in derselben auch nicht die Ausdehnung der Bildung, nicht die Anwendung auf entwickelte Verhältnisse haben. Die Religiosität, die Sittlichkeit eines beschränkten Lebens — eines Hirten, eines Bauern, — in ihrer konzentrierten Innigkeit und ihrer Beschränktheit auf wenige und ganz einfache Verhältnisse des Lebens hat unendlichen Wert und denselben Wert als die Religiosität und Sittlichkeit einer ausgebildeten Erkenntnis und eines an Umfang der Beziehungen und Handlungen reichen Daseins.* [t] *Dieser innere Mittelpunkt, diese einfache Region des Rechts der subjektiven Freiheit, der Herd des Wollens, Entschließens und Tuns, der abstrakte Inhalt des Gewissens, das, worin Schuld und Wert des Individuums, sein ewiges Gericht, eingeschlossen ist, bleibt unangetastet und ist dem lauten Lärm der Weltgeschichte und nicht nur den äußerlichen und zeitlichen Veränderungen, sondern auch denjenigen, welche die absolute Notwendigkeit des Freiheitsbegriffs selbst mit sich bringt, [entnommen]. Im allgemeinen ist aber überhaupt dies festzuhalten, daß, was in der Welt Edles und Herrliches berechtigt sei, daß es ein Höheres über sich hat. Das Recht des Weltgeistes geht über alle besondern Berechtigungen; es teilt selbst diese, aber nur bedingt, insofern sie seinem Gehalte zwar angehören, aber zugleich mit Besonderheit behaftet sind.*

Dies mag genug sein über diesen Gesichtspunkt der M i t t e l, deren der Weltgeist sich zur Realisierung seines Be-

---

[s] Ms.: steht

[t] Am Rande: Sittlichkeit in ihrer wahrhaften Gestalt — im Staate.

griffes bedient. Einfach, abstrakt ist es die Tätigkeit der Subjekte, in welchen die Vernunft als ihr an sich seiendes substanzielles Wesen vorhanden, aber ihr zunächst noch dunkler, ihnen verborgener Grund ist. Aber der Gegenstand wird verwickelter und schwieriger, wenn wir die Individuen nicht bloß als tätig, nicht nur mit ihren [u]) *partikulären, nur auf* d i e s e s *Individuum beschränkten Zwecken, sondern konkreter mit bestimmterm Inhalt ihrer* [v]) *Religion und Sittlichkeit nehmen* [w])*, Bestimmungen, welche Anteil an der Vernunft, damit auch an ihrer absoluten Berechtigung haben. Hier fällt das Verhältnis eines bloßen Mittels zum Zwecke hinweg, und die Hauptgesichtspunkte, die dabei über das Verhältnis des absoluten Zweckes des Geistes angeregt werden, sind kurz in Betracht gezogen worden.*

c) [Das Material seiner Verwirklichung]

Das Dritte nun aber ist, welches der durch diese Mittel a u s z u f ü h r e n d e Z w e c k *sei, das ist, seine Gestaltung in der Wirklichkeit. Es ist vom Mittel die Rede gewesen, aber bei der Ausführung eines subjektiven endlichen Zweckes haben wir auch noch das Moment eines* M a t e r i a l s, *was für die Verwirklichung desselben vorhanden [sein] oder herbeigeschafft werden muß. So wäre die Frage: welches ist das Material, in welchem der vernünftige Endzweck ausgeführt werde?*

Die Veränderungen im geschichtlichen Leben setzen etwas voraus, woran sie sich ergeben. Gesetzt aber werden sie, wie wir gesehen haben, durch den subjektiven Willen. So ist die eine Seite auch hier zunächst das Subjekt wiederum selbst, die Bedürfnisse des Menschen, die Subjektivität überhaupt. Im menschlichen Wissen und Wollen, als im Material, kommt das Vernünftige zu seiner Existenz. Der subjektive Wille ist betrachtet worden, wie er einen Zweck hat, der die Wahrheit einer Wirklichkeit ist, und zwar insofern er eine große welthistorische Leidenschaft ist. Als subjektiver Wille in beschränkten Leidenschaften ist er abhängig, und seine beson-

---

u) Ms.: seinen
v) Ms.: seiner
w) Ms.: genommen wird

dern Zwecke findet er nur innerhalb dieser Abhängigkeit zu befriedigen. Aber er hat, wie wir gezeigt haben, auch ein substanzielles Leben, eine Wirklichkeit, worin er sich im Wesentlichen bewegt und dies zum Zwecke seines Daseins hat. Dies Wesentliche nun, die Einheit des subjektiven Willens und des Allgemeinen, ist das sittliche Ganze und in seiner konkreten Gestalt der Staat. Er ist die Wirklichkeit, in der das Individuum seine Freiheit hat und genießt, aber indem es das Wissen, Glauben und Wollen des Allgemeinen ist. So ist es der Mittelpunkt der andern konkreten Seiten, des Rechts, der Kunst, der Sitten, der Bequemlichkeiten des Lebens. Im Staate ist die Freiheit sich gegenständlich und positiv darin realisiert. Doch ist dies nicht so zu nehmen, als ob der subjektive Wille des Einzelnen zu seiner Ausführung und seinem Genusse durch den allgemeinen Willen käme, und dieser ein Mittel für ihn wäre. Er ist auch nicht ein Zusammensein der Menschen, worin die Freiheit aller Einzelnen beschränkt werden müsse. Die Freiheit ist nur negativ gefaßt, wenn man sie vorstellt, als ob das Subjekt neben den andern Subjekten seine Freiheit so beschränkte, daß diese gemeinsame Beschränkung, das Genieren aller gegeneinander, jedem einen kleinen Platz ließe, worin er sich ergehen könne; vielmehr sind Recht, Sittlichkeit, Staat, und nur sie, die positive Wirklichkeit und Befriedigung der Freiheit. Das Belieben des Einzelnen ist eben nicht Freiheit. Die Freiheit, welche beschränkt wird, ist die Willkür, die sich auf das Besondere der Bedürfnisse bezieht.

Im Staat allein hat der Mensch vernünftige Existenz. Alle Erziehung geht dahin, daß das Individuum nicht ein Subjektives bleibe, sondern sich im Staate objektiv werde. Wohl kann ein Individuum den Staat zu seinem Mittel machen, um dies und jenes zu erreichen. Das Wahrhafte aber ist, daß jeder die Sache selbst wolle und das Unwesentliche abgestreift habe. Alles, was der Mensch ist, verdankt er dem Staat; er hat nur darin sein Wesen. Allen Wert, den der Mensch hat, alle geistige Wirklichkeit, hat er allein durch den Staat. Denn seine geistige Wirklichkeit ist, daß ihm als Wissenden sein Wesen, das Vernünftige gegenständlich sei, daß es objektives, unmittelbares Dasein für ihn habe; so nur ist er Bewußtsein, so nur ist er in der Sitte, dem rechtlichen und sittlichen Staatsleben. Denn das Wahre ist die Einheit des allgemeinen und subjektiven Willens; und das Allgemeine ist im Staate in den Gesetzen, in allgemeinen und vernünftigen Bestimmungen.

Der subjektive Wille, die Leidenschaft ist das Betätigende, Verwirklichende; die Idee ist das Innere: der Staat ist das vorhandene, wirklich sittliche Leben. Denn er ist die Einheit des allgemeinen, wesentlichen Wollens und des subjektiven, und das ist die Sittlichkeit. Das Individuum, das in dieser Einheit lebt, hat ein sittliches Leben, hat einen Wert, der allein in dieser Substantialität besteht. Antigone beim Sophokles sagt: die göttlichen Gebote sind nicht von gestern, noch von heute, nein, sie leben ohne Ende, und niemand wüßte zu sagen, von wannen sie kamen. Die Gesetze der Sittlichkeit sind nicht zufällig, sondern das Vernünftige selbst. Daß nun das Substanzielle im wirklichen Tun der Menschen und in ihrer Gesinnung gelte, vorhanden sei und sich selbst erhalte, das ist der Zweck des Staates. Es ist das absolute Interesse der Vernunft, daß dieses sittliche Ganze vorhanden sei; und in diesem Interesse der Vernunft liegt das Recht und Verdienst der Heroen zur Stiftung der Staaten, sie seien auch noch so unausgebildet gewesen. Der Staat ist nicht um der Bürger willen da; man könnte sagen, er ist der Zweck, und sie sind seine Werkzeuge. Indes ist dies Verhältnis von Zweck und Mittel überhaupt hier nicht passend. Denn der Staat ist nicht das Abstrakte, das den Bürgern gegenübersteht; sondern sie sind Momente wie im organischen Leben, wo kein Glied Zweck, keines Mittel ist. Das Göttliche des Staats ist die Idee, wie sie auf Erden vorhanden ist.

Das Wesen des Staates ist die sittliche Lebendigkeit. Diese besteht in der Vereinigung des Willens der Allgemeinheit und des subjektiven Willens. Der Wille ist Tätigkeit, und diese hat im subjektiven Willen an der äußern Welt ihren Gegensatz. Das Prinzip des Willens ist das Fürsichsein; damit aber ist Ausschließung und Endlichkeit verbunden. Von der Rede, daß der Mensch im Willen unbeschränkt und im Denken beschränkt sei, ist gerade das Umgekehrte wahr. Faßt man dagegen den Willen in der Gestalt, wie er wesentlich und an und für sich ist, so ist er als befreit vom Gegensatze gegen die Außenwelt zu denken, durchaus als Allgemeines auch nach dieser Seite. So ist der Wille Macht an ihm selber und das Wesen allgemeiner Macht, der Natur und des Geistes. Dies Wesen kann etwa gedacht werden als »der Herr«, der Herr der Natur und des Geistes. Dieses Subjekt aber, der Herr, ist selbst nur etwas, das noch gegen anderes ist. Die Macht als absolute ist dagegen nicht Herr über ein anderes, sondern Herr über sich selbst, Reflexion in sich selbst, Persönlichkeit. Diese Reflexion in sich ist einfache Beziehung auf sich, ein Seiendes; die Macht ist, so in sich reflektiert, unmittelbare Wirklichkeit. Diese aber ist Wissen und näher das Wissende, und dieses ist die menschliche Individualität. Der allgemeine Geist ist wesentlich vorhanden als menschliches Bewußtsein. Der Mensch ist dieses Dasein und Fürsichsein des Wissens. Der Geist als sich wissender, sich als Subjekt seiender Geist ist dies, sich als Unmittelbares, als Seiendes zu setzen: so ist er menschliches Bewußtsein.

Es ist die Gewohnheit, nach allgemeinem Willen zu handeln und ein Allgemeines zu seinem Zwecke zu machen, was im Staate gilt. Auch im rohen Staate findet Unterwerfung des Willens unter einen andern statt; das heißt aber nicht, daß das Individuum nicht einen Willen für sich hätte, sondern das sein besonderer Wille nicht gilt. Einfälle, Lüste haben keine Geltung. Auf die Besonderheit des Willens wird Verzicht getan schon in solchem rohen staatlichen Zustande, und der allgemeine Wille ist das Wesentliche. Indem also der besondere Wille wenigstens unterdrückt wird, geht er in sich zurück. Dies ist das erste Moment, das für die Existenz des Allgemeinen notwendig ist, das Element des Wissens, des Denkens, das hier im Staate auftritt. Nur auf diesem Boden, d. h. im Staate können Kunst und Religion vorhanden sein. Völker, die sich vernünftig in sich organisiert haben, sind es, die wir betrachten. In der Weltgeschichte kann nur von Völkern die Rede sein, welche einen Staat bilden. Man darf sich eben nicht einbilden, daß auf einer wüsten Insel, überhaupt in Abgeschiedenheit solches hervorgehen könne. Zwar haben sich alle große Menschen in der Einsamkeit gebildet, aber nur, indem sie das, was der Staat schon geschaffen hatte, für sich verarbeiteten. Das Allgemeine muß nicht bloß von dem Einzelnen Gemeintes, es muß Seiendes sein; als solches ist es eben im Staate vorhanden, es ist das, was gilt. Hier ist die Innerlichkeit zugleich Wirklichkeit. Freilich ist die Wirklichkeit äußere Mannigfaltigkeit, aber sie ist hier in Allgemeinheit gefaßt.

Die allgemeine Idee kommt im Staate zur Erscheinung. In Rücksicht auf den Ausdruck Erscheinung ist zu bemerken, daß er hier nicht die Bedeutung hat wie in der gewöhnlichen Vorstellung. In dieser trennen wir Kraft und Erscheinung, als ob jene das Wesentliche, diese das Unwesentliche, Äußerliche wäre. Aber in der Kategorie der Kraft liegt selbst noch keine konkrete Bestimmung. Dagegen, wo Geist ist, der konkrete Begriff, da ist Erscheinung selbst das Wesentliche. Die Unterscheidung des Geistes ist seine Tat, Aktuosität. Das, was der Mensch ist, ist seine Tat, ist die Reihe seiner Taten, ist das, wozu er sich gemacht hat. So ist der Geist wesentlich Energie, und man kann bei ihm nicht von der Erscheinung abstrahieren. Das Erscheinen des Geistes ist sein Sichbestimmen, und das ist das Element seiner konkreten Natur: der Geist, der sich nicht bestimmt, ist Abstraktum des Verstandes. Die Erscheinung des Geistes ist seine Selbstbestimmung, und diese Erscheinung haben wir in der Gestalt von Staaten und Individuen zu betrachten.

Das geistige Individuum, das Volk, insofern es in sich gegliedert, ein organisches Ganze ist, nennen wir Staat. Diese Benennung ist dadurch der Zweideutigkeit ausgesetzt, daß man mit Staat und Staatsrecht im Unterschiede von Religion, Wissenschaft und Kunst gewöhnlich nur die politische Seite bezeichnet. Hier aber ist Staat in einem umfassenderen Sinne genommen, so wie wir auch den Ausdruck Reich gebrauchen, wo wir die Erscheinung des Geistigen meinen. Ein Volk also fassen wir auf als geistiges Individuum, und in ihm betonen wir zunächst nicht die äußerliche Seite, sondern nehmen das heraus, was auch schon der Geist des Volkes genannt worden ist, d. i. sein Selbstbewußtsein über seine Wahrheit, sein Wesen, und was ihm selbst als das Wahre überhaupt gilt, die geistigen Mächte, die in einem Volke leben und es regieren. Das Allgemeine, das im Staate sich hervortut und gewußt wird, die Form, unter die alles, was ist, gebracht wird, ist dasjenige überhaupt, was die Bildung einer Nation ausmacht. Der bestimmte Inhalt aber, der diese Form der Allgemeinheit erhält und in der konkreten Wirklichkeit enthalten ist, die der Staat bildet, ist der *Geist des Volkes* selbst. Der wirkliche Staat ist von diesem Geiste beseelt in allen seinen besondern Angelegenheiten, Kriegen, Institutionen usf. Dieser geistige Inhalt ist ein Festes, Gediegenes, ganz entnommen der Willkür, den Partikularitäten, den Einfällen, der Individualität, der Zufälligkeit; das diesen Preisgegebene macht zur Natur des Volkes nichts aus: es ist wie der Staub, der über einer Stadt, einem Acker spielt und schwebt, ihn aber nicht wesentlich umgestaltet. Dieser geistige Inhalt macht dann ebenso das Wesen des Individuums aus, als er der Geist des Volkes ist. Er ist das Heilige, das die Menschen, die Geister zusammenbindet. Es ist ein und dasselbe Leben, ein großer Gegenstand, ein großer Zweck, ein großer Inhalt, von dem alles Privatglück, alle Privatwillkür abhängt.

So ist der Staat der näher bestimmte Gegenstand der Weltgeschichte überhaupt, worin die Freiheit ihre Objektivität erhält und in dem Genusse dieser Objektivität lebt. Denn das Gesetz ist die Objektivität des Geistes und der Wille in seiner Wahrheit; und nur der Wille, der dem Gesetze gehorcht, ist frei: denn er gehorcht sich selbst und ist bei sich selbst und also frei. Indem der Staat, das Vaterland, eine Gemeinsamkeit des Daseins ausmacht, indem sich der subjektive Wille des Menschen den Gesetzen unterwirft, verschwindet der Gegensatz von Freiheit und Notwendigkeit. Notwendig ist das Vernünftige als das Substanzielle, und frei sind wir, indem wir es als Gesetz anerkennen und ihm als der Substanz unseres eigenen Wesens folgen: der objektive und der subjektive Wille sind dann ausgesöhnt und ein- und dasselbe ungetrübte Ganze. Denn die Sittlichkeit des Staates ist nicht die moralische, die reflektierte, wobei die eigene Überzeugung waltet; diese ist mehr der modernen Welt zugänglich, während die wahre und antike darin wurzelt, daß jeder in seiner Pflicht steht. Ein athenienischer Bürger tat gleichsam aus Instinkt dasjenige, was ihm zukam; reflektiere ich aber über den Gegenstand meines Tuns, so muß ich das Bewußtsein haben, daß mein Wille hinzugekommen sei. Die Sittlichkeit aber ist die Pflicht, das substanzielle Recht, die zweite Natur, wie man sie mit Recht genannt hat; denn die erste Natur des Menschen ist sein unmittelbares, tierisches Sein.

Die Natur des Staates ist angegeben worden; es wurde dabei zugleich erinnert, daß in den Theorien unserer Zeit mannigfaltige Irrtümer darüber im Umlauf sind, welche für ausgemachte Wahrheiten gelten und zu Vorurteilen geworden sind. Wir wollen nur wenige derselben anführen und vornehmlich solche, die in Beziehung auf den Zweck unserer Geschichte stehen.

Was uns zuerst begegnet, ist das direkte Gegenteil unseres Begriffes, daß der Staat die Verwirklichung der Freiheit [sei], die Ansicht nämlich, daß der Mensch von Natur frei sei, in der Gesellschaft aber und in dem Staate, worein er zugleich notwendig trete, diese natürliche Freiheit beschränken müsse. Daß der Mensch von Natur frei ist, ist in dem Sinne ganz richtig, daß er dies seinem Begriffe, aber ebendamit nur seiner Bestimmung [nach], d. i. nur a n s i c h *ist; die Natur eines Gegenstandes heißt allerdings soviel als sein Begriff. Aber zugleich wird damit auch die Weise verstanden und in jenen Satz hineingenommen, wie der Mensch in seiner nur natürlichen unmittelbaren Existenz ist. In diesem Sinne wird ein Naturzustand überhaupt angenommen, in welchem der Mensch als in dem Besitze seiner natürlichen Rechte, in der unbeschränkten Ausübung und Genusse seiner Freiheit vorgestellt wird. Diese Annahme gilt nicht gerade dafür, daß sie etwas Geschichtliches sei; — es würde auch, wenn man ernst mit ihr machen wollte, schwer sein, solchen Zustand nachzuweisen, daß er in gegenwärtiger Zeit existiere oder in der Vergangenheit irgendwo existiert habe. Zustände der Wildheit kann man freilich nachweisen, aber sie zeigen sich mit den Leidenschaften der Roheit und Gewalttaten verknüpft und selbst sogleich, wenn sie auch noch so unausgebildet sind, mit gesellschaftlichen, sogenannten für die Freiheit beschränkenden Einrichtungen verbunden. Jene Annahme ist eines von solchen nebulosen Gebilden, wie die Theorie sie hervorbringt, eine aus ihr fließende notwendige Vorstellung, welcher sie dann auch eine Existenz unterschiebt, ohne sich jedoch hierüber auf geschichtliche Art zu rechtfertigen.*

Man pflegt die Geschichte mit einem Naturzustande anzufangen, dem Stande der Unschuld. Nach unserm Begriffe von Geist ist dieser erste Zustand des Geistes ein Zustand der Unfreiheit, worin der Geist als solcher nicht wirklich ist. Es liegt der andern Ansicht ein Mißverständnis zugrunde. Bezeichnet das Wort Natur das Wesen, den Begriff einer Sache, dann ist der Naturzustand, das Naturrecht der Zustand, das Recht, das dem Menschen nach seinem Begriffe, nach dem Begriffe des Geistes zukommen soll. Dies aber darf nicht verwechselt werden mit dem, was der Geist in seinem natürlichen Zustande ist; dieser ist der Zustand der Unfreiheit und sinnlichen Anschauung: Exeundum est e statu naturae (Spinoza). Wir fangen deshalb auch nicht mit den Traditionen an, die sich auf den ursprünglichen Zustand der Menschen beziehen, wie z. B. die mosaischen, sondern berühren sie bei dem Zeitpunkte, wo die darin liegende Prophezeiung in Erfüllung ging. Da erst hat sie historische Existenz; vorher war sie noch gar nicht in die Bildung der Völker aufgenommen.

Wie wir solchen Naturzustand in der Existenz empirisch finden, so ist er auch seinem Begriffe nach. Die Freiheit als Idealität des Unmittelbaren und Natürlichen ist nicht als ein Unmittelbares und Natürliches, sondern muß vielmehr erworben, erst gewonnen werden, und dies durch eine unendliche Vermittelung der Zucht des Wissens und des Wollens. Daher ist der Naturzustand vielmehr der Zustand des Unrechts, der Gewalt, des ungebändigten Naturtriebs, unmenschlicher Taten und Empfindungen. Es findet allerdings Beschränkung durch die Gesellschaft und den Staat statt, aber eine Beschränkung jener stumpfen Empfindungen und rohen Triebe, wie weiterhin auch des reflektierten Beliebens und der aus der Bildung hervorgehenden Bedürfnisse, der Willkür und Leidenschaft. Dieses Beschränken fällt in die Vermittlung, durch welche das Bewußtsein und das Wollen der Freiheit, wie sie wahrhaft, d. i. vernünftig und nach ihrem Begriffe ist, erst hervorgebracht wird. Nach ihrem Begriffe gehört ihr das Recht und die Sittlichkeit an, und diese sind an und für sich allgemeine Wesenheiten, Gegenstände und Zwecke, welche nur von der Tätigkeit des von der Sinnlichkeit sich unterscheidenden und ihr gegenüber sich entwickelnden Denkens gefunden und wieder dem zunächst sinnlichen Willen, und zwar gegen ihn selbst eingebildet und einverleibt werden müssen. Dies ist der ewige Mißverstand, von der Freiheit nur in formellem, subjektivem Sinne zu wissen, abstrahiert von jenen ihren schlechthin wesentlichen Gegenständen und Zwecken; so wird der Trieb, die Begierde, die Leidenschaft, welche nur einen dem partikulären Individuum als solchem angehörigen Inhalt ausmachen, die Willkür und das Belieben für die Freiheit, und deren Beschränkung für eine Beschränkung der Freiheit genommen. Vielmehr ist solche Beschränkung schlechthin die Bedingung, aus welcher die Befreiung hervorgeht; und Gesellschaft und Staat sind diese Zustände, in welchen die Freiheit vielmehr verwirklicht wird.

Zweitens ist eine andere Vorstellung zu erwähnen, welche gegen die Ausbildung überhaupt des Rechts zur gesetzlichen Form geht. Der p a t r i a r c h a l i s c h e *Zustand wird entweder für das Ganze oder wenigstens für einige einzelne Zweige als* [a]*) das Verhältnis angesehen, in welchem mit dem rechtlichen zugleich das sittliche und gemütliche Element seine Befriedigung finde und die Gerechtigkeit selbst nur in Verbindung mit diesen auch ihrem Inhalte nach wahrhaft ausgeübt werde. Dem patriarchalischen Zustande liegt das Familienverhältnis zugrunde, welches die allererste Sittlichkeit [ausdrückt], zu der die des Staats die zweite, mit Bewußtsein entwickelte, ist. Das patriarchalische Verhältnis ist der Zustand eines Übergangs, in welchem die Familie bereits zu einem Stamme oder Volke gediehen ist und das Band daher bereits aufgehört hat, nur ein Band der Liebe und des Zutrauens zu sein, und zu einem Zusammenhange des* D i e n s t e s *geworden ist. — Es ist zunächst die* F a m i l i e n*sittlichkeit anzugeben. Die Familie ist nur eine Person; die Mitglieder derselben haben ihre Persönlichkeit (damit das Rechtsverhältnis, wie auch die fernern partikulären Interessen und Selbstsüchtigkeiten) entweder gegeneinander aufgegeben (die Eltern) oder dieselbe noch nicht erreicht (die Kinder, die zunächst noch in dem vorhin angeführten Naturzustande sind). Sie sind damit in einer Einheit des*

a) Ms.: für

Gefühls, in der Liebe, dem Zutrauen, Glauben gegeneinander; in der Liebe hat ein Individuum das Bewußtsein seiner in dem Bewußtsein des andern, ist sich entäußert, und in dieser gegenseitigen Entäußerung hat es sich ebensosehr das Andere, wie sich selbst als mit dem Andern eines gewonnen. Die weitern Interessen der Bedürfnisse, der äußern Angelegenheiten des Lebens, wie die Ausbildung innerhalb ihrer selbst in Ansehung der Kinder machen einen gemeinsamen Zweck aus. Der Geist der Familie, die Penaten sind ebenso ein substanzielles Wesen als der Geist eines Volkes im Staate, und die Sittlichkeit besteht in beiden, in dem Gefühle, dem Bewußtsein und dem Wollen nicht der individuellen Persönlichkeit und Interessen. Aber diese Einheit ist in der Familie wesentlich eine empfundene, innerhalb der Naturweise stehenbleibende. Die Pietät der Familie ist von dem Staate aufs höchste zu respektieren; durch sie hat er zu seinen Angehörigen solche Individuen, die schon als solche für sich sittlich sind (denn als Personen sind sie dies nicht), und die für den Staat die gediegene Grundlage mitbringen, sich als eins mit einem Ganzen zu empfinden. Die Erweiterung der Familie aber zu einem patriarchalischen Ganzen geht über das Band der Blutsverwandtschaft, die Naturseite der Grundlage hinaus, und jenseits dieser müssen die Individuen in den Stand der Persönlichkeit treten.

Das patriarchalische Verhältnis in seinem weitern Umfang zu betrachten, würde namentlich auch dahin führen, die Form der Theokratie zu erwägen; das Haupt des patriarchalischen Stammes ist auch der Priester desselben. Wenn die Familie noch überhaupt nicht von der Gesellschaft und dem Staate geschieden ist, so ist auch die Abtrennung der Religion von ihr noch nicht geschehen, und um so weniger, als ihre Pietät selbst eine Innerlichkeit des Gefühles ist.

Allerdings finden sich solche Zustände in der Welt; auch entstehen Staaten zum Teil aus der Verbindung von Familien. Die Familie ist auch ein sittliches Ganze; aber hier ist die Liebe als solche die Weise, wie der Geist vorhanden ist. Auch hier weiß jedes Glied sich als Glied des Ganzen; es arbeitet nicht selbstsüchtig für sich, sondern für die ganze Familie. Aber der Geist des Staates ist von dieser Sittlichkeit, dem Geiste der Penaten, verschieden. Er ist der Geist nicht in der Form der Liebe, der Empfindung, sondern des Bewußtseins, des Wollens und Wissens. Der Staat hat dies Allgemeine als eine Naturwelt vor sich; die Sitten erscheinen als eine unmittelbare Weise des sittlichen Seins. Aber zu einem Staate gehören Gesetze, und das heißt, daß die Sitte nicht bloß in der unmittelbaren Form, sondern in der Form des Allgemeinen als Gewußtes da ist. Daß dies Allgemeine gewußt wird, macht das Geistige des Staates aus. Das Individuum gehorcht den Gesetzen und weiß, daß es in diesem Gehorsam seine Freiheit hat; es verhält sich also darin zu seinem eigenen Willen. So ist hier gewollte und gewußte Einheit. In dem Staate ist also die Selbstständigkeit der Individuen vorhanden; denn sie sind Wissende, d. h. sie setzen ihr Ich dem Allgemeinen gegenüber. In der Familie ist diese Selbständigkeit nicht vorhanden; es ist ein Naturtrieb, der ihre Mitglieder bindet. Erst im Staate sind sie als in sich reflektiert da. Im Staate tritt diese Trennung ein, daß, was den Individuen gegenständlich ist, ihnen gegenübergesetzt ist und sie ihre Selbständigkeit dagegen haben. Dies ist das Moment der Vernünftigkeit, daß der Staat ein in sich Konkretes ist.

Näher ist zu betrachten die weitere Bestimmung des Volksgeistes, wie er sich in sich unterscheidet, die Erscheinung, aber die wesentlich notwendige, worin der Geist eben als sich betätigend ist, als sich selbst bestimmend: dadurch ist er Geist überhaupt. Wir haben, wenn wir von einem Volke sprechen, die Mächte zu explizieren, in denen sein Geist sich besondert. Diese besondern Mächte sind die Religion, Verfassung, Rechtssystem mit dem bürgerlichen Rechte dazu, Industrie, Gewerbewesen, Künste und Wissenschaft und die militärische Seite, die Seite der Tapferkeit, wodurch das eine Volk sich von dem andern unterscheidet. In unsere allgemeine Betrachtung gehört vorzugsweise der Zusammenhang dieser unterschiedenen Momente. Alle Seiten, die sich in der Geschichte eines Volkes hervortun, stehen in der engsten Verbindung. Die Geschichte eines Volkes ist nichts anderes, als daß es den Begriff, den der Geist von sich hat, ausprägt in den verschiedenen Sphären, in denen er sich überhaupt ergeht. Das heißt, sein Staat, Religion, Kunst, sein Recht, sein Verhältnis zu andern Nationen — alles das sind die Seiten, in denen der Begriff des Geistes von sich selbst sich realisiert, worin der Geist dazu kommt, sich zu sehen, sich zu wissen als eine vorhandene Welt, sich vor sich zu haben so, wie der Künstler den Trieb hat, sein Wesen vor sich zu haben und in seinem Werke sich selbst zu genießen. Zu den Produkten des Volksgeistes gehört, wie gesagt, sowohl seine Religion usf.; es gehören dazu seine Schicksale selbst und seine Taten: sie sind nichts anderes als der Ausdruck dieses seines Begriffs. Die Religion eines Volkes, seine Gesetze, seine Sittlichkeit, der Zustand der Wissenschaften, der Künste, der Rechtsverhältnisse, seine sonstige Geschicklichkeit, Industrie, seine physischen Bedürfnisse zu befriedigen, seine ganzen Schicksale und Verhältnisse zu seinen Nachbarn in Krieg und Frieden, alles das steht in innigstem Zusammenhang. Es ist dies ein Gesichtspunkt, den besonders M o n t e s q u i e u festhält und geistreicher Weise auszubilden und darzustellen gesucht hat. Er ist in vielfacher Beziehung sehr wichtig, so z. B. daß indische Religion unverträglich ist mit der geistigen Freiheit der Europäer, und Staatsverfassungen, die oft voneinander weit entfernt sind, selbst unverträglich sind mit einer andern Religion. Andererseits ist es ein sehr abgedroschener Satz. Gewöhnlich gebraucht man eine große Menge von Ausdrücken auf diese Weise und füllt mit ihnen Seiten und Bücher, ohne daß sie einen wirklichen Inhalt haben. Es gibt Völker, bei denen manche Künste sich in hoher Vollkommenheit finden, wie die Chinesen und Inder. Jene erfanden das Pulver, wußten es aber nicht zu gebrauchen; bei diesen hat die Poesie herrliche Blüten hervorgebracht, ohne daß sie in der Kunst, der Freiheit, dem Rechte vorgeschritten wären. Wollte man nun oberflächlich aus jenen besondern Produktionen urteilen, daß ihre Bildung in allen Stücken sich gleich gewesen sein sollte, so würde sich zeigen, wie sehr jener allgemeine Satz mißverstanden werden kann. Worauf es ankommt, ist die Bestimmung, was für ein Zusammenhang wirklich vorhanden sei. Es ist jedoch diese Seite nicht beachtet worden, gleich als ob die verschiedenen Bestimmungen nur überhaupt im Zusammenhange wären; aber es ist e i n Prinzip, das ihnen zugrunde liegt, der Geist einer Bestimmtheit, der die Seiten ausfüllt. Dies Prinzip eines Volkes ist sein Selbstbewußtsein, die wirkende Kraft in den Schicksalen der Völker. Die Seiten der Bildung eines Volkes sind die Beziehungen des Geistes zu sich selbst; er selbst gestaltet die Völker, und indem wir ihn erkennen, können wir erst diese Beziehungen kennen. Ebenso muß das Substanzielle des Volksgeistes als der Hermes betrachtet werden, der die Seelen der Unterwelt zuleitet, der Leiter und Führer für alle Individuen des Volkes. Dies ist der Inhalt der Vorstellung, daß es wichtig ist, die Individuen vor sich zu haben.

Die Lebendigkeit des Staates in den Individuen ist die Sittlichkeit genannt worden. Der Staat, seine Gesetze, seine Einrichtungen sind ihre; es sind ihre Rechte, ihr auch äußerliches Eigentum in seiner Natur, seinem Boden, Bergen, Luft und Gewässern als ihr Land, ihr Vaterland. Die Geschichte dieses Staats, ihre Taten und die Taten ihrer Vorfahren sind ihre, leben in ihrer Erinnerung, haben das hervorgebracht, was dermalen ist, gehören ihnen. Alles ist ihr Besitz ebenso, wie sie von ihm besessen werden; denn es macht ihre Substanz, ihr Sein aus. Ihre Vorstellung ist damit erfüllt, und ihr Wille ist das Wollen dieser Gesetze und dieses Vaterlandes. Frägt man einen Engländer, so wird jeder von sich und seinen Mitbürgern sagen, sie seien die, die Ostindien und das Weltmeer beherrschen, den Welthandel besitzen, Parlament und Geschworenengerichte haben usf. Diese Taten machen das Selbstgefühl des Volkes aus. *Es ist diese geistige Gesamtheit, welche ein Wesen, der Geist eines Volkes ist. Weil es geistig ist, alle seine Bestimmungen in eine einfache Wesenheit befassend, muß sich dies fixieren als eine Macht, ein Wesen; Athene z. B. hat die doppelte Bedeutung; [sie ist die Stadt selbst in ihrer Gesamtheit und die Göttin als der Geist dieser Gesamtheit]. Ihm gehören die Individuen an; jeder einzelne ist der Sohn seines Volkes und zugleich, insofern sein Staat in Entwicklung begriffen ist, der Sohn seiner Zeit; keiner bleibt hinter derselben zurück, noch weniger überspringt er dieselbe. Dies geistige Wesen ist das seinige, er ist ein Repräsentant desselben; es ist das, woraus er hervorgeht, und worin er steht.*

Dies macht die Objektivität in jedem aus; alles andere ist formell.

Dieser Geist eines Volks ist ein b e s t i m m t e r *Geist, und, wie soeben gesagt, auch nach der geschichtlichen Stufe seiner Entwicklung bestimmt. Dieser Geist macht dann die Grundlage und den Inhalt in den andern Formen des Bewußtseins seiner aus, die angeführt worden sind.* Denn der Geist in seinem Bewußtsein von sich muß sich gegenständlich sein, und die Objektivität enthält unmittelbar das Hervortreten von Unterschieden, die als Totalität der unterschiedenen Sphären des objektiven Geistes überhaupt sind, so wie die Seele nur ist, insofern sie als System ihrer Glieder ist, welche in ihre einfache Einheit sich zusammennehmend die Seele produzieren. *Er ist* e i n e *Individualität, die in ihrer Wesentlichkeit, als das Wesen, als der Gott, vorgestellt, verehrt und genossen wird, — in der* R e l i g i o n, *— als Bild und Anschauung dargestellt wird, in der* K u n s t, *— und im Gedanken erkannt und begriffen wird, in der* P h i l o s o p h i e. *Um der ursprünglichen Dieselbigkeit ihrer Substanz, ihres Inhalts und Gegenstandes willen sind die Gestaltungen in unzertrennlicher Einheit mit dem Geiste des Staats; nur mit dieser Religion kann* d i e s e *Staatsform vorhanden sein, sowie in diesem Staate nur diese Philosophie und diese Kunst.*

Diese Bemerkung ist vornehmlich wichtig in Ansehung der Torheit unserer Zeiten, Staatsverfassungen unabhängig von der Religion erfinden und ausführen zu wollen. Die katholische Religion, obgleich mit der protestantischen gemeinschaftlich innerhalb der christlichen Religion, läßt die innere Gerechtigkeit und Sittlichkeit des Staates nicht zu, die in der Innigkeit des protestantischen Prinzips liegt. Jenes Losreißen des Staatsrechtlichen, der Verfassung, ist um der Eigentümlichkeit jener Religion willen, die das Recht und die Sittlichkeit nicht als a n s i c h *seiend, als substanziell anerkennt, notwendig; aber so losgerissen von der Innerlichkeit, von dem letzten Heiligtum des Gewissens, dem stillen Orte, wo die Religion ihren Sitz hat, kommen die staatsrechtlichen Prinzipien und Einrichtungen ebensowohl nicht zu einem wirklichen Mittelpunkte, als sie in der Abstraktion und Unbestimmtheit bleiben.*

Wir haben die zwei Momente aufgestellt, das eine: die Idee der Freiheit als der absolute Endzweck, das andre: das Mittel derselben, die subjektive Seite des Wissens und des Wollens mit ihrer Lebendigkeit, Bewegung und Tätigkeit. Wir haben den Staat als das sittliche Ganze und die Realität der Freiheit und damit als die objektive Einheit dieser beiden Momente erkannt. Denn wenn wir auch für die Betrachtung beide Seiten unterscheiden, so ist wohl zu bemerken, daß sie genau zusammenhängen, und daß dieser Zusammenhang in jeder von beiden liegt, wenn wir sie einzeln untersuchen. Die Idee haben wir einerseits in ihrer Bestimmtheit erkannt als die sich wissende und sich wollende Freiheit, die nur sich zum Zweck hat: das ist zugleich der einfache Begriff der Vernunft und ebenso das, was wir Subjekt genannt haben, das Selbstbewußtsein, der in der Welt existierende Geist. Betrachten wir nun anderseits die Subjektivität, so finden wir, daß das subjektive Wissen und Wollen das Denken ist. Indem ich aber denkend weiß und will, will ich den allgemeinen Gegenstand, das Substanzielle des an und für sich Vernünftigen. Wir sehen somit eine Vereinigung, die an sich ist, zwischen der objektiven Seite, dem Begriffe, und der subjektiven Seite. Die objektive Existenz dieser Vereinigung ist der Staat, welcher somit die Grundlage und der Mittelpunkt der andern konkreten Seiten des Volkslebens ist, der Kunst, des Rechts, der Sitten, der Religion, der Wissenschaft. Alles geistige Tun hat nur den Zweck, sich dieser Vereinigung bewußt zu werden, d. h. seiner Freiheit. Unter den Gestalten dieser gewußten Vereinigung steht die Religion an der Spitze. In ihr wird der existierende, der weltliche Geist sich des absoluten Geistes bewußt, und in diesem Bewußtsein des an und für sich seienden Wesens entsagt der Wille des Menschen seinem besondern Interesse; er legt dieses auf die Seite in der Andacht, in welcher es ihm nicht mehr um Partikuläres zu tun sein kann. Durch das Opfer drückt der Mensch aus, daß er seines Eigentums, seines Willens, seiner besondern Empfindungen sich entäußere. Die religiöse Konzentration des Gemüts erscheint als Gefühl, jedoch tritt sie auch in das Nachdenken über: der Kultus ist eine Äußerung des Nachdenkens. Die zweite Gestalt der Vereinigung des Objektiven und Subjektiven im Geiste ist die Kunst: sie tritt mehr in die Wirklichkeit und Sinnlichkeit als die Religion; in ihrer würdigsten Haltung hat sie darzustellen; zwar nicht den Geist Gottes, aber die Gestalt des Gottes, dann Göttliches und Geistiges überhaupt. Das Göttliche soll durch sie anschaulich werden, sie stellt es der Phantasie und der Anschauung dar. — Das Wahre gelangt aber nicht nur zur Vorstellung und zum Gefühl wie in der Religion, und zur Anschauung wie in der Kunst, sondern auch zum denkenden Geist; dadurch erhalten wir die dritte Gestalt der Vereinigung, — die Philosophie. Diese ist insofern die höchste, freieste und weiseste Gestaltung.

Der an und für sich seiende Inhalt des Staates ist der Geist des Volkes selbst. Der wirkliche Staat ist von diesem Geiste beseelt; aber es ist im wirklichen Staate um bestimmte Interessen, besondere Angelegenheiten, Kriege, Institutionen usf. zu tun. Doch muß der Mensch nicht bloß von diesen wissen, sondern darin auch von sich selbst und sich das ausdrückliche Bewußtsein der Einheit mit dem allgemeinen Geiste geben, die ursprünglich vorhanden ist. Der wirkliche Geist dieses Bewußtseins, der Mittelpunkt dieses Wissens, ist die Religion. Sie ist die erste Weise des Selbstbewußtseins, das geistige Bewußtsein des Geistes des Volkes selbst, des allgemeinen, des an und für sich seienden Geistes nach der Bestimmung, die er sich in dem Geiste eines Volkes gibt, das Bewußtsein dessen, was das Wahre ist, in seiner lautersten, ungeteiltesten Bestimmung. Was weiter als Wahres bestimmt ist, gilt mir, insofern es seinem Prinzip in der Religion gemäß ist. Die Religion, die Vorstellung von Gott, macht insofern die allgemeine Grenze, die Grundlage des Volkes aus. Die Religion ist der Ort, wo ein Volk sich die Definition dessen gibt, was es für das Wahre hält. Die Definition von einem Gegenstande, Gesetze, enthält alles, was zum Gegenstande nach der Wesentlichkeit desselben in sich gehört; sie ist das Ganze des Gegenstandes, seine Natur, zurückgebracht auf eine einfache Gedankenbestimmung, aus der sich das Einzelne dann, sagt man, erklären ließe, so daß sie die Seele alles Besondern ausmacht. So folgern wir aus den Gesetzen der Bewegung der himmlischen Körper alle ihre besondern Stellungen.

Die Religion ist das Bewußtsein eines Volkes von dem, was es ist, von dem Wesen des Höchsten. Dies Wissen ist das allgemeine Wesen. So wie ein Volk sich Gott vorstellt, so stellt es sich auch seine Beziehung zu Gott oder so stellt es sich selber vor; so ist die Religion auch Begriff des Volkes von sich. Ein Volk, das die Natur für seinen Gott hält, kann kein freies Volk sein; erst dann, wenn es Gott für einen Geist über der Natur hält, wird es selbst Geist und frei. Bei der Betrachtung der geistigen Religion kommt es dann darauf an, ob sie das Wahre, die Idee nur in ihrer Trennung oder in ihrer wahren Einheit kenne, — in ihrer Trennung: Gott als abstrakt höchstes Wesen, Herr des Himmels und der Erde, der drüben jenseits und aus dem die menschliche Wirklichkeit ausgeschlossen ist, — in ihrer Einheit: Gott als Einheit des Allgemeinen und Einzelnen, indem in ihm auch das Einzelne positiv angeschaut wird, in der Idee der Menschwerdung. In der göttlichen Idee ist das Sein der Einheit, der Allgemeinheit des Geistes und des seienden Bewußtseins; es ist darin gesagt, daß das Endliche mit dem Unendlichen vereint sei. Wo beide getrennt sind, herrscht die Unendlichkeit des Verstandes. In der christlichen Religion ist die göttliche Idee so als die Einheit der göttlichen und menschlichen Natur offenbart. Dies ist die wahrhafte Idee der Religion. Zu ihr gehört der Kultus; dieser ist nichts anderes, als daß sich das einzelne Bewußtsein diese Einheit seiner mit dem Göttlichen verschafft. Der Verstand der neuern Zeit hat Gott zu einem Abstraktum gemacht, zu einem Jenseits des menschlichen Selbstbewußtseins, zu einer glatten, eisernen Mauer, an der sich der Mensch nur den Kopf zerstoße. Die Vernunft aber hat ganz andere Ideen als die Abstraktionen des Verstandes.

Der Gegenstand der Religion ist das Wahre, die Einheit des Subjektiven und des Objektiven. In der bestimmten Religion wird aber häufig das Absolute von dem Endlichen wieder getrennt, auch wo jenes vielleicht schon Geist heißt; es bleibt aber dann beim leeren Namen. So ist es bei den Juden, Mohammedanern, der heutigen Verstandesreligion, die in dieser Beziehung zur türkischen Vorstellung übergegangen ist. Dies abstrakte Allgemeine kann zwar auch bloß als Naturwerk in elementarischer Weise vorgestellt werden, z. B. als das Feuer; es kann aber auch als geistiges Allgemeines vorgestellt werden wie bei den Juden. Wenn der Mensch das Allgemeine als Natur vorstellt, so ist das Pantheismus. Aber darin ist kein Inhalt. Gott, das Subjekt, verschwindet, weil es nicht mehr unterschieden wird. Die andere Weise ist die Einheit Gottes und der Welt. Hieher gehört die Inkarnation bei den Indern, hieher die griechische Kunst, hieher in viel reinerm Sinne die christliche Religion, wo die Einheit der göttlichen und menschlichen Natur in Christus erscheint. Dies ist eine Inkarnation, die nicht in anthropomorphischer Weise und der Gottheit unwürdig dargestellt ist, sondern so, daß sie zur wahren Idee Gottes leitet.

In der Religionsphilosophie ist näher die Seite der Fortbildung des religiösen Bewußtseins über das, was das Wesen des Geistes ist, aufzuzeigen; darüber haben wir uns hier zu beschränken. Denn wir haben es hier ebenso wesentlich mit den andern Seiten, den weitern Formen zu tun, in die sich der Geist eines Volkes unterscheidet. Der wirkliche Geist dieses Bewußtseins ist die Religion; Kunst und Wissenschaft können für Seiten, Formen desselben gehalten werden. Kunst hat mit Religion einen Inhalt; nur ist ihr Element die sinnliche Anschauung. Die Wissenschaft κατ' ἐξοχὴν, die Philosophie, handelt auch denselben Gegenstand ab, aber im Elemente des Gedankens. Die andern Wissenschaften haben nicht absoluten Inhalt und stehen für den Staat unter dem endlichen Inhalt, der sich auf die Bedürfnisse bezieht. In der Religion also spricht sich das Prinzip eines Volkes auf das Einfachste aus, wie auf der Religion die ganze Existenz des Volkes beruht.

Nach dieser Seite steht die Religion in engstem Zusammenhange mit dem Staatsprinzip. Sie ist Vorstellung des Geistes des Staats in unbedingter Allgemeinheit, aber so, daß der wirkliche, der vorstellende Geist darin alle äußerlichen Zufälligkeiten von sich abgestreift hat. Die bewußte Freiheit ist nur, wo jede Individualität als positiv im göttlichen Wesen gewußt und die Subjektivität im göttlichen Wesen selbst angeschaut wird. Diese gewußte Freiheit ist bei den Griechen und entwickelter in der christlichen Welt. In dieser Rücksicht sagt man mit Recht, der Staat beruhe auf Religion. Der Zusammenhang ist nämlich dieser, daß das weltliche Sein ein zeitliches, in einzelnen Interessen sich bewegendes, hiemit ein relatives und unberechtigtes ist, daß es Berechtigung erhält, nur insofern die allgemeine Seele desselben, das Prinzip absolut berechtigt ist; und dies wird es nur so, daß es als Bestimmtheit und Dasein des Wesens Gottes gewußt wird. Deswegen ist es, daß der Staat auf Religion beruht. Das Prinzip des Staats muß das unmittelbar Berechtigte sein; die endlichen Interessen sind dagegen etwas Relatives. Die absolute Berechtigung des allgemeinen Prinzips ist, daß es gewußt werde als Moment, als Bestimmung der göttlichen Natur selbst. Das Prinzip des Staats also, das Allgemeine, das er fordert, wird gewußt als Absolutes, als Bestimmung des göttlichen Wesens selbst. Daß der Staat auf Religion beruhe, hören wir in unsern Zeiten oft wiederholen, und es wird meist nichts weiter damit gemeint, als daß die Individuen, als gottesfürchtige, um so geneigter und bereitwilliger seien, ihre Pflicht zu tun, weil Gehorsam gegen Fürst und Gesetz sich so leicht anknüpfen läßt an die Gottesfurcht. Freilich kann die Gottesfurcht, weil sie das Allgemeine über das Besondere erhebt, sich auch gegen das letztere kehren, fanatisch werden und gegen den Staat, seine Gebäulichkeiten und Einrichtungen verbrennend und zerstörend wirken. Die Gottesfurcht soll darum auch, meint man, besonnen sein und in einer gewissen Kühle gehalten werden, daß sie nicht gegen das, was durch sie beschützt und erhalten werden soll, aufstürmt und es wegflutet. Die Möglichkeit dazu hat sie wenigstens in sich.

Indem man nun die richtige Überzeugung gewonnen, daß der Staat auf der Religion beruhe, so gibt man der Religion die Stellung, als ob der Staat vorhanden wäre und Religion nicht, und nunmehr, um denselben zu halten, die Religion in ihn hineinzutragen sei, in Eimern und Scheffeln, um sie den Gemütern einzuprägen. Es ist ganz richtig, daß die Menschen zur Religion erzogen werden müssen, aber nicht als zu etwas, das noch nicht ist. Der Mensch wird zu dem erzogen, was ist, und nicht zu dem, was nicht ist. Denn, wenn zu sagen ist, daß der Staat sich gründet auf die Religion, daß er seine Wurzeln in ihr hat, so heißt das wesentlich, daß er aus ihr hervorgegangen ist und jetzt und immer aus ihr hervorgeht: der bestimmte Staat aus der bestimmten Religion;

die Prinzipien des Staates müssen, wie gesagt, als an und für sich geltend betrachtet werden, und sie werden dies nur, insofern sie als Bestimmungen der göttlichen Natur selbst gewußt sind. Wie daher die Religion beschaffen ist, so der Staat und seine Verfassung; er ist wirklich aus der Religion hervorgegangen und zwar so, daß der athenische, der römische Staat nur in dem spezifischen Heidentum dieser Völker möglich war, wie eben ein katholischer Staat einen andern Geist und andere Verfassung hat als ein protestantischer.

Sollte jenes Aufrufen, jenes Treiben und Drängen danach, die Religion einzupflanzen, ein Angst- und Notgeschrei sein, wie es oft so aussieht, worin sich die Gefahr ausdrückt, daß die Religion bereits aus dem Staate verschwunden sei oder vollends zu verschwinden im Begriff stehe, so wäre das schlimm, und schlimmer selbst, als jener Angstruf meint; denn dieser glaubt noch an seinem Einpflanzen und Inkulkieren ein Mittel gegen das Übel zu haben; aber ein so zu Machendes ist die Religion überhaupt nicht, ihr Sich-Machen steckt viel tiefer.

Der Staat hat mit der Religion dasselbe gemeinschaftliche Prinzip; sie kommt nicht von außen hinzu, um das Gebäude des Staates und das Betragen der Individuen, ihr Verhältnis zu ihm, von innen heraus zu regulieren, sondern sie ist die erste Innerlichkeit, die sich darin bestimmt und betätigt. Die Menschen müssen zur Religion erzogen, die Religion muß erhalten werden immerfort genau so, wie die Wissenschaft, Kunst gelehrt werden muß. Aber man muß sich dies Verhältnis nicht in der Weise vorstellen, als ob die Religion erst hinzukommen solle, sondern der Sinn ist, wie gesagt, der, daß der Staat bereits aus einer bestimmten Religion hervorgegangen ist, daß er mit der Religion dasselbe gemeinschaftliche Prinzip hat und daß er das politische, künstlerische und wissenschaftliche Leben darum hat, weil er die Religion hat.

Oberflächliche Einwendungen kann man leicht hiegegen machen. Man muß aber nicht das nächste Beste, was man ein Volk nennt, vornehmen, um zu sehen, ob in ihm dieser Zusammenhang zu finden sei. Sondern es müssen Staaten genommen werden, die sich zur Reife gebracht haben, und Völker, die zur vollständigen Ausbildung gediehen sind, nicht aber z. B. Völker von Hirten, deren Verfassung auch bei den verschiedensten Religionen dieselbe ist. In solchem unentwickelten Zustande ist nicht die Ausbildung vorhanden, an der erst die Bestimmtheit des Prinzips des Geistes eines Volkes sich wirklich macht und ebenso sich bestimmt zu erkennen gäbe. Ein solches ausgebildetes Volk hat alle die Sphären, Lebensweisen in sich vereinigt, die dann allerdings auch einzeln bestehen können, insofern sich ein Volk noch in einfacherm Zustande befindet, auch manche Völker nicht Selbständigkeit, Unabhängigkeit oder wenigstens dieser nicht ihre Verfassung und Macht zu verdanken haben. Teils sind solche Völker nicht zur reichen Ausbildung in sich selbst fortgegangen, teils haben sie nicht die Unabhängigkeit für sich. Athen hatte eine demokratische Verfassung, aber Hamburg etwa hat auch eine; die Religion ist in beiden Staaten höchst verschieden, die Verfassung das Gleiche. Hier scheinen die Instanzen zu liegen gegen das, was wir wesentlichen Zusammenhang der bestimmten Religion und bestimmten Verfassung genannt haben. Die Erscheinung aber erklärt sich so, daß in Hamburg das Kaufmännische überwiegend ist; die Stadt besteht dadurch unabhängig, aber nicht so wie ein großer europäischer Staat. Ebenso muß man nicht Völker betrachten, die äußere Fähigkeit haben, die aber noch nicht zur freien Entwicklung gekommen ist. Die nordamerikanischen Staaten haben vom Meere angefangen, mit dem Handel begonnen; sie dehnen sich nach innen aus, aber sie haben noch nicht die Ausbildung, die Reife, die nur den alten europäischen Staaten zukommt.

Die Religion also muß betrachtet werden als notwendig übergehend in Verfassung, weltliches Regiment, weltliches Leben. Das allgemeine Prinzip ist in der Welt und muß so auch in dieser realisiert werden; denn es weiß von der Welt. Je tiefer das geistige Prinzip in sich hinabsteigt, je reiner daher die Religion ist, desto weniger kümmert es sich um die Welt; so ist es z. B. in der christlichen Religion. Insofern ist die Religion von der W e l t w e i s h e i t verschieden, daß jene Gleichgültigkeit gegen Ehre, Mut, Eigentum befiehlt, diese aber mehr an der Welt teilnimmt und nach Ehre strebt, Mut und Tapferkeit rühmt: es ist dies die Weltlichkeit. Die Religion kann sehr unfruchtbar sein; das ist eine bekannte Sache. Man sagt deshalb auch, die Religion müsse nicht nur im Kopfe des Menschen sein, sondern auch in seinem Herzen; zugleich aber müsse sein ganzes wirkliches Leben die Religion ausdrücken, er müsse wesentlich Sittlichkeit und Rechtlichkeit besitzen. Indessen wenn wir bei den Individuen die Vorstellung haben, es könne sein, daß sich das Prinzip der Wahrheit nicht in der Wirklichkeit auspräge, so bei den Völkern, daß dies nicht sein könne. Hier bildet sich das allgemeine Prinzip der Wahrheit hinein in die besondern Sphären des Lebens, so daß dieses als religiöses praktisches Bewußtsein von der Wahrheit durchdrungen wird. Die Erscheinung der Wahrheit in der besondern Sphäre ist es dann, was so als politische Verfassung, als Rechtsverhältnis, als Sittlichkeit überhaupt, als Kunst und Wissenschaft hervortritt. Der Geist — wir haben es schon öfter gesagt — muß sein Bewußtsein von sich realisieren; er muß sich gegenständlich sein. Er ist nur Geist, insofern er von sich weiß, sich objektiv ist. Die Objektivität aber enthält die Verendlichung und damit das Hervortreten von Unterschieden, die wie die besondern Glieder der Organisation gesetzt sind. Der Geist verhält sich zu seinem Gegenstande, und damit ist der Unterschied gesetzt; und da er sich zu sich verhält, sich auseinanderlegt und in den Gliedern die eine lebendige Seele ist, so ist er in sich seiner bewußt, er resultiert in sich als Ausdruck seiner besondern Teile in seiner besondern Sphäre. Der Geist kann nicht bloß als anfangend gefaßt werden; sondern er ist sich selbst hervorbringend, sein Zweck, sein Resultat, so daß das, was hervorkommt, nichts ist als das, was anfängt. Aber durch die Vermittelung der Objektivierung ist es, daß er sich die Wirklichkeit gibt. Religion als solche muß sich wesentlich verwirklichen; es muß sich eine Welt ausbilden, daß der Geist sich seiner bewußt werde, daß er ein wirklicher Geist sei.

Es kommt in der Religion wesentlich darauf an, inwiefern in ihr das Bewußtsein, das der Geist in sich hat von dem, was er in der Tat ist, wirklich enthalten sei. Wenn im Bewußtsein dessen, was der Geist ist, das Bewußtsein dessen enthalten ist, was die Wahrheit, was der Geist seinem Begriffe nach ist, dann sind alle Seiten seiner Existenz in Wahrheit gesetzt, haben damit die Bestimmung des Wahrhaften erhalten, — das aber kann nur in der wahrhaften Religion der Fall sein. Die andern Seiten müssen die religiöse Seite zu ihrer Grundlage haben, indem sie sonst unfruchtbar bleiben, weil sie nicht durch die Wahrheit bestimmt sind. Es gibt aber dann auch Seiten, die der Willkür überlassen sind und in die Wildheit fallen, die noch nicht zur Wahrheit gebracht ist. Unsere Betrachtung soll den Zweck haben, deutlich zu machen, wie die Religion Grundgepräge der besondern Sphären ist.

Es ist gesagt worden, daß die Religion als solche im Individuum sich oft unfruchtbar zeige; so muß hingegen das System der Lebendigkeit des Volks der Religion gemäß gebildet sein. Die Religion unterscheidet sich danach wesentlich, ob ihr Prinzip so ist, daß alles, was zum Begriff des Geistes gehört, im religiösen Prinzip ausgeglichen ist, sein eigenes bestimmtes Prinzip erlangt hat. Wird der Geist nicht in seiner wahrhaften Tiefe erfaßt, so gibt es, wie erwähnt, Seiten im Leben eines Volkes, wo es unvernünftig, seiner Willkür preisgegeben ist oder auf irgend eine Weise sich unfrei verhält. So ist ein Mangel in der griechischen Religion oder im Prinzip des griechischen Geistes oder in dem Begriff, den der Geist sich als griechischer Geist von sich gemacht hat, daß die Griechen bei öffentlichen Angelegenheiten — Abschluß von Staatsverträgen — auch bei Privatangelegenheiten sich an Orakel haben wenden müssen. Dies ist so zu fassen, daß es eine wesentliche Seite im Geist betrifft, die sich aber auf eine verkehrte, unfreie Weise befriedigt hat, bevor noch diese Seite im substanziellen Prinzip der Religion ihre Stellung erhalten hat. So auch bei der mohammedanischen Religion. Der Fanatismus derselben hat ihre Bekenner getrieben, die Welt zu erobern, ist aber dazu unfähig, daß ein Staat sich zu einem gegliederten, organischen Staatsleben, einer gesetzlichen Ordnung für die Freiheit bilde. Wenn nun eine Religion wie das Christentum den absoluten Begriff des Geistes zu ihrem Prinzip hat, so ist nötig, daß durch den Begriff ihre Welt ausgebildet werde. Die Verarbeitung der Wirklichkeit nach jenem Prinzip ist eine lange Arbeit und hat nicht unmittelbar geschehen können; wir werden gleich im Anfange der christlichen Zeit den ungeheuren Widerspruch zwischen ihrem Prinzip und der Roheit und Wildheit finden, die im Anfang bei den christlichen Völkern bestand. —

Die Kunst, sowohl insofern sie sich bemüht, Material für die Bedürfnisse zu bearbeiten, wie insofern es ihr Bestreben ist, schöne Werke hervorzubringen, hängt mit der Bestimmtheit der Religion eng zusammen. Der Verstand kann keine Kunst haben oder höchstens die der Erhabenheit, wo die Gestalt so vergärt ist, daß das Individuum untergeht. Wo der Geist im Gegensatze zu dem Menschen als das Gestaltlose gefaßt ist, wie bei den Juden und Mohammedanern, bleibt für die bildende Kunst kein Platz. Was für das Wahre gilt, leidet da keine Gestaltung; seine Weise, festgehalten zu werden, soll keine äußerliche Gestaltung sein. Die Phantasie ist hier nicht das Organ dafür, das aufzufassen, was für den Geist wahrhaft Geltung hat. Die Kunst aber ist wesentlich schöne Kunst; sie hat deshalb da vorhanden sein müssen, wo die Phantasie, das Gestalten, das höchste Organ ist, wo Gott nicht als allgemeiner Geist gewußt wird. So hat sie bei den Griechen stattfinden müssen, wo die göttliche Allgemeinheit in der Form der natürlichen Subjektivität angeschaut wurde. In solchem Volk ist es notwendig, das Allgemeine, das Göttliche in der sinnlichen Anschauung zu fassen und darzustellen. Ebenso hat die christliche Religion wesentlich auch Kunst, weil ihr das Göttliche nicht das Abstrakte des Verstandes ist. Doch kann bei uns nicht wie bei den Griechen die Kunst die höchste Weise sein, in der das Wahre vorgestellt und gefaßt wird, und kann nur untergeordnete Stellung haben. Die Gestaltung, die nur durch die Kunst gegeben wird, hat für uns keine unbedingte Wahrheit, ist nicht die Form, in der das erschiene, was absolut ist. Die Gestaltung in der Kunst ist nur ein Endliches, ein dem unendlichen Inhalt, der dargestellt werden soll, Unangemessenes.

Die Wissenschaften nähern sich am meisten der Religion; sie haben zwar den mannigfaltigsten Inhalt, der oft nur eine Sammlung von Kenntnissen bildet; aber für die Wissenschaften überhaupt gilt wenigstens das Prinzip des Denkens, Erkennens. Sie sind nützlich für alle Seiten der Wirklichkeit; so ist auch die Religion, der Staat, das Recht nützlich, — das Wahre dient auch andern Zwecken. So kann man auch sagen, daß Gott nützlich sei; es ist ein profaner, unangemessener Ausdruck: seine Nützlichkeit ist seine Güte, daß er anderes selbständig freiläßt, sich ihm hingibt. Wesentlich aber sind die Wissenschaften nicht nach dieser untergeordneten Seite der Nützlichkeit zu betrachten; sie sind wie die Religion Zweck an und für sich, für sich selbst ein letzter Zweck. Indem die Wissenschaften, und besonders die des freien Denkens, die Philosophie, dem Denken angehören, befinden sie sich in dem eigentümlichen Elemente und Boden des Geistes. Ein Volk erfaßt den Begriff, den es von sich und von der Wahrheit hat, durch das Denken in wissenschaftlicher, d. h. in der Form, die dem Begriffe des Geistes selbst entspricht. Fassen wir abstrakt das Tiefste des Geistes, so ist dies das Denken. Das Gegenständliche ist also hier der Natur des Geistes angemessen. Die Wissenschaften machen insofern den höchsten Kulminationspunkt in einem Volke aus; sein höchster Trieb ist, sich zu fassen und diesen seinen Begriff überall zu realisieren. Das Element, das am wichtigsten ist, ist nicht das physische Bedürfnis, es sei, wie es wolle, und nicht das formale Recht, sondern das Denken, die Intelligenz als solche. Die Blüte des Volkes ist freies, interesseloses, begierdeloses Bewußtsein; so ist es auch in der Kunst. Aber der Inhalt dieses Bewußtseins ist nicht in einem sinnlichen Elemente wie bei der Kunst, sondern das Material, in dem es seinen Begriff ausdrückt, ist das Denken. Einem Volke macht es Ehre, wenn es die Wissenschaften kultiviert. Insbesondere ist es die Wissenschaft der Philosophie, die den Inhalt denkt und begreift, der in der Religion in der Weise der Vorstellung, der sinnlichen und der geistigen, ist. Im Christentum drückt sich das so aus, daß man sagt: Gott hat seinen Sohn erzeugt. Damit ist kein Denkverhältnis, sondern ein natürliches ausgesprochen. Was nun in der Religion im Verhältnis der Lebendigkeit vorstellungsmäßig gefaßt ist, wird in der Wissenschaft auf begreifende Weise gefaßt, so daß der Inhalt derselbe ist, aber in seiner höchsten, lebendigsten, würdigsten Gestalt. Es ist die höchste Weise, wie ein Volk zum Bewußtsein der Wahrheit kommt, wie es das erfüllt, was die absolute Weise des Geistes ist. Ebenso deshalb verhält es sich mit der Philosophie innerhalb der Weltgeschichte wie mit der bildenden Kunst. Es kann konkrete Philosophie nur bei den Griechen und Christen geben; abstrakte findet sich auch bei den Orientalen, wo es aber eben nicht zur Einheit des Endlichen und Göttlichen kommt. —

Dieser idealen Weise gegenüber hat der Staat noch die andere Seite der Existenz nach dem Inhalt der äußern Erscheinung. Auch in diesen Inhalt scheint, welcher besondern Art er auch sein mag, doch auch das Allgemeine hinein.

Der erste Stoff dieser Art ist, was man zu den Sitten, Gebräuchen der Völker rechnet. Hierher gehört die *natürliche Sittlichkeit*, das *Familienverhältnis*; beides ist durch die Natur des Staates bestimmt, z. B. welcher Art die Ehe ist, Vielweiberei, Vielmännerei, Monogamie. In christlichen Staaten kann nur die Ehe bestehen, die ein Mann mit einem Weibe führt, weil nur da jede Seite ihr volles Recht erhält. Ferner gehört hierher das Verhältnis der Kinder zu den Eltern, insofern sie Sklaven sind oder freies Eigentum haben können. Die andere sittliche Weise betrifft mehr das Benehmen der Individuen gegeneinander auch bis dahin, wo es sich als Höflichkeit zeigt. Man bedenke nur den Unterschied der Höflichkeitsbezeigungen, wie sich der Europäer und wie sich der Asiate z. B. gegen seine Obern benimmt. Diese Gebräuche gehen auf die substanziellen Verhältnisse zurück und drücken die Gedanken aus, welche die Menschen über sie haben. Sie sind etwas Symbolisches, enthalten aber freilich auch viel Zufälliges; gar nicht alles hat darin Bedeutung.

Ein anderer Punkt auf der Seite des Erscheinens ist das praktische Verhalten des Menschen in Beziehung auf die Natur und in Rücksicht der Befriedigung seiner endlichen Bedürfnisse. Hieher gehört der *Gewerbfleiß*; er läßt die Art erkennen, wie sich die Menschen nach ihrer Abhängigkeit und Beziehung auf die Natur verhalten, ihre Bedürfnisse nach dieser Richtung befriedigen, um sich Genüsse nach dieser Seite zu verschaffen. Der natürliche Trieb, um den es sich dabei handelt, betrifft die Besonderheit des Menschen; die wesentliche Seite als solche, die Religion, Staatsverfassung steht deshalb mit dieser Sphäre in einem entferntern Verhältnis. Aber das allgemeine Prinzip des Geistes ist doch auch wesentlich wirksam nach der Art und Weise, wie der

Sinn des Volkes sich zum Gewerbfleiß, Industrie und Handel verhält. Diese Tätigkeit hat das zum Zwecke, daß das Individuum für sich selber sorge, seinen Fleiß, Verstand, Bemühung, Kunst anwende, sich das zu erwerben, was es für seine Bedürfnisse, die es übrigens ins Unendliche vermannigfaltigen und verfeinern kann, nötig hat. Dabei führt der Ackerbau die notwendige Abhängigkeit von der Natur mit sich. Was im eigentlichen Sinne Gewerbfleiß genannt wird, nimmt das rohe Material auf, um es zu bearbeiten, und findet seine Subsistenz in dem, was durch Verstand, Nachdenken, Industrie hervorgebracht wird. Dieser Zweig betrifft das Besondere; aber gerade im Besondern ist keine immanente Grenze. Da kann Anhäufung des Reichtums und Verfeinerung ins Ungemessene fortgehen. Nun ist es ein großer Unterschied, ob der Gewerbfleiß beschränkt, kastenmäßig gebunden ist, keine Erweiterung stattfinden kann, oder ob das Individuum ganz unbeschränkt ist und sich maßlos erweitern kann. Dieser Zustand setzt einen ganz andern Geist eines Volks, also auch eine ganz andere Religion und Verfassung voraus, als ein Zustand, wo zwar auch Fleiß nötig, aber das Feld seiner Betätigung ein für allemal abgeschlossen ist. — In dasselbe Gebiet gehören die Waffen der Menschen gegen Tiere und zum Angriff aufeinander, auch die Schiffe. Bei den Asiaten z. B. ist nach alter Sage das Eisen erfunden worden. Die Erfindung des Schießpulvers ist nicht als zufällig zu betrachten, sondern es hat gerade nur zu dieser Zeit und unter dieser Bildung erfunden und gebraucht werden können. Eine ganze Menge derartiger Gegenstände ist indessen auch von der bestimmten Art des Volksgeistes unabhängig, z. B. die des Luxus, die zu jeder Zeit und unter jeder Bildung etwa in gleicher Weise hervorgehen können.

Der dritte Punkt ist das Privatrecht, das Recht eben in Ansehung jener endlichen Bedürfnisse. Hier kommt die Entwickelung der persönlichen Freiheit zur Sprache, also daß die Sklaverei nicht stattfinden könne oder daß das Eigentum frei sei. Volle persönliche Freiheit, volles freies Eigentum können durchaus nur in Staaten von einem bestimmten Prinzip statthaben. Das Rechtsprinzip hängt eben mit dem allgemeinen Prinzip unmittelbar zusammen. In der christlichen Religion z. B. ist allgemeines Prinzip erstens, daß ein Geist, die Wahrheit, ist, zweitens, daß die Individuen unendlichen Wert haben, in die absolute Geistigkeit zu Gnaden aufgenommen werden sollen. Eine Folge davon ist, daß das Individuum in seiner Persönlichkeit unendlich, daß es als Selbstbewußtsein überhaupt, als frei anerkannt wird. Bei den orientalischen Religionen ist dies Prinzip nicht vorhanden, daß der Mensch als Mensch einen unendlichen Wert habe. Darum sind auch erst im Christentum die Menschen persönlich frei, d. h. fähig, Eigentum zu besitzen, und freies Eigentum.

Schließlich ist noch zu nennen die Wissenschaft des Endlichen. Mathematik, Naturgeschichte, Physik erfordern auch einen gewissen Standpunkt der Bildung. Erst wenn das Individuum innere Freiheit für sich gewonnen hat, läßt es das Objekt gewähren, verhält sich nicht mehr bloß nach der Begierde zu ihm, sondern theoretisch. Auch hier unterscheidet sich die antike und die neue Welt; denn jene hat dies Interesse an der Natur und ihren Gesetzen so nicht gekannt. Es gehört dazu eine höhere konkretere Sicherheit, eine Stärke des Geistes, sich mit den Gegenständen nach ihrer Endlichkeit zu beschäftigen. Daß der Geist zu dieser Abstraktion komme, dazu gehört eine höhere Intensität des Selbstbewußtseins.

Dies sind die Hauptsphären, in die der Geist, der sich zu einem Staate verwirklicht, sich unterscheidet. In einem ausgebildeten Staate, wo diese Seiten unterschieden, jede selbst zu ihrem Rechte gekommen sind, müssen sie sich in verschiedene Stände gliedern. Einesteils kann das Individuum teilnehmen an allen diesen Seiten, andernteils nimmt es notwendig teil an denselben, an Religion, Recht, Verfassung, Wissenschaft, wenigstens indirekt. Diese Sphären trennen sich andererseits in besondere Stände, denen die Individuen zugeteilt werden; diese machen das aus, was der Beruf des Individuums ist. Denn die Unterschiede, die sich in diesen Seiten finden, müssen sich in besondere Sphären und zu eigentümlichen Geschäften gestalten. Darauf beruht der Unterschied der Stände, die sich in einem organisierten Staate finden. Denn ein organisches Ganze ist der Staat, und in ihm sind diese Gliederungen notwendig wie im Organismus. So ist er ein organisches Ganzes, das sittlicher Art ist.

Das Freie ist nicht neidisch; es gesteht seinen Momenten zu, sich zu konstruieren, und das Allgemeine behält doch die Kraft, diese Bestimmungen in der Einheit mit sich zu erhalten.

d) [Seine Wirklichkeit]

Die bisher erwähnten Punkte haben abstrakte Momente betroffen, die bei dem Begriffe des Staats vorkommen. Demselben nun aber Ausführung geben und Einrichtungen treffen, daß, was innerhalb des Staates geschieht, ihm gemäß sei, dies geschieht durch die V e r f a s s u n g. [Man hält es wohl für] überflüssig, daß ein Volk eine Verfassung habe, [und meint, seine Staatsform] versteht sich von selbst. [Das heißt] nur: Verfassungslosigkeit wird auch vorgestellt als Verfassung wie [eine] Kugel als Gestalt.

Wenn das Prinzip des e i n z e l n e n Willens als einzige Bestimmung der Staatsfreiheit zugrunde gelegt wird, daß zu allem, was vom Staat und für ihn geschehe, alle Einzelnen ihre Zustimmung geben sollen, so ist eigentlich gar keine Verfassung vorhanden. Die einzige Einrichtung, der es bedürfte, wäre nur ein willenloser Mittelpunkt, der, was ihm Bedürfnisse des Staates zu sein schienen, beachtete und seine Meinung bekannt machte, und dann der Mechanismus der Zusammenberufung der einzelnen, ihres Stimmgebens und der arithmetischen Operation des Abzählens und Vergleichens der Menge von Stimmen für die verschiedenen Propositionen, womit die Entscheidung schon bestimmt wäre.

Der Staat selbst ist ein Abstraktum, das seine selbst nur allgemeine Realität in den Bürgern hat; aber er ist wirklich, und die nur allgemeine Existenz muß sich zu individuellen Willen und Tätigkeit bestimmen [a]*. Es tritt das Bedürfnis von Regierung und Staatsverwaltung überhaupt ein, einer Vereinzelung und Aussonderung solcher, welche Vieles der Staatsangelegenheit führen, darüber beschließen und die Art der Ausführung bestimmen und Bürgern, welche solche ins Werk richten müssen, befehlen. Beschließt z. B. auch in*

---

a) Am Rande: Volk täuschen — Goethe — Homer — Krieg geführt.

Demokratien das Volk den Krieg, so muß doch ein General an die Spitze gestellt werden, welcher denselben kommandiert. Die Staatsverfassung ist es erst, wodurch das Abstraktum des Staats zu Leben und Wirklichkeit kommt; aber damit tritt auch der Unterschied von Befehlenden und Gehorchenden, Regierenden und Regierten ein. Gehorchen aber scheint der Freiheit nicht gemäß zu sein; und die befehlen, scheinen selbst das Gegenteil von dem zu tun, was der Grundlage des Staats, dem Freiheitsbegriff entspreche [b]*). Wenn nun einmal der Unterschied von Befehlen und Gehorchen notwendig sei, weil die Sache sonst nicht gehen könne, — und zwar scheint dies nur eine Not, eine der Freiheit, wenn diese abstrakt festgehalten wird, äußerliche und selbst ihr zuwiderlaufende Notwendigkeit zu sein, — so müsse, [meint man], die Einrichtung wenigstens so getroffen werden, daß so wenig als möglich von den Bürgern bloß gehorcht und dem Befehlen so wenig Willkür als möglich überlassen werde, der Inhalt dessen, wofür das Befehlen notwendig wird, selbst der Hauptsache nach vom Volke, dem Willen vieler oder aller Einzelnen bestimmt und beschlossen sei, und doch wieder der Staat als Wirklichkeit, als individuelle Einheit, Kraft und Stärke habe.*

Die allererste Bestimmung ist überhaupt der Unterschied von Regierenden und Regierten; und mit Recht hat man die Verfassungen im allgemeinen in Monarchie, Aristokratie und Demokratie eingeteilt, wobei nur bemerkt werden muß, erstens daß die Monarchie selbst in Despotismus und in die Monarchie als solche unterschieden werden muß, zweitens daß bei allen aus dem Begriffe geschöpften Einteilungen nur die Grundbestimmung herausgehoben, und damit nicht gemeint ist, daß dieselbe [durch] eine Gestalt, Gattung oder Art in ihrer konkreten Ausführung erschöpft sein sollte, drittens vornehmlich aber auch, daß [der Begriff] eine Menge von besondern Modifikationen nicht nur jener allgemeinen Ordnungen an ihnen selber, sondern auch solcher zulasse, welche Vermischungen mehrerer dieser wesentlichen Ordnungen, damit aber unförmliche, in sich unhaltbare, inkonsequente Gestaltungen sind. [Die erste Bestimmung also ist

b) Ms.: widerspreche.

der Unterschied von Regierenden und Regierten] wie auch die weitere Einrichtung, in welchem Sinne und in welchem Zwecke sie gemacht worden. Die Frage in dieser Kollision ist daher, welches die beste Verfassung *sei, das ist, durch welche Einrichtung, Organisation oder Mechanismus der Staatsgewalt der Zweck des Staats am sichersten erreicht werde.*

Dieser Zweck kann nun freilich auf verschiedene Weise gefaßt werden, z. B. als ruhiger Genuß des bürgerlichen Lebens, allgemeine Glückseligkeit, — solche Zwecke haben die sogenannten Ideale *von Staatsregierungen und dabei vornehmlich Ideale von Erziehung der Fürsten (*Fénelon*)*[c] *oder der Regierenden überhaupt, der Aristokraten (*Plato*) veranlaßt. Denn die Hauptsache ist dabei auf die Beschaffenheit der Subjekte, die an der Spitze stehen, gesetzt worden und bei jenen erstern Idealen an organische Staatseinrichtungen gar nicht gedacht worden. Die Frage nach der besten Verfassung wird häufig in dem Sinne gemacht, als ob nicht nur Theorie hierüber eine Sache der subjektiven, freien Überlegung sei, sondern auch die wirkliche Einführung einer nun als die beste oder die bessere erkannten Verfassung eine Folge eines so ganz theoretisch gefaßten Entschlusses, — die Art der Verfassung eine Sache ganz freier, weiter nicht als durch die Überlegung bestimmter* Wahl *sein könne. In diesem ganz naiven Sinne beratschlagten zwar nicht das persische Volk, aber die persischen Großen, die sich zum Sturz des falschen Smerdes und der Magier verschworen hatten, nach der gelungenen Unternehmung, und da von der Familie der Pischdadier kein Sprößling mehr übrig war, welche Verfassung sie in Persien einführen wollten; und* Herodot *erzählt ebenso naiv diese Beratschlagung.*

So ganz der freien Wahl anheimgegeben wird heutiges Tages die Verfassung eines Landes und Volkes nicht vorgestellt. Die zugrunde liegende, aber abstrakt gehaltene Bestimmung der Freiheit hat zur Folge, daß sehr allgemein in der Theorie die Republik *für die einzige gerechte und wahrhafte Verfassung gilt, und selbst eine Menge von Män-*

c) 1651—1715, Erzbischof von Cambrai. Prinzenerzieher: *Les aventures de Télémaque* (1699).

nern, welche in monarchischen Verfassungen hohe Stellen der Staatsverwaltung einnehmen, z. B. Lafayette[d]), solcher Ansicht nicht widerstehen oder ihr zugetan sind, — nur sehen sie ein, daß solche Verfassung, so sehr sie die beste wäre, in der Wirklichkeit nicht allenthalben eingeführt werden könne, und wie die Menschen einmal seien, man mit weniger Freiheit vorliebnehmen müsse, so sehr, daß die monarchische Verfassung unter diesen gegebenen Umständen und dem moralischen Zustande des Volkes die nützlichste sei. Auch in dieser Ansicht wird die Notwendigkeit einer bestimmten Staatsverfassung von dem Zustande als einer nur äußern Zufälligkeit abhängig gemacht. Solche Vorstellung gründet sich auf die Trennung, welche die Verstandesreflexion zwischen dem Begriffe und der Realität desselben macht, indem sie sich nur an einen abstrakten und damit unwahren Begriff hält, die Idee nicht erfaßt oder, was dem Inhalte, wenn auch nicht der Form nach dasselbe ist, nicht eine konkrete Anschauung von einem Volke und einem Staate hat. Es ist schon früher bemerkt worden, daß die Verfassung eines Volks mit seiner Religion, mit seiner Kunst und Philosophie oder wenigstens Vorstellungen und Gedanken seiner Bildung überhaupt, um die weitern äußerlichen Mächte, seines Klimas, seiner Nachbarn, seiner Weltstellung überhaupt nicht zu erwähnen, eine Substanz, einen Geist ausmache. Ein Staat ist eine individuelle Totalität, von der nicht eine besondere, obgleich höchst wichtige Seite, wie die Staatsverfassung, für sich allein herausgenommen, darüber nach einer nur sie betreffenden Betrachtung isoliert beratschlagt und gewählt werden könne. Nicht nur ist die Verfassung ein mit jenen andern geistigen Mächten so innig Zusammen- und von ihnen Abhängendes, sondern die Bestimmtheit der ganzen geistigen Individualität mit Inbegriff aller Mächte derselben ist nur ein Moment in der Geschichte des Ganzen und in dessen Gange vorherbestimmt, was die höchste Sanktion der Verfassung sowie deren höchste Notwendigkeit ausmacht.

---

d) 1759—1834, Begründer der französischen Nationalgarde 1789, während der Revolution Führer der Feuillants, von 1792—97 Emigrant, seitdem in Paris, 1830 Parteigänger Louis Philippes.

In dieser Rücksicht muß bemerkt werden, daß, wenn wir von Verfassungen reden, wir uns nicht bei abstrakten Unterschieden aufhalten, wie die bekannten, schon erwähnten von Demokratie, Aristokratie und Monarchie sind. Man gibt ohnehin zu, daß es nicht leicht eine ungemischte Demokratie gebe, ganz ohne ein aristokratisches Prinzip. Die Monarchie ist überdies eine Verfassung, in der die andern Momente begriffen, enthalten sind. Es sind ganz andere Bestimmungen, auf die es bei Betrachtung der Verfassungen, des politischen, wesentlichen Zustandes in einem Volke ankommt.

Die wesentliche Bestimmung der Staatsverfassung bei der Mannigfaltigkeit der Seiten des Staatslebens spricht sich in dem Satze aus, daß der beste Staat der sei, in dem die größte Freiheit herrscht. Hier aber erhebt sich die Frage, worin die Freiheit ihre Realität habe. Man stellt sich die Freiheit so vor, daß der subjektive Wille aller Einzelnen an den wichtigsten Staatsangelegenheiten teilnehme. Der subjektive Wille wird hier als das Letzte, Entscheidende betrachtet. Die Natur des Staates aber ist die Einheit des objektiven und des allgemeinen Willens; der subjektive Wille ist dahin erhoben, daß er seiner Besonderheit entsagt. Wenn man sich einen Staat vorstellt, so setzt man leicht einerseits die Regierung, andererseits das Volk, jene die konzentrierte Tätigkeit des Allgemeinen, dieses die vielen einzelnen subjektiven Willen. Man trennt dabei Volk und Regierung. Man glaubt eine gute Staatsverfassung da zu sehen, wo beide gegeneinander gesichert sind, einerseits die Regierung in ihrer Wirksamkeit des Allgemeinen, andererseits das Volk in seinem subjektiven Willen; beide sollen sich dann gegenseitig beschränken. Diese Form hat wohl in der Geschichte ihren Platz; aber im Begriffe des Staats ist dieser Gegensatz aufgehoben. Es liegt etwas Boshaftes in der Entgegensetzung von Volk und Regierung, ein Kunstgriff des bösen Willens, als ob das Volk, getrennt von der Regierung, das Ganze wäre. Solange davon die Rede ist, läßt sich nicht sagen, daß der Staat, der Einheit des allgemeinen und besondern Willens ist, schon vorhanden sei. Es handelt sich da noch um Schaffung der Existenz des Staats. Der vernünftige Begriff des Staates hat solchen abstrakten Gegensatz hinter sich; die aber, die davon als von einem notwendigen Gegensatze sprechen, wissen gar nichts von der Natur des Staats. Der Staat hat diese Einheit zu seiner Grundlage; sie ist sein Sein, seine Substanz.

Damit aber ist er noch nicht die in sich entwickelte Substanz. Als solche nämlich ist er ein System von Organen, von Kreisen, von besondern Allgemeinheiten, die in sich selbständig sind, deren Wirksamkeit aber ist, das Ganze hervorzubringen, ihre Selbständigkeit aufzuheben. Bei dem organischen Leben ist von einem solchen Gegensatze besonderer Selbständigkeiten nicht die Rede; beim Animalischen z. B. ist in jedem Partikelchen das Allgemeine des Lebens vorhanden, und wenn es daraus herausgenommen wird, so bleibt nur ein Unorganisches übrig. Die Unterschiede der Staatsverfassungen betreffen dann die Form, in der diese Totalität gestaltet ist. Der Staat ist weltliche Vernünftigkeit, die verschiedenen Verfassungen folgen deswegen aufeinander in der Unterschiedenheit ihrer Prinzipien, und es findet immer nur dies statt, daß die frühern durch die folgenden aufgehoben werden.

Der Staat ist die geistige Idee in der Äußerlichkeit des menschlichen Willens und seiner Freiheit. In denselben fällt daher überhaupt wesentlich die Veränderung der Geschichte, und die Momente der Idee sind an demselben als verschiedene Prinzipien. Die Verfassungen, worin die welthistorischen Völker ihre Blüte erreicht haben, sind ihnen eigentümlich, also nicht eine allgemeine Grundlage, so daß die Verschiedenheit nur in bestimmter Weise der Ausbildung und Entwicklung bestände, sondern sie besteht in der Verschiedenheit der Prinzipien. Aus der Geschichte kann deshalb nichts für die gegenwärtige Gestaltung der Staatsverfassung gelernt werden. Das letzte Prinzip der Verfassung, das Prinzip unserer Zeiten, ist in den Verfassungen der frühern welthistorischen Völker nicht enthalten. Mit der Wissenschaft und der Kunst ist dies ganz anders. Hier sind die frühern Prinzipien die absolute Grundlage des Folgenden; z. B. die Philosophie der Alten ist so die Grundlage der neuern, daß sie schlechthin in dieser enthalten sein muß und den Boden derselben ausmacht. Das Verhältnis erscheint hier als eine ununterbrochene Ausbildung desselben Gebäudes, dessen Grundstein, Mauern und Dach noch dieselben geblieben sind. In der Kunst ist sogar die griechische, so wie sie ist, selbst das höchste Muster. Aber in Ansehung der Verfassung ist es ganz anders, hier haben Altes und Neues das wesentliche Prinzip nicht gemein. Abstrakte Bestimmungen und Lehren von gerechter Regierung, daß Einsicht und Tugend die Herrschaft führen müsse, sind freilich gemeinschaftlich. Aber es ist nichts so ungeschickt, als für Verfassungseinrichtungen unserer Zeit Beispiele von Griechen und Römern oder Orientalen aufnehmen zu wollen. Aus dem Orient lassen sich schöne Gemälde von patriarchalischem Zustande, väterlicher Regierung, von Ergebenheit der Völker hernehmen, von Griechen und Römern Schilderungen von Volksfreiheit. Denn bei diesen finden wir den Begriff von einer freien Verfassung so gefaßt, daß alle Bürger Anteil an den Beratungen und Beschlüssen über die allgemeinen Angelegenheiten und Gesetze nehmen sollen. Auch in unsern Zeiten ist dies die allgemeine Meinung, nur mit der Modifikation, daß, weil unsere Staaten so groß, der Vielen so viele seien, diese nicht direkt, sondern indirekt durch Stellvertreter ihren Willen zu dem Beschluß über die öffentlichen Angelegenheiten zu geben haben, d. h. daß für die Gesetzgebung überhaupt das Volk durch Abgeordnete repräsentiert werden solle. Die sogenannte Repräsentativverfassung ist die Bestimmung, an welche wir die Vorstellung einer freien Verfassung knüpfen, so daß dies festes Vorurteil geworden ist. — Die Hauptsache ist, daß die Freiheit, wie sie durch den Begriff bestimmt wird, nicht den subjektiven Willen und die Willkür zum Prinzip hat, sondern die Einsicht des allgemeinen Willens, und daß das System der Freiheit freie Entwicklung ihrer Momente ist. Der subjektive Wille ist eine ganz formelle Bestimmung, in der gar nicht liegt, was er will. Nur der vernünftige Wille ist dies Allgemeine, das sich in sich selbst bestimmt und entwickelt und seine Momente als organische Glieder auslegt. Dies aber ist erst das Letzte, die vernünftige Freiheit, ein gotischer Bau, der zu seiner Materie das Allgemeine hat. Von solchem gotischen Dombau haben die Alten nichts gewußt. Dies ist die Errungenschaft der christlichen Zeit. Daß es zu einem unendlichen Unterschiede gekommen sei, der darin aufgelöst ist, daß die Individuen wissen, in der Einheit mit dem Substanziellen ihre Freiheit,

Selbständigkeit, Wesenhaftigkeit zu haben, so daß sie die Form des Tuns für dies Substanzielle haben, auf dies Herausgebildetsein des Substanziellen kommt es an. Darin liegt der höhere Unterschied der Völker und ihrer Verfassungen.

Von dem höhern Prinzip aus wird es ein untergeordneter, gleichgültiger Unterschied, was gewöhnlich für das Wesentliche in einer Verfassung angesehen wird, ob nämlich die Individuen ihre subjektive Einwilligung dazu gegeben haben oder nicht. Zuerst ist zu sehen, ob die Individuen als Personen gefaßt sind, ob die Substanzialität als Geist, als von ihnen gewußtes Wesen vorhanden ist. Bei den Chinesen z. B. ist keine Art und Weise einer solchen Zustimmung vorhanden; sie würden das ebenso töricht finden, wenn man sie darüber als über einen Mangel fragte, wie wenn in einem Familienrate auch die Kinder jeden Alters zugezogen würden. Die Chinesen wissen von sich noch nicht als freier Subjektivität; ihnen ist darin noch nicht die Wesenhaftigkeit des Sittlichen und Rechtlichen enthalten, das ist für sie noch nicht als ihr Zweck, Werk, Gegenstand vorhanden. Auf der andern Seite sehen wir bei dem Türken den subjektiven Willen in völliger Unbändigkeit. Die Janitscharen z. B. haben den Willen und üben ihn aus, einen wilden Willen, zum Teil durch Religion bestimmt, aber in seiner Begierde auch ungebändigt. Hier ist der persönliche Wille nach unrichtiger Vorstellung frei; aber er ist nicht eingebildet in den vernünftigen konkreten Willen. Davon weiß er nichts, hat ihn nicht zum Gegenstand, Interesse und auch nicht zum Bewegenden, und wenn er die Allgemeinheit berührt, so ist sie ein Abstraktes, nicht Organisches, rein fanatisch, zerstörend gegen alles sich Organisierende, gegen Sittlichkeit, Recht jeder Art. In europäischen Staaten besteht ein anderes Verhältnis; da ist im Ganzen die Einsicht etwas Allgemeines. Die wissenschaftliche Bildung, das Bestimmen nach allgemeinen Zwecken, allgemeinen Grundsätzen ist ein Gemeingut, das die Bürger mit der Regierung teilen, und die Regierung mit den Bürgern, insofern alle Sphären, die zur Administration gehören, im Begriff gefaßt werden. In solchem Zustande ist die Zustimmung der besondern Individuen dann wieder mehr oder minder gleichgültig, weil sie keine besondere Weisheit herbeibringen könnten, im Gegenteil weniger als die, die sich ausdrücklich mit den Staatsangelegenheiten beschäftigen. Ebensowenig würden sie gute Intensionen mitbringen mit ihren partikulären Interessen; denn dies ist das Bestimmende, daß ein Gemeingut da ist, dem jene Interessen weichen müssen. Wenn die Freiheit darein gesetzt wird, daß alle Einzelnen ihre Einwilligung geben, so ist leicht zu sehen, daß kein Gesetz gelten könne, außer wenn alle übereinstimmen. Hier kommt man sogleich auf die Bestimmung, daß die Minorität der Majorität weichen müsse; die Mehrheit also entscheidet. Aber schon J. J. Rousseau hat bemerkt, daß dann keine Freiheit mehr sei, denn der Wille der Minorität wird nicht mehr geachtet. Auf dem polnischen Reichstage mußte jeder Einzelne seine Einwilligung geben, und um dieser Freiheit willen ist der Staat zugrunde gegangen. Außerdem ist es eine gefährliche und falsche Voraussetzung, daß das Volk allein Vernunft und Einsicht habe und das Rechte wisse; denn jede Faktion des Volkes kann sich als Volk aufwerfen, und was den Staat ausmacht, ist die Sache der gebildeten Erkenntnis und nicht des Volkes.

Die Unterschiede der Staatsverfassungen betreffen die Form, in der die Totalität des staatlichen Lebens sich zur Erscheinung bringt. Die erste Form ist die, wo diese Totalität noch eingehüllt ist und ihre besondern Kreise noch nicht zu ihrer Selbständigkeit gekommen sind, die zweite die, wo diese Kreise und damit die Individuen freier werden, die dritte endlich die, in der sie ihre Selbständigkeit haben und ihre Wirksamkeit die ist, das Allgemeine hervorzubringen. Wir sehen alle Reiche so wie die ganze Weltgeschichte diese Formen durchlaufen. Zunächst sehen wir in jedem Staate eine Art patriarchalisches Königreich, friedfertig oder kriegerisch. Diese erste Produktion eines Staates ist herrisch und instinktartig. Aber auch Gehorsam und Gewalt, Furcht gegen einen Herrscher ist schon ein Zusammenhang des Willens. Darauf tut sich die Besonderheit hervor; Aristokraten, einzelne Kreise, Demokraten, Individuen herrschen. In diesen Individuen kristallisiert sich eine zufällige Aristokratie, und diese geht dann in ein neues Königreich, eine Monarchie über. Den Schluß also macht die Unterwerfung dieser Besonderheit unter eine Macht, die schlechthin keine andre sein kann als eine solche, außerhalb welcher die besondern Sphären ihre Selbständigkeit haben, und das ist die monarchische. Es ist so ein erstes und ein zweites Königtum zu unterscheiden. — Dies ist der abstrakte, jedoch notwendige Gang in der Entwicklung wahrhaft selbständiger Staaten, so daß in ihm jedesmal die bestimmte Verfassung eintreten muß, die nicht Sache der Wahl, sondern nur diejenige ist, welche gerade dem Geiste des Volks angemessen ist.

Bei einer Verfassung kommt es auf die Ausbildung des vernünftigen, d. i. des politischen Zustandes in sich an, auf die Freiwerdung der Momente des Begriffs, daß die besondern Gewalten sich unterscheiden, sich für sich vervollständigen, aber ebenso in ihrer Freiheit zu einem Zweck zusammenarbeiten und von ihm gehalten werden, d. i. ein organisches Ganze bilden. So ist der Staat die vernünftige und sich objektiv wissende und für sich seiende Freiheit. Denn ihre Objektivität ist eben dies, daß ihre Momente nicht ideell, sondern in eigentümlicher Realität vorhanden sind und in ihrer sich auf sie selbst beziehenden Wirksamkeit schlechthin übergehen in die Wirksamkeit, wodurch das Ganze, die Seele, die individuelle Einheit hervorgebracht wird und Resultat ist.

Es ist noch anzuführen, daß der Staat auch ein Verhältnis zu andern Staaten hat, daß er unabhängig ist und Selbständigkeit besitzt. Es ist die Ehre eines Volkes, daß es selbständig sei. Es würde, um dies näher zu bestimmen, vieles hiezu gesagt werden müssen, dessen wir uns hier, da es entbehrt werden kann, enthalten. Aber näher geht uns an, daß wir die Prinzipien, die in den Verhältnissen der Staaten gelten, unterscheiden von dem Prinzip, das sich in ihren Verhältnissen in der Weltgeschichte geltend macht. Da gilt nur das Recht des absoluten Geistes und können nur Verhältnisse in Betracht kommen, die ein höheres Prinzip des Geistes geltend machen. Aber auf dies Recht kann kein Staat sich berufen. Die einzelnen Staaten setzen sich gegenseitig als unabhängige Individuen voraus, und die Unabhängigkeit des einen wird nur respektiert, indem die Unabhängigkeit der andern Staaten vorausgesetzt ist. Dergleichen Verhältnisse können durch Traktate festgestellt sein, und Rechtsgründe sollen dann wenigstens entscheiden. In der Weltgeschichte aber macht sich ein höheres Recht geltend. Das läßt man wohl auch in der Wirklichkeit gelten, wo es sich um das Verhältnis gebildeter Völker zu Barbarenhorden handelt. Auch bei Religionskriegen wird von einer Seite ein heiliges Prinzip behauptet, wogegen die Rechte anderer Völker etwas Untergeordnetes seien, nicht gleiches Recht haben. So war es bei den Mohammedanern ehemals und der Theorie nach auch jetzt. Auch die Christen, indem sie heidnische Völker bekriegten, um sie zu bekehren, behaupteten aus ihrer Religion ein höheres Recht für sich. In solchen Verhältnissen gilt nicht abstraktes Recht oder Unrecht, aber sie finden auch nur da statt, wo noch kein eigentlicher Rechtszustand eingetreten ist. Was unter solchen Verhältnissen gilt, ist auf einen Zustand wahrhafter Unabhängigkeit der Staaten zueinander nicht anwendbar. Umgekehrt kann das, was unter Voraussetzung eines Rechtszustandes gilt, auf einen Zustand nicht angewandt werden, der noch nicht Rechtszustand genannt werden kann. Daher gehen uns die Prinzipien der Staaten, das, was als Staatenrecht gilt, nichts an. Wir haben das Recht des Weltgeistes gegen die Staaten zu beachten.

C.

DER GANG DER WELTGESCHICHTE

a) [Das Prinzip der Entwicklung]

Die abstrakte Veränderung überhaupt, welche in der Geschichte vorgeht, ist längst in einer allgemeinern Weise gefaßt worden, so daß sie zugleich einen Fortgang zum Bessern, Vollkommenern enthalte. Die Veränderungen in der Natur, so unendlich mannigfaltig sie sind, zeigen nur einen Kreislauf, der sich immer wiederholt; in der Natur geschieht nichts Neues unter der Sonne, und insofern führt das so vielformige Spiel ihrer Gestaltungen eine Langeweile mit sich. Nur in den Veränderungen, die auf dem geistigen Boden vorgehen, kommt Neues hervor. Diese Erscheinung am Geistigen ließ in dem Menschen eine andere Bestimmung überhaupt sehen als in den bloß natürlichen Dingen, — in welchen sich nur eine und dieselbe Bestimmung, ein für immer stabiler Charakter kundgibt, in den alle Veränderung zurückgeht und innerhalb dessen sie sich als ein Untergeordnetes einschließt, — nämlich eine wirkliche Veränderungsfähigkeit und zwar, wie gesagt, zum Bessern, Vollkommenern —, ein Trieb der Perfektibilität. Dieses Prinzip, welches die Veränderung selbst zu einem Gesetzlichen macht, ist von den Religionen, wie der katholischen, ingleichen von den Staaten, als welche statarisch, wenigstens stabil zu sein als ihr wahrhaftes Recht behaupten, übel aufgenommen worden. Wenn im allgemeinen die Veränderlichkeit weltlicher Dinge, wie der Staaten, zugegeben wird, so wird teils die Religion als Religion der Wahrheit davon ausgenommen, teils bleibt es offen, Veränderungen, Umwälzungen und Zerstörungen des Berechtigten teils Zufälligkeiten, teils Ungeschicklichkeiten, vornehmlich aber dem Leichtsinn, der Verdorbenheit und den bösen Leidenschaften der Menschen zuzuschreiben. In der Tat ist die Perfektibilität beinahe etwas so Bestimmungsloses als die Veränderlichkeit überhaupt; sie ist ohne Zweck und Ziel: das Bessere, das

Vollkommenere, worauf sie gehen soll, ist ein ganz Unbestimmtes.

Es ist wesentlich, zu bemerken, daß der Gang des Geistes ein Fortschreiten ist, eine sonst bekannte Vorstellung, die aber auch, wie schon gesagt, ebenso häufig angegriffen wird. Denn sie kann scheinen, der Gesinnung des ruhigen Bestandes, der vorhandenen Verfassung und Gesetzgebung entgegengesetzt zu sein. Allerdings fordert dieser Bestand die höchste Achtung, und alle Tätigkeit soll in bezug auf ihn zur Erhaltung mitwirken. Unbefriedigend ist die Vorstellung des Fortschreitens, weil sie vornehmlich eben in der Form behauptet wird, daß der Mensch eine Perfektibilität habe, d. h. eine reale Möglichkeit und auch Notwendigkeit, immer vollkommener zu werden. Hier wird der Bestand nicht als das Höchste angesehen, sondern das Höchste scheint das Verändern zu sein. In dieser Vorstellung liegt keine andere Bestimmung als die der Vervollkommnung, die sehr unbestimmt ist und nichts zurückläßt als die Veränderlichkeit; es ist kein Maßstab vorhanden für die Veränderung, auch kein Maßstab für das Vorhandene, inwiefern es das Rechte, das Substanzielle sei. Kein Prinzip des Ausschließens ist darin, es ist kein Ziel, kein bestimmter Endzweck gesetzt; es ist mehr die Veränderung, die das Residuum darin ist, was allein die Bestimmtheit ausmacht. — Die Vorstellung von der Erziehung des Menschengeschlechts (L e s s i n g) ist geistreich, berührt aber nur in der Ferne das, wovon hier die Rede ist. Das Fortschreiten hat überhaupt in diesen Vorstellungen die Form des Quantitativen. Immer mehr Kenntnisse, feinere Bildung, — lauter solche Komparative; darin läßt sich lange fortreden, ohne daß irgendeine Bestimmtheit angegeben, etwas Qualitatives ausgesprochen wird. Die Sache, das Qualitative ist schon vorhanden, aber es ist kein Ziel ausgesprochen, das erreicht werden soll; dies bleibt ganz unbestimmt. Das Quantitative aber, wenn wir bestimmt vom Fortschreiten sprechen wollen, ist eben das Gedankenlose. Das Ziel muß gewußt werden, das erreicht werden soll. Der Geist ist in seiner Tätigkeit überhaupt so, daß seine Produktionen, Veränderungen als qualitative Änderungen vorgestellt und erkannt werden müssen.

Das Prinzip der Entwicklung enthält das Weitere, daß eine innere Bestimmung, eine an sich vorhandene Voraussetzung zugrunde liege, die sich zur Existenz bringe. Diese formelle Bestimmung ist wesentlich; der Geist, welcher die Weltgeschichte zu seinem Schauplatze, Eigentum und Feld seiner Verwirklichung hat, ist nicht ein solches, das sich in dem äußerlichen Spiele von Zufälligkeiten herumtriebe, sondern er ist vielmehr an sich das absolut Bestimmende; seine eigentümliche Bestimmung ist schlechthin fest gegen die Zufälligkeiten, die er zu seinem Gebrauch verwendet und beherrscht. Den organischen Naturdingen kommt aber gleichfalls die Entwicklung zu: ihre Existenz stellt sich nicht als eine nur unmittelbare, nur von außen veränderliche dar, sondern [als] die aus sich, [die] von einem innern unveränderlichen Prinzip ausgeht, aus einer einfachen Wesenheit, deren Existenz als Keim zunächst ebenso einfach ist und dann Unterschiede aus sich zum Dasein bringt, welche sich mit andern Dingen einlassen und damit einen fortdauernden Prozeß von Veränderung leben, welche aber ebenso fortdauernd in das Gegenteil verkehrt, nämlich vielmehr in die Erhaltung des organischen Prinzips und seiner Gestaltung umgeändert wird. So produziert das organische Individuum sich selbst: es macht sich zu dem, was es an sich ist; so auch der Geist ist nur dies, zu was er sich selbst macht, und er macht sich zu dem, was er an sich ist. Aber jene Entwicklung macht sich auf unmittelbare, gegensatzlose, ungehinderte Weise; zwischen den Begriff und dessen Realisierung, die an sich bestimmte Natur des Keimes und die [a]) Angemessenheit der Existenz zu derselben kann sich nichts eindringen. Im Geiste aber ist es anders. Der Übergang seiner Bestimmung in ihre Verwirklichung ist vermittelt durch Bewußtsein und Willen: diese selbst sind zunächst in ihr unmittelbares natürliches Leben versenkt; Gegenstand und Zweck ist ihnen zunächst die natürliche Bestimmung selbst als solche, die dadurch, daß es der Geist ist, der sie beseelt, selbst von unendlichem Anspruche, Stärke und Reichtum ist [b]). So ist der Geist in ihm selbst sich entgegen; er hat sich selbst als

---

a) Ms.: der
b) Ms.: sind

das wahrhafte feindselige Hindernis seines Zweckes zu überwinden: die Entwicklung, die als solche ein ruhiges Hervorgehen ist, — denn sie ist ein in der Äußerung zugleich sich gleich und in sich Bleiben — ist im Geiste in Einem ein harter, unendlicher Kampf gegen sich selbst. Was der Geist will, ist, seinen eignen Begriff erreichen; aber er selbst verdeckt sich denselben, ist stolz und voll von Genuß in dieser Entfremdung seiner selbst.

Die Entwicklung ist auf diese Weise nicht das harm- und kampflose bloße Hervorgehen, wie die des organischen Lebens, sondern die harte, unwillige Arbeit gegen sich selbst, und ferner ist sie nicht das bloß Formelle des Entwickelns überhaupt, sondern das Hervorbringen eines Zwecks von bestimmtem Inhalte. Diesen Zweck haben wir von Anfang festgestellt: es ist der Geist, und zwar nach seinem Wesen, dem Begriffe der Freiheit. Dies ist der Grundgegenstand und darum hat auch das leitende Prinzip der Entwicklung, das, wodurch diese ihren Sinn und Bedeutung erhält, wie in der römischen Geschichte Rom der Gegenstand und damit das die Betrachtung des Geschehenen Leitende, wie umgekehrt das Geschehene nur aus diesem Gegenstande hervorgegangen und nur in der Beziehung auf denselben einen Sinn und an ihm seinen Gehalt hat. Es gibt in der Weltgeschichte mehrere große Perioden der Entwicklung, die vorübergegangen sind, ohne daß sie sich fortgesetzt zu haben scheinen, auf welche [c]*) vielmehr der ganze ungeheure Gewinn der Bildung vernichtet worden ist und unglücklicherweise wieder von vorne angefangen werden mußte, um mit einiger Beihilfe etwa von geretteten Trümmern jener Schätze, mit erneuertem unermeßlichen Aufwand von Kräften und Zeit, von Verbrechen und von Leiden, wieder eine der längst gewonnen gewesenen Regionen jener Bildung zu erreichen. Ebenso gibt es fortbestehende Entwicklungen, reiche, nach allen Seiten hin ausgebaute Gebäude und Systeme von Bildung in eigentümlichen Elementen. Das formelle Prinzip der Entwicklung überhaupt kann weder der einen [Gestalt] einen Vorzug vor der andern zusprechen noch den Zweck jenes Unterganges älterer Entwicklungs-*

[c]) L. ändert: nach welchen

perioden begreiflich machen, sondern muß solche Vorgänge oder insbesondere darin die Rückgänge als äußerliche Zufälligkeiten betrachten und kann die Vorzüge [nur] nach unbestimmten Gesichtspunkten beurteilen, welche eben damit, daß die Entwicklung das letzte ist, relativ und nicht absolute Zwecke sind.

Es ist dem Begriffe des Geistes gemäß, daß die Entwicklung der Geschichte in die Zeit fällt. Die Zeit enthält die Bestimmung des Negativen. Es ist etwas, eine Begebenheit, positiv für uns; daß aber auch das Gegenteil daran sein kann, diese Beziehung auf das Nichtsein ist die Zeit, und zwar so, daß wir diese Beziehung nicht bloß denken, sondern auch anschauen. Die Zeit ist dies ganz abstrakte Sinnliche. Wo das Nichtsein in etwas nicht einbricht, sagen wir, es dauert. Vergleichen wir die Veränderungen des Geistes und der Natur, so sehen wir, daß hier das Einzelne dem Wechsel unterworfen ist, in dem aber die Gattungen beharren. So verläßt der Planet diesen und diesen Ort; aber die ganze Bahn ist beharrend. Ebenso ist es mit den Gattungen der Tiere. Die Veränderung ist ein Kreislauf, Wiederholung des Gleichen. Alles steht so in Kreisen, und nur innerhalb dieser, unter dem Einzelnen ist Veränderung. In der Natur ist das Leben, das aus dem Tode hervorgeht, selbst nur wieder einzelnes Leben; und wenn die Gattung in diesem Wechsel als das Substanzielle angesehen wird, so ist der Untergang des Einzelnen ein Wiederabfallen der Gattung in die Einzelheit. Die Erhaltung der Gattung ist so nur als die gleichförmige Wiederholung derselben Weise der Existenz. Mit der geistigen Gestalt ist es anders; hier geht die Veränderung nicht bloß an der Oberfläche, sondern im Begriffe vor. Der Begriff selber ist es, der berichtigt wird. In der Natur macht die Gattung keine Fortschritte, im Geist aber ist jede Veränderung Fortschritt. Zwar bildet auch die Reihe der natürlichen Gestalten eine Stufenleiter vom Lichte bis zum Menschen, so daß jede folgende Stufe Umbildung der vorigen ist, ein höheres Prinzip, hervorgegangen durch das Aufheben und den Untergang des vorigen. In der Natur aber fällt dies auseinander, und alle einzelnen Sprossen bleiben nebeneinander existierend; der Übergang erscheint nur dem denkenden Geiste, der diesen Zusammenhang begreift. Die Natur erfaßt sich nicht, und deshalb ist für sie das Negative ihrer Gestaltungen nicht vorhanden. In der geistigen Sphäre dagegen kommt es zur Erscheinung, daß sich die höhere Gestaltung durch Umarbeitung der vorigen, niedrigern hervorgebracht hat. Diese hat darum aufgehört zu existieren; und daß dies zur Erscheinung kommt, nämlich daß eine Gestaltung die Verklärung der vorigen ist, das ist es, weshalb die Erscheinung der geistigen Gestaltungen in die Zeit fällt. Die Weltgeschichte ist also überhaupt die Auslegung des Geistes in der Zeit, wie sich im Raume die Idee als Natur auslegt.

Übrigens sind die Völker als geistige Gestaltungen nach einer Seite hin auch Naturwesen. Daher zeigen sich die unterschiedenen Gebilde auch als gleichgültig nebeneinander im Raume bestehend, als perennierend. Wenn wir uns so in der Welt umsehen, so erblicken wir in den alten Weltteilen drei Hauptgestaltungen: das hinterasiatische Prinzip, das auch in der Geschichte das erste ist (das Mongolische, Chinesische, Indische) —, die mohammedanische Welt, wo das Prinzip des abstrakten Geistes, des einigen Gottes, zwar vorhanden ist, ihm aber die zügellose Willkür gegenübersteht, — und die christliche, westeuropäische Welt; hier ist das höchste Prinzip, das Wissen des Geistes von sich und seiner Tiefe, erreicht. Diese allgemeine Reihe ist hier so ausgelegt, wie sie perenniert; in der Weltgeschichte finden wir aufeinanderfolgende Stufen. Indem die großen Prinzipien perennierend nebeneinander bestehen, fordern sie nicht, daß alle Gestalten, die in der Zeit vorübergingen, fortdauern sollten. Wir könnten etwa ein griechisches Volk mit seinem schönen Heidentum usw., ebenso ein römisches gegenwärtig verlangen. Diese Völker aber sind vergangen. Ebenso gibt es innerhalb eines jeden Volkes auch Gestaltungen, die während seines Bestehens bereits vergangen sind. Warum sie verschwinden und nicht auch im Raume perennieren, läßt sich nur durch ihre besondere Natur erörtern, wozu nur in der Weltgeschichte selbst Platz ist. Dabei wird sich zugleich ergeben, daß nur die allgemeinsten Gestaltungen fortbestehen, und daß die bestimmtern notwendig verschwinden müssen, wenn sie sich in unruhiger Lebendigkeit zeigen.

Das Fortschreiten bestimmt sich im allgemeinen so, daß es die Stufenfolge des Bewußtseins ist. Der Mensch fängt damit an, ein Kind zu sein im dumpfen Bewußtsein der Welt, seiner selbst; wir wissen, daß er von dem empirischen Bewußtsein mehrere Stufen zu durchlaufen hat, bis er zu dem Wissen davon gelangt, was er an und für sich ist. Das Kind fängt an mit sinnlicher Empfindung; von da tritt der Mensch auf die Stufe allgemeiner Vorstellungen, dann weiter auf die Stufe des Begreifens und gelangt dahin, die Seele der Dinge, ihre wahrhafte Natur zu erkennen. — Was das Geistige betrifft, so lebt das Kind zunächst im Zutrauen zu seinen Eltern, seiner Umgebung, die es bestrebt sieht, es zu leiten in dem, was recht ist; dies scheint ihm willkürlich vorgeschrieben zu sein. Eine andere Stufe ist die des Jünglings; ihr Kennzeichen ist, daß der Mensch in sich seine Selbständigkeit sucht, daß er auf sich beruht, daß er, was recht, sittlich ist, was zu tun, zu vollbringen wesentlich ist, erkennt als in seinem Bewußtsein. Das Bewußtsein des Mannes enthält noch weitere Bestimmungen über das, was das Wesentliche ist. So wie das Fortschreiten eine Bildung des Bewußtseins ist, so liegt darin, daß es nicht bloß quantitativ ist, sondern eine Stufenfolge verschiedener Beziehungen auf das, was wesentlich ist.

* *Die Weltgeschichte stellt nun den Stufengang der Entwicklung des Prinzips dar, dessen Gehalt das Bewußtsein der Freiheit ist. Stufen hat diese Entwicklung nicht nur, insofern [hier] nicht die Unmittelbarkeit des Geistes, sondern überhaupt Vermittelung, jedoch seiner mit sich selbst ist; sondern sie ist als Teilen, Unterscheiden des Geistes in sich selbst an ihr unterschieden. Die nähere Bestimmung dieser Stufen ist in ihrer allgemeinen Natur logisch, in ihrer konkretern aber in der Philosophie des Geistes anzugeben. Es ist von diesem Abstrakten hier nur dies anzuführen, daß die erste Stufe als die unmittelbare innerhalb des vorhin schon herausgehobenen Versenktseins des Geistes in die Natürlichkeit fällt, in welcher er nur in*

*) Den hier beginnenden Abschnitt hat Hegel irrtümlicherweise mit einem »b« versehen.

unfreier Einzelheit ist (Einer ist frei). Die zweite aber ist das Heraustreten desselben in das Bewußtsein seiner Freiheit. Dies erste Losreißen ist aber unvollkommen und partiell (Einige sind frei), indem es von der mittelbaren Natürlichkeit herkommt, hiemit auf sie bezogen und mit ihr, als einem Momente, noch behaftet ist. Die dritte Stufe ist die Erhebung aus dieser noch besondern Freiheit in die reine Allgemeinheit derselben (der Mensch als Mensch ist frei), — in das Selbstbewußtsein und Selbstgefühl des Wesens der Geistigkeit.

Das erste Zeitalter also, worin wir den Geist betrachten, ist mit dem Kindesgeiste zu vergleichen. Da herrscht die sogenannte Einheit des Geistes mit der Natur, die wir in der orientalischen Welt finden. Dieser natürliche Geist ist der, welcher noch bei der Natur ist, nicht bei sich selber, der also noch nicht frei ist, den Prozeß der Freiheit noch nicht bestanden hat. Auch in diesem Stande des Geistes haben wir Staaten, Künste, Anfänge der Wissenschaften; aber alle diese sind auf dem Boden der Natur. In dieser ersten patriarchalischen Welt ist das Geistige ein Substanzielles, an dem das Individuum nur als Akzidens hinzukommt. Zu dem Willen des Einen gehören die andern als Kinder, als Untergeordnete.

Das zweite Verhältnis des Geistes ist das der Trennung, der Reflexion des Geistes in sich, das Heraustreten aus dem bloßen Gehorsam und Zutrauen. Dieses Verhältnis spaltet sich in zwei. Das erste ist das Jünglingsalter des Geistes; er hat eine Freiheit für sich, aber diese ist noch mit der Substanzialität verbunden. Die Freiheit ist noch nicht aus der Tiefe des Geistes wiedergeboren. Dieses ist die griechische Welt. Das andere Verhältnis ist das des Mannesalters des Geistes, wo das Individuum seine Zwecke für sich hat, aber diese nur erreicht im Dienste eines Allgemeinen, des Staates. Dieses ist die Römerwelt. Hier ist der Gegensatz der Persönlichkeit des Einzelnen und des Dienstes gegen das Allgemeine.

Viertens folgt dann das germanische Zeitalter, die christliche Welt. Wenn man auch hier den Geist mit dem Individuum vergleichen könnte, so würde dieses Zeitalter das Greisenalter des Geistes heißen müssen. Es ist das Eigentümliche des Greisenalters, daß es nur in der Erinnerung, der Vergangenheit, nicht in der Gegenwart lebt; und so ist hier der Vergleich unmöglich. Das Individuum gehört seiner Negativität nach dem Elemente an und vergeht. Der Geist aber kehrt zurück zu seinen Begriffen. Im christlichen Zeitalter ist der göttliche Geist in die Welt gekommen, hat in dem Individuum seinen Sitz genommen, das nun vollkommen frei ist, substanzielle Freiheit in sich hat. Dies ist die Versöhnung des subjektiven Geistes mit dem objektiven. Der Geist ist mit seinem Begriffe versöhnt, vereint, in welchem er sich zur Subjektivität entzweit, sich dazu aus dem Naturzustande herausgeboren hatte. — Dieses alles nun ist das Apriorische der Geschichte, dem die Erfahrung entsprechen muß.

Diese Stufen sind die Grundprinzipien des allgemeinen Prozesses; wie aber jede innerhalb ihrer selbst wieder ein Prozeß ihres Gestaltens, wie die Dialektik ihres Überganges ist, dies Nähere ist der Ausführung vorzubehalten.

Hier ist nur anzumerken, daß der Geist von seiner unendlichen Möglichkeit, aber nur Möglichkeit anfängt, die seinen absoluten Gehalt als Ansich enthält, als den Zweck und das Ziel, das er nur erst in seinem Resultate erreicht, welches dann erst seine Wirklichkeit ist. — So erscheint in der Existenz der Fortgang als von dem Unvollkommnen zum Vollkommenern fortschreitend, wobei jenes nicht in der Abstraktion nur [als] das Unvollkommene zu fassen ist, sondern als ein solches, das zugleich das Gegenteil seiner selbst, das sogenannte Vollkommene, als Keim, als Trieb in sich hat: wie die Möglichkeit wenigstens reflektierterweise auf ein solches selbst hindeutet, das wirklich werden soll, und näher die aristotelische dynamis auch potentia, Kraft und Macht ist. Das Unvollkommene so als das Gegenteil seiner in ihm selbst ist der Widerspruch, der wohl existiert, aber ebensosehr aufgehoben und gelöst werden [muß], der Trieb, der Impuls des geistigen Lebens in sich selbst, [e]) die Rinde der Natürlichkeit, Sinnlichkeit, der Fremdheit seiner selbst zu durchbrechen und zum Lichte des Bewußtseins, d. i. zu sich selbst, zu kommen.

---

e) Ms.: hiernach: sich aus dem Band,

[b) Der Anfang der Geschichte]

Im allgemeinen ist die Bemerkung, wie der Anfang der Geschichte des Geistes dem Begriffe nach aufgefaßt werden müsse, bereits in Beziehung auf die Vorstellung eines Naturzustandes gemacht worden, in welchem Freiheit und Recht in vollkommener Weise vorhanden sei oder gewesen sei. Jedoch war dies nur eine im Dämmerlichte der hypothesierenden Reflexion gemachte Annahme einer geschichtlichen Existenz. Eine Prätension ganz anderer Art, nämlich nicht eines aus Gedanken hervorgehenden Annehmens, sondern eines geschichtlichen Faktums und zugleich einer höhern Beglaubigung desselben, macht eine andere, von einer gewissen Seite her heutzutage viel in Umlauf gesetzte Vorstellung. Es ist in derselben der erste paradiesische Zustand der Menschen, der schon früher von Theologen nach ihrer Weise, z. B. daß Gott mit Adam hebräisch gesprochen habe, ausgebildet wurde, wieder aufgenommen, aber andern Bedürfnissen entsprechend gestaltet worden. Man hat die Existenz eines primitiven Volkes behauptet, von welchem alle Wissenschaft und Kunst uns nur überliefert sei. (Schelling; Schlegels Sprache und Weisheit der Inder.) Dies Urvolk geht dem eigentlichen Menschengeschlechte voraus und wird von den alten Sagen unter dem Bilde der Götter verewigt; von seiner hohen Kultur fänden wir entstellte Reste auch in den Sagen der ältesten Völker. Der Zustand der frühesten Völker, wie ihn die Geschichte gibt, soll dann der des Zurücksinkens aus jenem Zustande hoher Kultur sein. Dies wird mit der Forderung aufgestellt, daß die Philosophie es verlange und auch historische Anzeichen vorhanden seien. *Die hohe Autorität, welche hiebei zunächst in Anspruch genommen wird, ist die biblische Erzählung. Diese aber stellt den primitiven Zustand, teils nur in den wenigen bekannten Zügen, teils aber denselben mit seiner Veränderung entweder in dem Menschen überhaupt, — dies wäre die allgemeine menschliche Natur —, oder, insofern Adam als individuelle und damit als eine Person oder zwei zu nehmen ist, in diesem Einen oder nur in einem Menschenpaare vorhanden und vollendet dar. Weder liegt darin die Berechtigung zur Vorstellung eines Volkes und eines geschichtlichen Zustandes desselben, welcher in jener primitiven Gestalt existiert habe, noch weniger der Ausbildung zu einer reinen Erkenntnis Gottes und der Natur. Die Natur, wird erdichtet, habe anfangs wie ein heller Spiegel der Schöpfung Gottes offen und durchsichtig vor dem klaren Auge des Menschen gestanden* [f]*, und die göttliche Wahrheit sei ihm ebenso offen gewesen. Es wird zwar darauf hingedeutet, aber doch zugleich in einem unbestimmten Dunkel gelassen, daß dieser erste Zustand sich im Besitze einer bestimmten, in sich schon ausgedehnten Erkenntnis religiöser, und zwar von Gott unmittelbar geoffenbarter Wahrheiten befunden habe. Von diesem Zustande aus seien nun ebenso in geschichtlichem Sinn alle Religionen ausgegangen, so daß sie zugleich jene erste Wahrheit mit Ausgeburten des Irrtums und der Verkehrtheit verunreinigt und verdeckt haben. In allen den Mythologieen des Irrtums aber seien Spuren jenes Ursprungs und jener ersten Religionslehren der Wahrheit vorhanden und zu erkennen. Der Erforschung der alten Völkergeschichte wird daher wesentlich dies Interesse gegeben, in ihr so weit aufzusteigen, um bis zu einem Punkte zu gelangen, wo solche Fragmente der ersten geoffenbarten Erkenntnis noch in ihrer größern Reinheit anzutreffen seien* [g]*. Wir haben dem Interesse dieser Forschungen sehr viel Schätzenswertes zu ver-*

f) Fr. v. Schlegel, Philosophie der Geschichte I., S. 44 [1. Ausg.].

g) Wir haben diesem Interesse viel Schätzenswertes an Entdekkungen über orientalische Literatur und erneuertem Studium derselben in den schon früher aufgespeicherten Schätzen über altasiatische Zustände, Mythologie, Religion und Geschichte derselben zu danken. Die katholische Regierung hat sich in gebildeten Ländern der Anforderungen des Gedankens nicht länger entschlagen und damit des Bedürfnisses, sich in Bund mit Gelehrsamkeit und Philosophie zu setzen. Beredt und imposant hat Abbé Lamennais [1] unter den Kriterien der wahrhaften Religion aufgezählt, daß sie die allgemeine, d. h. katholische, und die älteste sein müsse, und die *Congrégation* [2] hat in Frankreich eifrig und fleißig dahin gearbeitet, daß dergleichen Behauptungen nicht mehr, wie häufig und sonst genügte, für Kanzeltiraden und Autoritätsversicherungen gelten sollten. Insbesondere hat die so ungeheuer ausgebreitete Religion des Buddha, eines Gottmenschen, die Aufmerksamkeit auf sich gezogen. Die indische Trimûrti wie die chinesische Abstraktion der Dreiheit war ihrem Inhalte nach für sich klarer. Die Gelehrten Herr Abel Rémusat [3] und Herr Saint Mar-

danken, aber dies Forschen zeugt unmittelbar gegen sich selbst. Denn es geht darauf, dasjenige erst geschichtlich zu bewähren, was von ihm als ein Geschichtliches vorausgesetzt wird. Übrigens sind die historischen Daten erst sehr zusammengeschmolzen und dann endlich ganz geschwunden. Weder jener Zustand der Gotteserkenntnis, auch sonstiger wissenschaftlicher, z. B. astronomischer Kenntnisse (wie den Indern noch von Astronomen selbst, wie z. B. Bailly [h]*) angefabelt worden sind), noch daß ein solcher Zustand an der Spitze der Weltgeschichte gestanden habe, noch von einem*

---

tin[4]) haben in der chinesischen und von dieser aus dann in der mongolischen, und wenn es sein könnte, in tibetanischer Literatur ihrerseits die verdienstvollsten Untersuchungen angestellt, wie Baron von Eckstein[5]) seinerseits auf seine Weise, d. i. mit oberflächlichen, aus Deutschland geschöpften naturphilosophischen Vorstellungen und Manieren in Art und Nachahmung Fr. von Schlegels, doch geistreicher als dieser, — die dessen ungeachtet in Frankreich nicht im geringsten ansprach — in seinem Journal »*Le Catholique*« jenem primitiven Katholizismus Vorschub tat, insbesondere aber die Unterstützung der Regierung auch auf die gelehrte Seite der *Congrégation* hinleitete, daß sie sogar Reisen in den Orient unternehmen ließ, um daselbst noch verborgene Schätze, aus welchen man sich über die tiefern Lehren, insbesondere das höhere Altertum und die Quellen des Buddhismus weitere Aufschlüsse versprach, endlich aufzufinden und die Sache des Katholizismus auf diesem weiten, aber für die Gelehrten interessanten Umwege zu befördern.

[1]) Lamennais, 1782—1854, Führer der katholischen Demokratie in Frankreich, Herausgeber der Zeitschrift »L'Avenir«, 1830—32.

[2]) Gemeint ist die *Congregatio de propaganda fide*, gegründet vom Papst Gregor XV. am 21. Juni 1622, gewöhnlich einfach die Propaganda genannt.

[3]) Rémusat, Jean Pierre Abel, 1788—1832, Professor der Sinologie am Collège de France.

[4]) Saint-Martin, Marquis de, 1743—1803, Theosoph; »*L'homme de désir*« 1790, »De l'esprit des choses« 1800.

[5]) Eckstein, Ferdinand Baron von, 1790—1861, Parteigänger der Restauration und des Ultramontanismus, bis 1830 Historiograph des französischen Außenministeriums.

---

h) Bailly [*Histoire de l'astronomie ancienne*, 1775] hat mit oberflächlicher Kenntnis auf die Astronomie der Inder verwiesen. Aber in unsern Zeiten zeigt sich, z. B. bei Lambert [Kosmologische Briefe über die Einrichtung des Weltbaus, 1761], daß zwar die Inder astronomische Kenntnisse besaßen; z. B. die *solchen die Religionen der Völker einen traditionellen Ausgangspunkt genommen und durch Ausartung und Verschlechterung (wie in dem roh aufgefaßten sogenannten Emanationssystem vorgestellt wird) in der Ausbildung fortgeschritten sind, — alles dieses sind Voraussetzungen, die weder eine historische Begründung haben, noch, indem wir ihrem beliebigen, aus dem subjektiven Meinen nur hervorgegangenen Ursprung den Begriff entgegenstellen dürfen, je eine solche erlangen können.*

Das Philosophische in jener Vorstellung eines primitiven Zustandes der Vollkommenheit ist dann dies, daß der Mensch nicht mit tierischer Dumpfheit angefangen haben kann. Dies ist richtig; aus tierischer Dumpfheit konnte er sich nicht entwickeln, wohl aber aus menschlicher Dumpfheit. Tierische Menschlichkeit ist ganz etwas anderes als Tierheit. Den Anfang macht der Geist; dieser aber ist erst an sich, er ist natürlicher Geist, dem jedoch der Charakter der Menschlichkeit durchaus aufgeprägt ist. Das Kind hat keine Vernünftigkeit, aber die reale Möglichkeit, vernünftig zu sein. Das Tier dagegen hat keine Möglichkeit, seiner sich bewußt zu werden. Schon in der einfachen Bewegung des Kindes liegt etwas Menschliches; seine erste Bewegung, sein Schreien schon ist etwas ganz anderes als tierisches. Der Mensch war stets eine Intelligenz; aber wenn man deshalb dabei verweilen will, daß er in jenem ersten Zustande im reinen Bewußtsein Gottes und der Natur, gleichsam im Centro von allem, was wir erst mühsam erringen, im Mittelpunkte aller Wissenschaft und Kunst gelebt haben soll, so muß man nicht wissen, was Intelligenz, was Denken ist. Man muß nicht wissen, daß der Geist diese unendliche Bewegung, ἐνέργεια, ἐντελέχεια (Energie, Tätigkeit) ist, die nie ruht, ein solches, welches das Erste verlassen hat und weiter gezogen wird zu einem andern, dieses bearbeitet und in seiner Arbeit sich selbst gefunden hat: erst durch diese Arbeit legt der Geist

---

Brahminen rechneten nach ganz gedankenlos gebrauchten Formeln Sonnenfinsternisse aus. Der Geist aber, der freilich einst in diesen Formeln war, obgleich nur auf mechanische Weise, ist längst aus ihnen geschwunden. Überhaupt enthalten die ihnen überlieferten Methoden gar nicht das Vorzügliche, das man ihnen früher zugeschrieben hat.

das Allgemeine, seinen Begriff vor sich und ist nun erst wirklich geworden. Also ist dies nicht das Erste, sondern das Letzte. Gebräuche, Gesetze, Einrichtungen, Symbole alter Völker sind zwar Hüllen spekulativer Ideen, indem sie Hervorbringungen des Geistes sind. Aber ganz etwas anderes ist diese innere Wirklichkeit der Idee und dies, daß sie sich selbst erkannt und in der Form der Idee gefaßt hat. Die gewußte spekulative Idee kann nicht vorangegangen sein; sondern sie ist Frucht der höchsten, abstraktesten Anstrengung des Geistes.

Der philosophischen Betrachtung ist es nur angemessen und würdig, die Geschichte da aufzunehmen, wo die Vernünftigkeit in weltliche Existenz zu treten beginnt, nicht wo sie noch erst eine Möglichkeit nur a n s i c h ist, sondern wo ein Zustand vorhanden ist, in dem sie in Bewußtsein, Willen und Tat auftritt. Die unorganische Existenz des Geistes, die der Freiheit, d. i. des Guten und des Bösen und damit der Gesetze bewußtlose, es sei wilde oder weiche Stumpfheit oder, wenn man will, Vortrefflichkeit ist selbst nicht Gegenstand der Geschichte. Die natürliche, auch zugleich religiöse Sittlichkeit ist die Familienpietät. Das Sittliche besteht in dieser Gesellschaft eben darin, daß die Mitglieder nicht als Individuen von freiem Willen gegeneinander, nicht als Personen sich verhalten; eben darum ist diese Familie in sich dieser Entwicklung entnommen, aus welcher die Geschichte erst entsteht. Tritt die geistige Einheit aber über diesen Kreis der Empfindung und natürlichen Liebe heraus und gelangt sie zum Bewußtsein der Persönlichkeit, so ist dieser finstre[,] spröde Mittelpunkt vorhanden, in welchem weder Natur noch Geist offen und durchsichtig ist, und für welchen Natur und Geist nur erst durch die Arbeit fernerer und einer in der Zeit sehr fernen Bildung jenes selbstbewußt gewordenen Willens offen und durchsichtig werden können. Das Bewußtsein allein ist ja das Offene und das, für welches Gott und irgend etwas sich offenbaren kann, und in seiner Wahrheit, in seiner an und für sich seienden Allgemeinheit, kann es sich nur dem nachdenkend gewordenen Bewußtsein offenbaren. Die Freiheit ist nur, solche allgemeine substanzielle Gegenstände wie das Gesetz und das Recht zu wissen und zu wollen und eine Wirklichkeit hervorzubringen, die ihnen gemäß ist, — den Staat.

Völker können ohne Staat ein langes Leben fortgeführt haben, ehe sie dazu kommen, diese ihre Bestimmung zu erreichen, — und darin selbst eine bedeutende Ausbildung nach gewissen Richtungen hin erlangt haben. Diese Vorgeschichte liegt nach dem Angegebenen ohnehin außer unserem Zwecke; es mag darauf eine wirkliche Geschichte gefolgt oder die Völker gar nicht zu einer Staatsbildung gekommen sein. Es ist die große Entdeckung, wie einer neuen Welt, in der Geschichte, die seit etlichen und zwanzig [Jahren] über die Sanskritsprache und dann über den Zusammenhang der europäischen Sprachen mit derselben gemacht worden ist, welche eine Ansicht über die geschichtliche Verbindung der germanischen Völker insbesondere mit den indischen gegeben hat, die eine so große Sicherheit mit sich führt, als in solchen Materien nur gefordert werden kann. Noch gegenwärtig wissen wir von Völkerschaften, welche kaum eine Gesellschaft, viel weniger einen Staat bilden, aber schon lange als existierend bekannt sind; von andern, deren gebildeter Zustand uns vornehmlich interessieren muß, reicht [die] Tradition über die Stiftungsgeschichte ihres Staates hinaus, und viele Veränderungen sind jenseits dieser Epoche mit ihnen vorgegangen. In dem angeführten Zusammenhange der Sprachen so weit auseinanderliegender und so sehr nicht nur zu gegenwärtiger Zeit, sondern zu der bereits alten Zeit, in der sie uns bekannt sind, an Religion, Verfassung, an Sittlichkeit und an aller geistigen, auch physischen Bildung von einander verschiedener Völker haben wir ein Resultat vor uns, welches uns die Verbreitung dieser Nationen von Asien aus und die zugleich so disparate Ausbildung einer uranfänglichen Verwandtschaft als ein unwidersprechliches Faktum zeigt, das nicht aus der beliebten räsonnierenden Kombination von Umständen und Umständchen hervorgeht, welche die Geschichte mit so vielen für Fakta ausgegebenen Erdichtungen bereichert hat und, da ebensosehr andere Kombinationen derselben Umstände und mit andern möglich sind, so immerfort bereichern wird. Jenes in sich so weitläufig [sich] zeigende Geschehene aber fällt außerhalb der Geschichte: es ist derselben vorangegangen.

Geschichte vereinigt in unserer Sprache die objektive sowohl und subjektive Seite und bedeutet ebensowohl die historiam rerum gestarum als die res gestas selbst, die eigentlicher unterschiedene Geschichtserzählung als das Geschehene, die Taten und Begebenheiten selbst. Diese Vereinigung der beiden Bedeutungen müssen wir für höherer Art als für eine äußerliche Zufälligkeit ansehen: es ist dafür zu halten, daß Geschichtserzählung mit eigentlich geschichtlichen Taten und Begebenheiten gleichzeitig erscheinen; es ist eine innerliche gemeinsame Grundlage, welche sie zusammen hervortreibt. Familienandenken, patriarchalische Traditionen haben ein Interesse innerhalb der Familie, des Stammes. Der gleichförmige Verlauf ihres Zustandes ist kein Gegenstand für die Erinnerung; aber sich unterscheidende Taten oder Wendungen des Schicksals mögen die Mnemosyne zur Fassung solcher Bilder erregen, wie Liebe und religiöse Empfindung die Phantasie zum Gestalten solchen gestaltlos beginnenden Dranges auffordern. Aber der Staat erst führt einen Inhalt herbei, der für die Prosa der Geschichte nicht nur geeignet ist, sondern sie selbst mit erzeugt. Statt nur subjektiver, für das Bedürfnis des Augenblicks genügender Befehle des Regierens erfordert ein festwerdendes, zum Staate sich erhebendes Gemeinwesen Gebote, Gesetze, allgemeine und allgemeingültige Bestimmungen und erzeugt damit sowohl einen Vortrag als ein Interesse von verständigen, in sich bestimmten und für sich selbst in ihren Resultaten dauernden Taten und Begebenheiten, welchen die Mnemosyne zum Behuf des selbst perennierenden Zwecks dieser noch gegenwärtigen Gestaltung und Beschaffenheit des Staates die Dauer des Andenkens hinzuzufügen getrieben ist. Die tiefere Empfindung überhaupt wie die der Liebe, und dann die religiöse Anschauung und deren Gebilde sind an ihnen selbst ganz gegenwärtig und befriedigend; aber die bei ihren vernünftigen Gesetzen und Sitten zugleich äußerliche Existenz des Staats ist eine unvollständige Gegenwart, deren Verstand zu ihrer Integrierung des Bewußtseins der Vergangenheit bedarf.

Die Zeiträume, wir mögen sie uns von Jahrhunderten oder Jahrtausenden vorstellen, welche den Völkern vor der Geschichtschreibung verflossen sind und mit Revolutionen, mit

Wanderungen, den wildesten Veränderungen mögen angefüllt gewesen sein, sind darum ohne objektive Geschichte, weil sie keine subjektive, keine Geschichtserzählung aufweisen. Nicht wäre über solche Zeiträume diese nur zufällig untergegangen; sondern weil sie nicht hat vorhanden sein können, haben wir keine darüber. Erst im Staate mit dem Bewußtsein von Gesetzen sind klare Taten vorhanden und mit ihnen die Klarheit eines Bewußtseins über sie, welche die Fähigkeit und das Bedürfnis gibt, sie so aufzubewahren. Auffallend ist es jedem, der mit den Schätzen der indischen Literatur bekannt zu werden anfängt, daß dieses an geistigen, und zwar in das Tiefste gehenden Produktionen so reiche Land keine Geschichte hat und darin aufs stärkste sogleich gegen China kontrastiert, welches Reich eine so ausgezeichnete, auf die ältesten Zeiten zurückgehende ausführliche Geschichtserzählung besitzt[i]*. Indien hat nicht [allein] alte Religionsbücher und glänzende Werke der Dichtkunst, sondern auch alte Gesetzbücher, was vorhin als eine Bedingung der Geschichtsbildung gefordert wurde, und doch keine Geschichte. Aber in diesem Lande ist die zu Unterschieden der Gesellschaft beginnende Organisation sogleich zu Naturbestimmungen (in den Kasten) versteinert, so daß die Gesetze zwar die Zivilrechte betreffen, aber diese selbst von jenen auf die Natur gestellten Unterschieden abhängig machen und vornehmlich Zuständigkeiten (nicht sowohl Rechte als Unrechte) dieser Stände gegeneinander, d. i. nur der höhern gegen die niedrigern, bestimmen. Damit ist aus der Pracht des indischen Lebens und aus seinen Reichen das Element der Sittlichkeit verbannt. Über jener Unfreiheit der naturfesten Ständigkeit von Ordnung ist aller Zusammenhang der Gesellschaft wilde Willkür, vergängliches Treiben oder vielmehr Wüten ohne einen Endzweck des Fortschreitens und der Entwicklung: so ist kein denkendes Andenken, kein Gegenstand für die Mnemosyne vorhanden, und eine, wenn auch tiefere, doch nur wüste Phantasie treibt sich auf dem Boden herum, welcher einen festen, — der Wirklichkeit, wenn auch noch [nicht] zugleich der subjektiven, doch der substanziellen, d. i. an sich vernünftigen Freiheit an-*

i) Ms.: bezieht

gehörigen — Zweck in sich haben und sich damit der Geschichte fähig hätte machen sollen.

Um solcher Bedingung einer Geschichte willen ist es auch geschehen, daß jenes so reiche, ja unermeßliche Werk der Zunahme von Familien zu Stämmen, der Stämme zu Völkern und deren durch diese Ausdehnung herbeigeführte Ausbreitung, welche selbst so viele Verwicklungen, Kriege, Umstürze, Untergänge vermuten läßt, ohne Geschichte sich nur zugetragen hat; noch mehr, daß die damit verbundene Verbreitung und Ausbildung des Reichs der Laute selbst stumm geblieben, lautlos und schleichend geschehen ist. Es ist ein Faktum der Monumente, daß die Sprachen im ungebildeten Zustande der Völker, die sie gesprochen, höchst ausgebildet geworden sind, daß der Verstand sich sinnvoll entwickelnd ausführlich in diesen theoretischen Boden geworfen hatte. — Die ausgedehnte konsequente Grammatik ist das Werk des Denkens, das seine Kategorien darin bemerklich macht. Es ist ferner ein Faktum, daß mit fortschreitender Zivilisation der Gesellschaft und des Staats diese systematische Ausführung des Verstands sich abschleift und die Sprache hieran ärmer und ungebildeter wird, — ein eigentümliches Phänomen, daß das in sich geistiger werdende, die Vernünftigkeit heraustreibende und bildende Fortschreiten jene verständige Ausführlichkeit und Genauigkeit vernachlässigt, hemmend findet und entbehrlich macht. Die Sprache ist die Tat der theoretischen Intelligenz im eigentlichen Sinne, denn es ist die äußerliche Äußerung derselben. Die Tätigkeiten der Erinnerung, Phantasie sind ohne die Sprache nur erst innerliche Äußerungen. Aber diese theoretische Tat überhaupt wie deren weitere Entwicklung und das damit verbundene Konkretere der Völkerverbreitung, ihrer Abtrennung voneinander, Verwicklung, Wanderung bleibt in das Trübe einer stummen Vergangenheit eingehüllt; es sind nicht Taten des selbstbewußtwerdenden Willens, nicht der sich andere Äußerlichkeit, eigentliche Wirklichkeit gebenden Freiheit. Diesem wahrhaften Elemente nicht angehörend haben jene Veränderungen, ihrer gebildeten Sprachentwicklung ungeachtet, keine Geschichte erlangt. Die Voreiligkeit der Sprache und das Vorwärts- und Auseinandertreiben der Nationen hat erst teils in Berührung mit Staaten, teils durch eigenen Beginn der Staatsbildung Bedeutung und Interesse für die konkrete Vernunft erlangt.

c) Der Verlauf der Entwicklung [a])

Nach diesen Bemerkungen, welche die Form des Anfangs der Weltgeschichte und das aus ihr auszuschließende Vorgeschichtliche betroffen haben, ist die Art des Ganges derselben näher anzugeben, doch hier nur von der formellen Seite; die Fortbestimmung des konkreten Inhalts ist Aufgabe [b]) *der Einteilung.*

Die Weltgeschichte [c]) *stellt, wie früher bestimmt worden ist, die Entwicklung des Bewußtseins des Geistes von seiner Freiheit und der von solchem Bewußtsein hervorgebrachten Verwirklichung dar. Die Entwicklung führt es mit sich, daß sie ein Stufengang, eine Reihe weiterer Bestimmungen der Freiheit [ist], welche durch den Begriff der Sache, d. i. hier der Natur der sich bewußtwerdenden Freiheit, hervorgehen. Die logische und noch mehr die dialektische Natur des Begriffes überhaupt, daß er sich selbst bestimmt, Bestimmungen in sich setzt und dieselben wieder aufhebt und durch dieses Aufheben selbst eine affirmative, und zwar reichere, konkretere Bestimmung gewinnt, — diese Notwendigkeit und die notwendige Reihe der reinen abstrakten Begriffsbestimmungen wird in der Philosophie*[d]) *erkannt. Hier haben wir nur dies aufzunehmen, daß jede Stufe als verschieden von der andern ihr bestimmtes eigentümliches Prinzip hat. Solches Prinzip ist in der Geschichte Bestimmtheit des Geistes eines Volkes. In dieser drückt er als konkret alle Seiten seines Bewußtseins und Wollens, seiner ganzen Wirklichkeit aus; sie ist das gemeinschaftliche Gepräge seiner Religion, seiner politischen Verfassung, seiner Sittlichkeit, seines Rechtssystems, seiner Sitten, auch seiner Wissenschaft, Kunst und technischer Geschicklichkeit, der Richtung seiner Gewerbstätigkeit. Diese speziellen Eigentümlichkeiten sind aus jener allgemeinen Eigentümlichkeit, dem besondern*

---

a) Ms. st. d.: b. Gang der Weltgeschichte.
b) Ms.: Angabe
c) Ms. st. d.: Sie
d) K. H. verbessert: Logik

Prinzipe eines Volkes zu verstehen, so wie umgekehrt aus dem in der Geschichte vorliegenden faktischen Detail jenes Allgemeine der Besonderheit herauszufinden ist. Daß eine bestimmte Besonderheit in der Tat das eigentümliche Prinzip eines Volkes ausmacht, ist die Seite, welche empirisch aufgenommen und auf geschichtliche Weise erwiesen werden muß. Dies zu leisten, setzt nicht nur eine geübte Abstraktion, sondern auch schon eine vertraute Bekanntschaft mit den Ideen voraus; man muß mit [dem] Kreise dessen, worein die Prinzipien fallen, wenn man es so nennen will, a priori vertraut sein, so gut als, um den größten Mann in dieser Erkennungsweise zu nennen, Kepler mit den Ellipsen, mit Kuben und Quadraten und mit den Gedanken von Verhältnissen derselben a priori, schon vorher bekannt sein mußte, ehe er aus den empirischen Daten seine unsterblichen Gesetze, welche in Bestimmungen aus jenem Kreise von Vorstellungen bestehen, erfinden konnte. Derjenige, der in diesen Kenntnissen der allgemeinen Elementarbestimmungen unwissend ist, kann jene Gesetze, und wenn er den Himmel und die Bewegungen seiner Gestirne noch so lange anschaute, ebensowenig verstehen, als er sie hätte erfinden können. Von dieser Unbekanntschaft mit den Gedanken des sich entwikkelnden Gestaltens der Freiheit rührt ein Teil der Vorwürfe her, welche einer philosophischen Betrachtung über eine sich sonst empirisch haltende Wissenschaft wegen der sogenannten Apriorität und des Hineintragens von Ideen in jenen Stoff gemacht werden. Solche Gedankenbestimmungen erscheinen dann als etwas Fremdartiges, nicht in dem Gegenstande Liegendes. Der subjektiven Bildung, welche nicht die Bekanntschaft und Gewohnheit von Gedanken hat, sind sie wohl etwas Fremdartiges und liegen nicht in der Vorstellung und dem Verstande, den solcher Mangel sich von dem Gegenstande macht. Es folgt daraus der Ausdruck, daß die Philosophie solche Wissenschaften nicht verstehe. Sie muß in der Tat zugeben, daß sie den Verstand, der in jenen Wissenschaften herrschend ist, nicht habe, d. i. nicht nach den Kategorien solchen Verstandes verfahre, sondern nach Kategorien der Vernunft, wobei sie jenen Verstand aber, auch dessen Wert und Stellung kennt. — Es gilt in solchem Verfahren des wissenschaftlichen Verstandes gleichfalls, daß das Wesentliche von dem sogenannten Unwesentlichen geschieden und herausgehoben werden müsse. Um dies aber zu vermögen, muß man das Wesentliche kennen, und dieses, wenn die Weltgeschichte im ganzen betrachtet werden soll, ist, wie früher angegeben worden, das Bewußtsein der Freiheit und in der Entwicklung desselben die Bestimmtheiten dieses Bewußtseins. Die Richtung auf diese Kategorien ist die Richtung auf das wahrhaft Wesentliche.

Von den Instanzen der direktern Art von Widerspruch gegen eine in ihrer Allgemeinheit aufgefaßte Bestimmtheit kommt gewöhnlich auch ein Teil auf den Mangel, Ideen zu fassen und zu verstehen. Wenn in der Naturgeschichte gegen die entschieden sich ergebenden Gattungen und Klassen ein monströses, verunglücktes Exemplar oder Mischlingsgeschöpf als Instanz vorgewiesen wird, so kann man mit Recht das anwenden, was oft ins Unbestimmte hin gesagt wird, daß die Ausnahme die Regel bestätige, d. h., daß an ihr, es sei die Bedingungen, unter denen sie stattfindet, oder das Mangelhafte, Zwitterhafte, das in der Abweichung von dem Normalen liegt, sich zeigen. Die Ohnmacht der Natur vermag ihre allgemeinen Klassen und Gattungen nicht gegen andere elementarische Momente und Wirksamkeiten festzuhalten. Aber [wie] z. B. die Organisation des Menschen in ihrer konkreten Gestaltung aufgefaßt und zu seinem organischen Leben Gehirn, Herz u. dergl. als wesentlich gehörig angegeben werden, so kann etwa eine traurige Mißgeburt oder irgend eine Moles vorgezeigt werden, welche eine menschliche Gestalt im allgemeinen oder Teile derselben an ihr hat, auch in einem menschlichen Leibe erzeugt, darin gelebt, selbst aus ihm geboren, geatmet habe, in der sich aber kein Gehirn oder kein Herz befinde. Wird solches Exemplar als eine Instanz gegen die für eine wirkliche menschliche Organisation geforderte Beschaffenheit gebraucht, so wird bei dem abstrakten Namen Mensch und dessen oberflächlicher Bestimmung stehen geblieben, gegen welche die Vorstellung eines konkreten, wirklichen Menschen freilich etwas anderes ist: ein solcher muß Gehirn im Kopfe und ein Herz in der Brust haben.

Auf ähnliche Weise wird verfahren, wenn richtig gesagt wird, daß Genie, Talent, moralische Tugenden und Empfin-

dungen, Frömmigkeit unter allen Zonen, Verfassungen und politischen Zuständen stattfinden können, wovon es an beliebiger Menge von Beispielen nicht fehlen kann. Wenn damit der Unterschied [e]*), der sich auf das Selbstbewußtsein der Freiheit bezieht, als unwichtig oder als unwesentlich gegen die angeführten Qualitäten gelten soll, so bleibt die Reflexion bei abstrakten Kategorien und tut auf bestimmten Inhalt Verzicht, für welchen in solchen Kategorien allerdings kein Prinzip vorhanden ist. Der Standpunkt der Bildung, der sich in solchen formellen Gesichtspunkten bewegt, gewährt ein unermeßliches Feld für scharfsinnige Fragen, gelehrte Ansichten, auffallende Vergleichungen, tiefscheinende Reflexionen und Deklamationen, die um so glänzender werden können, je mehr ihnen das Unbestimmte zu Gebote steht, und um so mehr immer erneuert und abgeändert werden können, je weniger in ihren Bemühungen, große Resultate zu gewinnen, es zu etwas Festem und Vernünftigem kommen kann. In diesem Sinne können die bekannten indischen, wenn man will, Epopöen mit den homerischen verglichen und etwa, weil Größe der Phantasie das sei, wodurch sich das dichterische Genie beweise, über sie gestellt werden, wie man sich durch die Ähnlichkeit einzelner phantastischer Züge oder Attribute der Göttergestalten für berechtigt gehalten hat, Figuren der griechischen Mythologie in indischen zu erkennen. In ähnlichem Sinne ist chinesische Philosophie, insofern sie das Eine zugrunde legt, für dasselbe ausgegeben worden, was später als eleatische Philosophie, spinozistisches System erschienen sei; weil sie sich auch mit abstrakten Zahlen und Linien ausdrückt, ist die pythagoreische Philosophie, auch christliches Dogma in ihr gesehen worden. Beispiele von Tapferkeit, ausharrendem Mute, Züge des Edelmuts, der Selbstverleugnung und Selbstaufopferung usf., die sich unter den wildesten wie unter den schwachmütigsten Nationen finden, werden für hinreichend angesehen, um dafür zu halten, daß in denselben ebensosehr und leicht auch mehr Sittlichkeit und Moralität sich finde als in den gebildetsten christlichen Staaten, usf. Man hat in dieser Rücksicht die Frage des Zweifels aufgeworfen, ob die Men-*

[e]) Ms.: die Unterschiede

schen im Fortschreiten der Geschichte und mit ihr der Bildung aller Art besser geworden, ob ihre Moralität zugenommen habe, indem diese nur auf der subjektiven Absicht und Einsicht beruhe, — auf dem, was der Handelnde für Recht oder für Verbrechen, für gut oder böse ansehe, nicht auf einem solchen, das an und für sich oder in einer besondern, für wahrhaft geltenden Religion für recht und gut oder für Verbrechen und böse angesehen werde.

Wir können es hier überhoben sein, den Formalismus und Irrtum solcher Betrachtungsweise zu beleuchten und die wahrhaften Grundsätze der Moralität oder vielmehr der Sittlichkeit gegen die falsche Moralität festzusetzen. Denn die Weltgeschichte bewegt sich auf einem höhern Boden, als der ist, auf dem die Moralität ihre eigentümliche Stätte hat, welche die Privatgesinnung, das Gewissen der Individuen, ihr eigentümlicher Wille und Handlungsweise ist; diese haben ihren Wert, Imputation, Lohn oder Bestrafung für sich. Was der an und für sich seiende Endzweck des Geistes fordert und vollbringt, was die Vorsehung tut, liegt über den Verpflichtungen und der Imputationsfähigkeit und Zumutung, welche auf die Individualität in Rücksicht ihrer Sittlichkeit fällt. Welche demjenigen, was der Fortschritt der Idee des Geistes notwendig machte, in sittlicher Bestimmung und damit edler Gesinnung widerstanden haben, stehen in moralischem Werte höher als diejenigen, deren Verbrechen in einer höhern Ordnung zu Mitteln verkehrt worden wären, den Willen dieser Ordnung ins Werk zu setzen. Aber bei Umwälzungen dieser Art stehen überhaupt beide Parteien nur innerhalb desselben Kreises des Verderbens, und es ist damit nur ein formelles, vom lebendigen Geiste und von Gott bereits verlassenes Recht, was die gesetzlich berechtigt Auftretenden verteidigen. Die Taten der großen Menschen, welche Individuen der Weltgeschichte sind, erscheinen so nicht nur in der innern, ihnen [f]) *bewußtlosen Bedeutung gerechtfertigt, sondern auch auf dem weltlichen Standpunkte. Aber von diesem aus müssen gegen welthistorische Taten und deren Vollbringer nicht moralische Kreise Anspruch erheben, denen sie nicht angehören. Die Litanei*

---

f) Ms.: ihren

von Privattugenden der Bescheidenheit, Demut, Menschenliebe und Mildtätigkeit usf. muß nicht gegen sie erhoben werden. Die Weltgeschichte könnte überhaupt dem Kreise, worein Moralität, auch der so oft und schief besprochene Zwiespalt zwischen Moral und Politik fällt, ganz entheben, nicht nur so, daß sie sich der Urteile enthielte, — ihre Prinzipien aber und die notwendige Beziehung der Handlungen auf dieselben sind schon für sich selbst das Urteil, — sondern indem sie die Individuen ganz aus dem Spiele und unerwähnt ließe; denn was sie zu berichten hat, sind die Taten des Geistes der Völker, und die individuellen Gestaltungen, welche derselbe [g]*) auf dem äußerlichen Boden der Wirklichkeit angezogen, könnten der eigentlichen Geschichtschreibung überlassen bleiben.*

Derselbe Formalismus wie der moralische treibt sich mit den Unbestimmtheiten von Genie, Poesie, auch Philosophie herum und findet diese auf gleiche Weise allenthalben. Es sind dies Produkte der denkenden Reflexion, und in solchen Allgemeinheiten — welche wesentliche Unterschiede, ohne in die wahrhafte Tiefe des Inhalts hinabzusteigen, herausheben und bezeichnen — [sich] mit Fertigkeit bewegen, ist B i l d u n g überhaupt; sie ist etwas Formelles, insofern sie nur, der Inhalt sei, welcher er wolle, darauf geht, ihn in Bestandteile zu zergliedern und dieselben in Denkbestimmungen und Denkgestaltungen zu fassen. Es ist nicht freie Allgemeinheit, welche für sich zum Gegenstand des Bewußtseins zu machen erforderlich ist, was zur Bildung als solcher gehört. Solches Bewußtsein über das Denken selbst und seine von einem Stoffe isolierten Formen ist die Philosophie, die freilich die Bedingung ihrer Existenz in der Bildung hat; aber diese ist nur dies, den sonst vorhandenen Inhalt mit der Form der Allgemeinheit zugleich zu bekleiden, so daß ihr Besitz beides ungetrennt enthält, und so sehr ungetrennt, daß sie solchen Inhalt, der durch die Analyse einer Vorstellung in eine Menge von Vorstellungen zu einem unberechenbaren Reichtum erweitert wird, für bloß empirischen Inhalt nimmt, an dem das Denken keinen Teil habe. Es ist aber ebensowohl Tat des Denkens, und zwar des Verstandes,

g) Ms.: denselben

einen Gegenstand, der in sich ein konkreter, reicher Inhalt [ist], zu einer einfachen Vorstellung (wie Erde, Mensch usf., oder Alexander, Cäsar) zu machen und mit einem Worte zu bezeichnen, als dieselbe aufzulösen, die darin enthaltenen [Bestimmungen] ebenso in der Vorstellung zu isolieren und ihnen besondere Namen zu geben. — Dies [wollte ich zu bemerken nicht unterlassen], um nicht Unbestimmtes und Leeres über die Bildung zu sagen. In Beziehung aber auf die Ansicht, von der die Veranlassung dazu ausging, wird so viel erhellen, daß, so wie die Reflexion die Allgemeinheiten von Genie, Talent, Kunst, Wissenschaft usf. und ebensolche allgemeine Betrachtungen über sie hervorbringt, die formelle Bildung auf jeder Stufe der geistigen Gestaltungen nicht nur hervortreten, gedeihen und zu einer hohen Blüte gelangen k a n n, *sondern auch muß, indem solche Stufe sich zu einem Staate ausbildet und in dieser Grundlage der Zivilisation zu der Verstandesreflexion und wie zu Gesetzen so für alles zu Formen der Allgemeinheit fortgeht. Im Staatsleben als solchem liegt die Notwendigkeit der formellen Bildung und damit die Entstehung der Wissenschaften sowie einer gebildeten Poesie und Kunst überhaupt. Die unter dem Namen der bildenden Künste begriffenen erfordern ohnehin schon von der technischen Seite das zivilisierte Zusammenleben der Menschen. Die Dichtkunst, die der äußerlichen Bedürfnisse und Mittel weniger bedarf, das Element unmittelbar vom Geiste produzierten Daseins, die Stimme, zu ihrem Material hat, tritt in hoher Kühnheit und mit gebildetem Ausdrucke schon im Zustande eines nicht zu einem rechtlichen Leben vereinten Volkes hervor, da, wie früher bemerkt worden, die Sprache für sich jenseits der Zivilisation eine hohe Verstandesbildung erreicht. —*

Auch die Philosophie muß in dem Staatsleben zum Vorschein kommen, indem das, wodurch ein Inhalt ein gebildeter ist, wie soeben angeführt, die dem Denken angehörige Form, die Philosophie aber nur das Bewußtsein dieser Form selbst, das Denken des Denkens ist, hiemit das eigentümliche Material für ihr Gebäude schon in der allgemeinen Bildung zubereitet worden ist und in der Entwicklung des Staates selbst Perioden eintreten müssen, durch welche teils der Geist edlerer Naturen zur Flucht aus der Gegenwart in die idealen

Regionen getrieben wird, um in denselben die Versöhnung mit sich zu finden, welche er in der in sich entzweiten Wirklichkeit nicht mehr genießen kann, teils — indem der reflektierende Verstand alles Heilige und Tiefe, das auf unbefangene Weise in die Religion, Gesetze und Sitten der Völker gelegt war, angreift und in abstrakte götterlose Allgemeinheiten verflacht und verflüchtigt, — das Denken zur denkenden Vernunft zu werden getrieben wird und in seinem eigenen Elemente die Wiederherstellung des Verderbens, zu dem es sich gebracht, suchen und ausführen muß.

Es gibt also freilich in allen welthistorischen Völkern Dichtkunst, bildende Kunst, Wissenschaft, auch Philosophie; aber nicht nur ist Ton, Stil und Richtung überhaupt, sondern noch vielmehr der Gehalt verschieden, und dieser Gehalt betrifft den höchsten Unterschied, den der Vernünftigkeit. Es hilft nichts, daß eine sich hochstellende ästhetische Kritik fordert, daß das Stoffartige, das ist das Substanzielle des Inhalts, unser Gefallen nicht bestimmen solle; sondern die schöne Form als solche, die Größe der Phantasie und dergleichen sei es, was die schöne Kunst bezwecke und was von einem liberalen Gemüte und gebildeten Geiste allein beachtet und genossen werden müsse. Wenn der Gehalt selbst bedeutungslos oder wild und phantastisch oder unsinnig ist, so läßt sich der gesunde Menschensinn nicht zu der Abstraktion von demselben bringen, um solche Werke seinem Genusse anzueignen. Möchte man so die indischen Epopöen den Homerischen um einer Menge jener formellen Eigenschaften [willen], Größe der Erfindung und Einbildungskraft, Lebhaftigkeit der Bilder und Empfindungen, Schönheit der Diktion usf. gleichsetzen wollen, so bleibt der Unterschied des Gehalts und hiemit das Substanzielle und das Interesse der Vernunft, das schlechthin auf das Bewußtsein des Freiheitsbegriffs und dessen Ausprägung in den Individuen geht, unendlich. Es gibt nicht nur eine klassische Form, sondern auch einen k l a s s i s c h e n Inhalt, und ferner sind Form und Inhalt im Kunstwerke so eng verbunden, daß jene nur klassisch sein kann, insofern es dieser ist; und mit phantastischem, sich nicht in sich begrenzendem Inhalte, — und das Vernünftige ist, was Maß und Ziel in sich hat, —

wird die Form zugleich maß- und formlos oder peinlich und kleinlich.

Gleicherweise kann chinesische, indische Philosophie und eleatische, pythagoreische, ferner spinozistische oder sogar alle moderne Metaphysik parallelisiert werden, insofern allerdings alle das Eine oder die Einheit, das ganz abstrakt Allgemeine zugrundelegen; aber solche Vergleichung oder gar Gleichstellung ist höchst oberflächlich. In ihr wird gerade das übersehen, worauf es allein ankommt, auf die Bestimmtheit solcher Einheit; und den wesentlichen Unterschied macht gerade dies aus, ob jene Einheit abstrakt oder aber konkret, — konkret bis zur Einheit in sich, die Geist ist, — gefaßt wird. Jenes Gleichstellen aber beweist eben, daß es nur die abstrakte Einheit kennt, und indem es über Philosophien urteilt, in demjenigen unwissend ist, was das Interesse der Philosophie ausmacht.

Es gibt aber auch Kreise, welche in aller Verschiedenheit des substanziellen Inhalts einer Bildung dieselben bleiben. Die genannte Verschiedenheit betrifft die denkende Vernunft; die Freiheit, deren Selbstbewußtsein diese ist, ist dieselbe eine Wurzel mit dem Denken. Wie nicht das Tier, sondern nur der Mensch denkt, so hat auch nur er und nur, weil er denkend ist, Freiheit. Ihr Bewußtsein enthält dies, daß das Individuum sich als Person, d. i. in seiner Einzelheit sich als in sich Allgemeines, der Abstraktion, des Aufgebens von allem Besondern Fähiges, sich somit als in sich Unendliches erfaßt. Kreise somit, die außerhalb dieser Erfassung liegen, sind ein Gemeinschaftliches jener substanziellen Unterschiede. Selbst die Moral, welche mit dem Freiheitsbewußtsein so nahe zusammenhängt, kann auch bei dem noch vorhandenen Mangel desselben sehr rein sein, insofern sie nämlich nur die allgemeinen Pflichten und Rechte als objektive Gebote ausspricht, oder auch insofern sie bei der formellen Erhebung, dem Aufgeben des Sinnlichen und aller sinnlichen Motive, als einem bloß Negativen stehen bleibt. Die chinesische Moral hat, seitdem die Europäer mit derselben und den Schriften des Confuzius bekannt geworden sind, das größte Lob und ruhmwürdige Anerkennung ihrer Vortrefflichkeit von ihnen, die doch mit der christlichen Moral vertraut sind, erlangt, sowie die Erhabenheit anerkannt ist, mit welcher die i n d i s c h e *Religion und Poesie (wozu man jedoch etwa beisetzen muß: die höhere) und insbesondere ihre Philosophie die Entfernung und Aufopferung des Sinnlichen aussprechen und fordern. Diese beiden Nationen ermangeln jedoch, man muß sagen gänzlich, des wesentlichen Selbstbewußtseins des Freiheitsbegriffes. Aber den Chinesen sind ihre moralischen Regeln wie Naturgesetze, äußerliche positive Gebote, Zwangsrechte und Zwangspflichten oder Regeln der Höflichkeit gegeneinander. Die Freiheit, durch welche die substanziellen Vernunftbestimmungen erst zu sittlicher Gesinnung werden, fehlt; die Moral ist Staatssache und wird durch Regierungsbeamte und die Gerichte gehandhabt. Ihre Werke darüber, welche nicht Staatsgesetzbücher sind, sondern allerdings an den subjektiven Willen und die Gesinnung gerichtet sind, lesen sich, wie die moralischen Schriften der Stoiker, als eine Reihe von Geboten, welche zum Ziele der Glückseligkeit notwendig seien, so daß die Willkür ihnen gegenüberstehend erscheint, welche sich zu solchen Geboten entschließen, sie befolgen kann oder auch nicht; wie denn auch die Vorstellung eines abstrakten* S u b j e k t s, *des Weisen, bei den chinesischen wie bei den stoischen Moralisten die Spitze solcher Lehren ausmacht*[h]*). — In der* i n d i s c h e n *Lehre des Aufgebens der Sinnlichkeit, der Begierden und irdischen Interessen ist nicht affirmative, sittliche Freiheit das Ziel und Ende, sondern das Nichts des Bewußtseins, die geistige und selbst physische Leblosigkeit. —*

Ein Volk ist überhaupt nur welthistorisch, insofern in seinem Grundelemente, in seinem Grundzweck ein allgemeines Prinzip gelegen hat; nur insofern ist das Werk, welches ein solcher Geist hervorbringt, eine sittliche, politische Organisation. Wenn es nur die Begierde ist, was die Völker treibt, so geht solches Treiben spurlos vorüber, z. B. als Schwärmerei; aber es ist kein Werk. Ihre Spuren sind vielmehr nur Verderben und Zerstörung. So reden die Griechen von der Herrschaft des Kronos, der Zeit, der seine Kinder, die Taten, die er erzeugt, wieder aufzehrt, — es war das

h) Am Rande: Liebe

goldene Zeitalter, ohne sittliche Werke. Erst Zeus, der politische Gott, der aus seinem Haupte die Pallas Athene geboren hat, und zu dessen Kreise Apollo nebst den Musen gehört, hat die Zeit dadurch bezwungen, daß er ein sittliches wissendes Werk geschaffen, den Staat hervorgebracht hat.

Das Objektive in dem Werk ist also nur dies, daß es gewußt wird. Im Elemente eines Werks ist selbst die Bestimmung der Allgemeinheit, des Denkens enthalten; ohne den Gedanken hat es keine Objektivität, er ist die Basis. Das Volk muß das Allgemeine wissen, worauf die Sittlichkeit des Volkes beruht und wodurch das Partikuläre verschwindet, also muß es die Bestimmungen seines Rechts, seiner Religion wissen. Der Geist kann sich nicht damit begnügen, daß eine Ordnung, ein Kultus besteht; was er will, ist dies Wissen seiner Bestimmungen. Nur so setzt sich der Geist in die Einheit seiner Subjektivität mit dem Allgemeinen seiner Objektivität. Seine Welt ist zwar eine solche, die zugleich außereinander ist, und er verhält sich zu ihr in äußerem Anschauen usf., aber es soll auch die Einheit seines Innersten mit dieser seiner Welt für ihn vorhanden sein. Dies ist seine höchste Befreiung, weil das Denken sein Innerstes ist. Der höchste Punkt der Bildung eines Volkes ist dieser, auch den Gedanken seines Lebens und Zustandes, die Wissenschaft seiner Gesetze, seines Rechts und Sittlichkeit zu fassen; denn in dieser Einheit liegt die innerste Einheit, in der der Geist mit sich sein kann. Es ist ihm in seinem Werke darum zu tun, sich als Gegenstand zu haben; sich aber als Gegenstand in seiner Wesenhaftigkeit hat der Geist nur, indem er sich denkt. Auf diesem Punkt weiß also der Geist seine Grundsätze, das Allgemeine seiner wirklichen Welt. Wenn wir so wissen wollen, was Griechenland gewesen ist, so finden wir dies im Sophokles und Aristophanes, im Thukydides und Plato; dort ist geschichtlich geworden, was das griechische Leben gewesen ist. In diesen Individuen hat der griechische Geist sich selbst vorstellend und denkend gefaßt.

Dies geistige Bewußtsein des Volkes von sich selbst ist das Höchste; aber erstens ist es auch nur ideell. Dieses Werk des Denkens ist die tiefere Befriedigung; aber sie ist als das Allgemeine zugleich ideell und der Form nach von der reellen Wirksamkeit, dem wirklichen Werk und dem Leben verschieden, wodurch dies Werk zustande gekommen war. Es gibt jetzt ein reales Dasein und ein ideales. So sehen wir ein Volk in solcher Zeit Befriedigung in der Vorstellung und in dem Gerede von der Tugend finden, das sich teils neben die Tugend, teils an ihre Stelle setzt. Der Geist hat diese hervorgebracht, und er weiß das Unreflektierte, das nur Faktische zur Reflexion über sich zu bringen. Damit gewinnt es zum Teil das Bewußtsein der Beschränktheit solcher Bestimmtheiten — wie der Glaube, das Zutrauen, die Sitte, — und so erhält das Bewußtsein Gründe, sich von ihnen, ihren Gesetzen loszusagen. Überhaupt liegt das in der Forderung von Gründen; indem solche Gründe, d. h. etwas ganz abstrakt Allgemeines, als Basis für jene Gesetze nicht gefunden werden, so wird die Vorstellung von der Tugend schwankend, das Absolute gilt nicht mehr als solches, sondern nur, indem es auf Gründen beruht. Damit tritt zugleich die Isolierung der Individuen von einander und vom Ganzen ein, die einbrechende Eigensucht derselben und Eitelkeit, das Suchen des eigenen Vorteils und Befriedigen desselben auf Kosten des Ganzen. Denn das Bewußtsein ist Subjektivität, und diese hat das Bedürfnis in sich, sich zu vereinzeln. So erscheinen dann die Eitelkeit, Selbstsucht; so treten die Leidenschaften, eigenen Interessen losgebunden als Verderben hervor. Dies ist dann nicht der natürliche Tod des Volksgeistes, sondern die Zerrissenheit in sich.

So ist Zeus, der dem Verschlingen der Zeit ein Ziel gesetzt und dies Vorübergehen sistiert hat, nachdem er ein in sich Festes begründet hatte, mit seinem ganzen Reiche verschlungen worden, und zwar eben von dem Prinzipe des Gedankens, dem Erzeugenden der Erkenntnis, des Räsonnements, der Einsicht aus Gründen und der Forderung von Gründen. Die Zeit ist das Negative im Sinnlichen; der Gedanke ist dieselbe Negativität, aber die innerste, die unendliche Form selbst, in welche daher alles Seiende überhaupt aufgelöst wird, zunächst das endliche Sein, die bestimmte Gestalt. Wohl ist also die Zeit das Korrosive des Negativen, der Geist aber ist selbst ebenfalls dies, daß er allen bestimmten Inhalt auflöst. Er ist das Allgemeine, Unbeschränkte, die innerste unendliche Form selbst, und wird mit allem Beschränkten fertig. Selbst wenn das Objektive dem Inhalte nach nicht als endlich und beschränkt erscheint, so erscheint es doch als Gegebenes, Unmittelbares, Autorität, und dadurch als solches, das dem Gedanken keine Schranken ziehen, nicht als Schranke für das denkende Subjekt und die unendliche Reflexion in sich aufgerichtet bleiben kann.

Diese Auflösung durch den Gedanken ist nun notwendig zugleich das Hervorgehen eines neuen Prinzips. Der Gedanke als Allgemeines ist auflösend; in diesem Auflösen ist aber in der Tat das vorhergehende Prinzip erhalten, nur nicht mehr in seiner ursprünglichen Bestimmung vorhanden. Das allgemeine Wesen ist erhalten, aber seine Allgemeinheit ist als solche herausgehoben worden. Das vorhergehende Prinzip ist durch die Allgemeinheit verklärt worden; zugleich ist die jetzige Weise als von der vorigen verschieden zu betrachten, in der die jetzige mehr nur im Innern vorhanden war und äußerliches Dasein nur in einer Verwicklung von mannigfaltigen Verhältnissen hatte. Was vorher nur in konkreter Einzelheit bestand, wird in Form der Allgemeinheit verarbeitet; es ist aber auch ein Neues, eine andere weitere Bestimmung vorhanden. Der Geist, wie er jetzt in sich bestimmt ist, hat andere, weitere Interessen und Zwecke. Die Umbildung der Form des Prinzips bringt auch andere weitere Bestimmungen des Inhalts. Jeder weiß, daß der gebildete Mensch ganz andere Forderungen macht als der ungebildete Mensch desselben Volkes, der in derselben Religion, Sittlichkeit lebt, dessen substanzieller Zustand ganz derselbe ist. Die Bildung scheint zunächst rein formell zu sein, bringt aber auch eine inhaltliche Differenz hervor. Der gebildete und der ungebildete Christ erscheinen einesteils als ganz dieselben, haben aber gleichwohl beide ganz verschiedene Bedürfnisse. Mit den Verhältnissen des Eigentums ist es ebenso. Der Leibeigene hat auch Eigentum, aber verknüpft mit Lasten, wodurch ein anderer Miteigentümer wird. Wenn nun gedacht wird, was Eigentum ist, so folgt, daß nur einer der Herr sein kann. Der Gedanke hebt das Allgemeine hervor, und dadurch ist ein anderes Interesse, sind andere Bedürfnisse entstanden.

Das Bestimmte des Überganges bei dieser Veränderung ist also, daß das Vorhandene gedacht und dadurch in die Allgemeinheit erhoben wird. Der Geist besteht darin, das

Allgemeine, das, was wesentlich ist, zu fassen. Die Allgemeinheit gefaßt, wie sie wahrhaft ist, ist die Substanz, die Wesenheit, das wahrhaft Seiende. Solches Allgemeine ist z. B. von dem Sklaven der Mensch; hier schmilzt die Besonderheit in die Allgemeinheit. Wenn also durch den Gedanken bei einem Volke wie z. B. bei den Athenern die Besonderheit aufgehoben wird, wenn der Gedanke sich dahin entwickelt, daß das besondere Prinzip dieses Volkes nicht mehr wesentlich ist, so kann dies Volk nicht mehr bestehen; es ist ein anderes Prinzip entstanden. Die Weltgeschichte geht dann zu einem andern Volke über. In der Geschichte sind die Prinzipien als Volksgeister vorhanden; diese aber sind zugleich natürliche Existenzen. Die Stufe, die der Geist erreicht hat, ist als Naturprinzip des Volkes da oder als Nation. Nach den Arten seiner Auseinanderlegung in diesem bestimmten natürlichen Elemente erscheint der Geist in verschiedenen Gestalten. So tritt seine weitere, höhere Bestimmung in dem einen Volksgeiste zwar noch als Negation, als Verderben seines Vorherbestehenden auf, aber ihre positive Seite erscheint als ein neues Volk. Ein Volk kann nicht mehrere Stufen durchlaufen, es kann nicht zweimal in der Weltgeschichte Epoche machen. Wenn wahrhafte Interessen im Volke neu entstehen sollten, so müßte der Geist eines Volkes dazu kommen, ein Neues zu wollen, — woher aber sollte dieses Neue kommen? Es könnte nur eine höhere, allgemeinere Vorstellung seiner selbst, ein Hinausgegangensein über sein Prinzip, ein Streben nach einem allgemeineren sein, — aber eben damit ist ein weiter bestimmtes Prinzip, ein neuer Geist vorhanden. Welthistorisch kann ein Volk nur einmal das herrschende sein, weil ihm im Prozesse des Geistes nur ein Geschäft übertragen sein kann.

Dies Fortgehen, dieser Stufengang scheint ein Prozeß in die Unendlichkeit zu sein gemäß der Vorstellung der Perfektibilität, ein Progreß, der ewig dem Ziele fern bleibt. Indessen, wenn auch bei dem Fortschritt zu einem neuen Prinzip der Inhalt des vorigen allgemeiner gefaßt wird, so ist doch so viel gewiß, daß auch die neue Gestalt wieder eine bestimmte ist. Ohnehin hat es die Geschichte mit der Wirklichkeit zu tun, in der sich das Allgemeine als bestimmte Weise darstellen muß. Gegen den Gedanken, den Begriff kann keine beschränkte Gestalt sich fest machen. Gäbe es so etwas, was der Begriff nicht verdauen, nicht auflösen könnte, so läge dies freilich als die höchste Zerrissenheit, Unseligkeit da. Aber gäbe es so etwas, so wäre es nur der Gedanke selbst, wie er sich selbst faßt. Denn nur er ist das in sich Unbeschränkte, und alle Wirklichkeit ist in ihm bestimmt. Und so hörte die Zerrissenheit auf, und er wäre in sich befriedigt. Hier wäre der Endzweck der Welt. Die Vernunft erkennt das Wahrhafte, an und für sich Seiende, das keine Beschränkung hat. Der Begriff des Geistes ist Rückkehr in sich selbst, sich zum Gegenstande zu machen; also ist das Fortschreiten kein Unbestimmtes ins Unendliche, sondern es ist ein Zweck da, nämlich die Rückkehr in sich selber. Also ist auch ein gewisser Kreislauf da, der Geist sucht sich selbst.

Man sagt, der Endzweck sei das Gute. Dies ist zunächst ein unbestimmter Ausdruck. Man könnte sich dabei und hat sich der religiösen Form zu erinnern. Überhaupt müssen wir uns in der Philosophie nicht so verhalten, daß wir andere ehrwürdige Anschauungen aus Scheu liegen lassen. Nach der religiösen Anschauung gilt es als der Zweck, daß der Mensch geheiligt werde. Dies ist religiös der eigentliche Zweck nach der Seite der Individuen. Das Subjekt gewinnt sich als solches, die Erfüllung seines Zwecks, in der religiösen Anstalt. So gefaßt aber setzt der Zweck den Inhalt allgemeiner Art, das, worin die Seelen ihr Heil finden, schon voraus. Man könnte meinen, daß uns diese Vorstellung des Heils nichts angehe, weil es der künftige, jenseitige Zweck sei. Aber dann bliebe doch das diesseitige Dasein noch als die Vorbereitung auf ihn. Überhaupt aber gilt diese Unterscheidung nur nach der subjektiven Seite; den Individuen bliebe durch sie nur übrig, das, was sie zum Heile führt, bloß als Mittel zu betrachten. Das aber ist keineswegs der Fall, sondern es muß durchaus als das Absolute gefaßt werden. Nach der religiösen Ansicht nun ist der Zweck wie des Naturdaseins, so auch der geistigen Tätigkeit die Verherrlichung Gottes. In der Tat ist dies der würdigste Zweck des Geistes und der Geschichte. Der Geist ist dies, sich gegenständlich zu machen und sich zu fassen. Erst dann ist er als Selbstproduziertes, als Resultat wirklich vorhanden. Sich fassen heißt sich denkend fassen. Das bedeutet aber nicht bloß die Kenntnis willkürlicher, beliebiger, vorbeigehender Bestimmungen, sondern das Erfassen des Absoluten selbst. Also ist es der Zweck des Geistes, sich das Bewußtsein des Absoluten zu geben und so, daß dies sein Bewußtsein als einzig und allein Wahres gegeben ist, so daß alles danach eingerichtet werden müsse und danach wirklich eingerichtet sei, daß es wirklich die Weltgeschichte regiert und regiert hat. Dies in der Tat erkennen heißt Gott die Ehre geben oder die Wahrheit verherrlichen. Dies ist der absolute Endzweck, und die Wahrheit ist die Macht, welche selbst die Verherrlichung der Wahrheit hervorbringt. In der Ehre Gottes hat auch der individuelle Geist seine Ehre, aber nicht seine besondere, sondern durch das Wissen, daß sein Tun zur Ehre Gottes das absolute ist. Hier ist er in der Wahrheit, hat mit dem Absoluten zu tun; er ist daher bei sich. Hier ist dann der Gegensatz weggefallen, der im beschränkten Geiste sich vorfindet, der sein Wesen nur als Schranke weiß und sich durch den Gedanken darüber erhebt. Hier kann dann auch nicht der natürliche Tod eintreten.

Indem wir die Weltgeschichte begreifen, so haben wir es mit der Geschichte zunächst als mit einer Vergangenheit zu tun. Aber ebenso schlechterdings haben wir es mit der Gegenwart zu tun. Was wahr ist, ist ewig an und für sich, nicht gestern und nicht morgen, sondern schlechthin gegenwärtig, »itzt« im Sinne der absoluten Gegenwart. In der Idee ist, was auch vergangen scheint, ewig unverloren. Die Idee ist präsent, der Geist unsterblich; es gibt kein Einst, wo er nicht gewesen wäre oder nicht sein würde, er ist nicht vorbei und ist nicht noch nicht, sondern er ist schlechterdings itzt. So ist hiermit schon gesagt, daß die gegenwärtige Welt, Gestalt des Geistes, sein Selbstbewußtsein, alle in der Geschichte als früher erscheinenden Stufen in sich begreift. Diese haben sich zwar als selbständig nacheinander ausgebildet; was aber der Geist ist, ist er an sich immer gewesen, der Unterschied ist nur die Entwicklung dieses Ansich. Der Geist der gegenwärtigen Welt ist der Begriff, den der Geist sich von sich selbst macht; er ist es, der die Welt hält und regiert, und er ist das Resultat der Bemühungen von 6000 Jahren, das, was der Geist durch die Arbeit der Weltgeschichte vor sich gebracht hat und was durch diese Arbeit hat herauskommen sollen. So haben wir die Weltgeschichte zu fassen, worin uns dargestellt wird die Arbeit des Geistes, wie er zur Erkenntnis dessen gekommen ist, was er ist, und das herausgearbeitet hat in den verschiedenen dadurch bedingten Sphären.

In dieser Rücksicht kann daran erinnert werden, daß jedes Individuum in seiner Bildung verschiedene Sphären durchlaufen muß, die seinen Begriff des Geistes überhaupt gegründet und die Form gehabt haben, in vorheriger Zeit jede für sich selbständig sich gestaltet und ausgebildet zu haben. Aber was der Geist jetzt ist, das war er immer; er ist jetzt nur das reichere Bewußtsein, der tiefer in sich ausgearbeitete Begriff seiner selbst. Der Geist hat alle Stufen der Vergangenheit noch an ihm, und das Leben des Geistes in der Geschichte ist, ein Kreislauf von verschiedenen Stufen zu sein, die teils gegenwärtig, teils in vergangener Gestaltung erschienen sind. Indem wir es mit der Idee des Geistes zu tun haben und in der Weltgeschichte alles nur als seine Erscheinung betrachten, so beschäftigen wir uns, wenn wir Vergangenheit, wie groß sie auch immer sei, durchlaufen, nur mit Gegenwärtigem. Die Philosophie hat es mit dem Gegenwärtigen, Wirklichen zu tun. Die Momente, die der Geist hinter sich zu haben scheint, hat er auch in seiner gegenwärtigen Tiefe. Wie er in der Geschichte seine Momente durchlaufen hat, so hat er sie in der Gegenwart zu durchlaufen — in dem Begriffe von sich.

ANHANG

1. DER NATURZUSAMMENHANG ODER DIE GEOGRAPHISCHE GRUNDLAGE DER WELTGESCHICHTE

a) Allgemeine Bestimmungen

Wir gehen von dem Allgemeinen aus, daß die Weltgeschichte die Idee des Geistes dargestellt, wie er sich in der Wirklichkeit als eine Reihe äußerlicher Gestaltungen zeigt. Die Stufe des Bewußtseins des Geistes von sich erscheint in der Weltgeschichte als der existierende Geist eines Volkes, als ein gegenwärtiges Volk. Dadurch fällt diese Stufe überhaupt in Zeit und Raum, in die Weise natürlicher Existenz. Die besondern Geister, die wir neben- und nacheinander zu betrachten haben, sind besondere durch ihr bestimmtes Prinzip; und jedem welthistorischen Volke ist das Geschäft eines Prinzips zugeteilt. Es muß zwar in sich mehrere Prinzipien durchlaufen, damit sein Prinzip zur Reife komme; aber in der Weltgeschichte hat es immer nur eine Gestalt. Es kann wohl in geschichtlicher Beziehung mehrere Stellungen haben; aber es steht in der Weltgeschichte nie mit mehrern an der Spitze. Es bildet sich dann vielmehr in ein anderes Prinzip hinein, daß aber seiner Ursprünglichkeit nach für es nicht angemessen ist. Jenes besondere Prinzip des Volkes aber ist zugleich als eine Naturbestimmtheit, ein natürliches Prinzip desselben vorhanden. Die verschiedenen Volksgeister fallen im Raum und in der Zeit auseinander; und in dieser Rücksicht macht sich der Einfluß des Naturzusammenhanges geltend, des Zusammenhanges zwischen dem Geistigen und dem Natürlichen, dem Temperament usf. Gegen die Allgemeinheit des sittlichen Ganzen und seine einzelne handelnde Individualität gehalten ist dieser Zusammenhang ein Äußerliches; aber als der Boden, auf dem sich der Geist bewegt, ist er wesentlich und notwendig eine Grundlage.

Indem der Geist ins Dasein hineintritt, begibt er sich in die Weise der Endlichkeit und damit in die Weise der Natürlichkeit überhaupt. Die besondern Gestaltungen fallen auseinander; denn die Form der Natürlichkeit ist das Außereinander, daß sich die besondern Bestimmtheiten als *Einzelheiten* darstellen. Diese abstrakte Bestimmung enthält den Grund der Notwendigkeit, daß, was im Geist als besondere Stufe erscheint, als besondere natürliche, die andern ausschließende, für sich existierende *Gestalt* auftritt. Diese Besonderheit, indem sie in der Natur sich darstellt, ist sie natürliche Besonderheit, d. h. sie ist als natürliches Prinzip als besondere natürliche Bestimmtheit. Hierin liegt, daß jedes Volk, das die Repräsentation einer besondern Stufe der Entwickelung des Geistes ist, eine *Nation* ist; ihre natürliche Beschaffenheit entspricht dem, was das geistige Prinzip in der Reihe der geistigen Gestaltungen ist.

Mit dieser natürlichen Seite treten wir in die geographische Bestimmtheit ein; sie enthält das, was der Naturstufe angehört. Im natürlichen Dasein sind sogleich die zwei Seiten dieser Bestimmtheit enthalten: einerseits der Naturwille des Volkes oder die subjektive Art der Völker; aber sie ist andererseits auch als besondere äußere Natur vorhanden. Der Mensch, insofern er unfrei und natürlich ist, heißt er sinnlich, — das Sinnliche teilt sich in zwei Seiten, die subjektive und die äußerliche Natürlichkeit; diese ist die geographische Seite, die der nächsten Vorstellung nach der äußern Natur überhaupt angehört. Was wir also zu betrachten haben, sind natürliche Unterschiede. Sie müssen nun zuvörderst auch als besondere Möglichkeiten angesehen werden, aus welchen sich der Geist hervortreibt, und geben so die geographische Grundlage. Es ist uns nicht darum zu tun, den Boden als äußeres Lokal kennen zu lernen, sondern den Naturtypus der Lokalität, welcher genau zusammenhängt mit dem Typus und Charakter des Volkes, das der Sohn solchen Bodens ist. Dieser Charakter ist eben die Art und Weise, wie die Völker in der Weltgeschichte auftreten und Stellung und Platz in derselben einnehmen. Der Zusammenhang der Natur mit dem Charakter der Menschen scheint der Freiheit des menschlichen Willens zuwider zu sein. Wir nennen dies das Sinnliche, und man könnte wohl denken, daß der Mensch die Wahrheit in sich unabhängig von der Natur habe. Es ist auch kein Verhältnis der Abhängigkeit anzunehmen derart, daß der Charakter der Völker durch die Naturbestimmtheit des Bodens erst gebildet werde.

Der Geist ist nicht als Abstraktes zu denken, das erst hinterher von der Natur seinen Inhalt erhielte. Sondern es sind besondere, bestimmte Geister, die in der Geschichte auftreten; die spekulative Idee zeigt, wie das Besondere im Allgemeinen enthalten ist und dieses nicht dadurch getrübt wird. Indem die Völker Geister sind von besonderer Art der Gestaltung, so ist ihre Bestimmtheit geistige Bestimmtheit, der aber anderseits die Naturbestimmtheit entspricht. Was erst an sich ist, existiert auf natürliche Weise, wie das Kind an sich Mensch und darin, daß es Kind ist, erst natürlicher Mensch ist, der bloß die Anlagen zum Anundfürsichsein als freier Mensch hat.

Es scheint diese Betrachtung zusammenzufallen mit dem, was man von dem Einflusse des *Klimas* auf die Verhältnisse sagt. Es ist allgemeine, gang und gäbe Vorstellung, daß der besondere Volksgeist mit dem Klima der Nation zusammenhange; Nation ist ein Volk als geborenes. Dies ist ein sehr gewöhnliches Gerede. Man darf aber, so notwendig auch der Zusammenhang des geistigen und natürlichen Prinzips ist, nicht bei dem allgemeinen Gerede stehen bleiben und dem Klima nicht zu besondere Wirkungen und Einflüsse zuschreiben. So wird sehr oft und viel von dem milden ionischen Himmel geredet, welcher den Homer erzeugt habe. Er hat sicherlich viel zur Anmut der Homerischen Gedichte beigetragen. Aber die Küste von Kleinasien ist immer dieselbe gewesen und ist es heute noch; dennoch ist aus dem ionischen Volke nur *ein* Homer hervorgegangen. Das Volk singt nicht, nur einer macht ein Gedicht, ein Individuum, — und wenn es mehrere waren, die die homerischen Gesänge geschaffen haben, so waren es immer Individuen —; des milden Himmels ungeachtet sind keine Homere, besonders unter der Türkenherrschaft, wieder hervorgegangen. Das Klima bestimmt sich nach kleinen Partikularitäten; mit diesen aber haben wir es nicht zu tun, diese haben auch keinen Einfluß.

Insofern ist allerdings das Klima von Einfluß, als weder die *heiße* noch die *kalte Zone* der Boden für die Freiheit des Menschen, für weltgeschichtliche Völker sind. Der Mensch ist in seinem ersten Erwachen unmittelbar natürliches Bewußtsein im Verhältnis zur Natur überhaupt. Es ist dabei notwendig vorhanden ein Verhältnis zwischen beiden: alle Entwicklung enthält eine Reflexion des Geistigen in sich selbst gegen die Natur. Sie ist eine Besonderung des Geistigen in sich gegen diese seine Unmittelbarkeit, die eben die Natur ist. In diese Besonderung fällt selbst das Moment der Natürlichkeit, eben da sie eine Besonderung ist; es tritt der Gegensatz des Geistigen zu dem Äußerlichen hervor. Die Natürlichkeit ist so der erste Standpunkt, aus dem der Mensch eine Freiheit in sich gewinnen kann. Insofern der Mensch nämlich zunächst sinnlich ist, so ist erforderlich, daß er in dem sinnlichen Zusammenhange mit der Natur sich durch die Reflexion in sich die Freiheit gewinnen könne. Wo nun die Natur zu mächtig ist, da ist ihm die Befreiung erschwert. Sein sinnliches Sein und sein Zurücktreten von demselben ist selbst seine natürliche Weise; als solche hat sie die Bestimmung der Quantität an sich. Daher muß der Zusammenhang mit der Natur von Haus aus nicht zu mächtig sein.

Die Natur überhaupt ist gegen den Geist gehalten ein Quantitatives, dessen Gewalt nicht so groß sein muß, sich allein als allmächtig zu setzen. Die Extreme sind nicht günstig für die geistige Entwickelung. *Aristoteles* sagt schon: wenn die Not des Bedürfnisses befriedigt ist, wendet sich der Mensch zum Allgemeinen und Höhern. [a]) Aber weder die heiße noch die kalte Zone erlauben dem Menschen, sich zu einer freien Bewegung zu erheben, zu einem Reichtum von Mitteln, der ihn an höhern, geistigen Interessen tätig sein ließe. Der Mensch wird in zu großer Stumpfheit gehalten; er wird von der Natur deprimiert und kann sich daher nicht von ihr trennen, was die erste Bedingung höherer geistiger Kultur ist. Die Gewalt der Elemente ist zu groß, als daß der Mensch aus dem Kampfe mit ihnen herauskäme, als daß er mächtig genug wäre, seine geistige Freiheit gegen die Macht der Natur geltend zu machen. Der Frost, der die Lappländer zusammenzieht, oder die Gluthitze Afrikas sind zu mächtige Gewalten gegen den Menschen, als daß unter ihnen der Geist freie Bewegung gewinnen und zu seinem Reichtum gelangen könnte, der für eine gebildete Wirklichkeitsgestal-

---

[a]) Metaph. A, 2, 982 b.

tung nötig ist, sie in sich schließt. In jenen Zonen kann die Not wohl nie aufhören und niemals abgewendet werden; der Mensch ist beständig darauf gewiesen, seine Aufmerksamkeit auf die Natur zu richten. Der Mensch gebraucht die Natur zu seinen Zwecken; wo aber die Natur zu mächtig ist, da bietet sie sich nicht zu Mitteln dar. Die heiße Zone und die kalte sind als solche nicht Schauplatz der Weltgeschichte. Diese Extreme sind von dieser Seite vom freien Geiste ausgeschlossen.

So ist es im ganzen die *gemäßigte Zone*, die das Theater für das Schauspiel der Weltgeschichte bieten muß. Von den gemäßigten Zonen aber ist es wiederum die nördliche, die dazu fähig ist. Hier bildet der Kontinent eine breite Brust, wie die Griechen sagen, einen Zusammenhang der Erdteile. In dieser Formation ist ein Anklang an den Unterschied des Gedankens nicht zu verkennen, daß die Erde gegen Norden die Breite bildet, gegen Süden sich zerteilt, in die mannigfaltigsten Spitzen auseinanderläuft wie Amerika, Asien, Afrika. Dasselbe Moment zeigt sich in den Naturprodukten. Jenes nördliche, zusammenhängende Land hat, wie es in der naturgeschichtlichen Ansicht auseinandergesetzt wird, eine Menge von Naturprodukten gemeinschaftlich; die weitere Partikularisation findet sich in den auslaufenden Spitzen. So ist in botanischer und zoologischer Hinsicht die nördliche Zone die wichtigste; in ihr werden die meisten Tier- und Pflanzenarten gefunden; im Süden, wo das Land sich in Spitzen teilt, individualisieren sich auch die Naturgestalten gegeneinander.

Betrachten wir nun die bestimmten Unterschiede, in Ansehung derer anzugeben ist, auf was es für die Verschiedenheiten der Volksgeister ankommt, so ist zu bemerken, daß wir uns an die wesentlichen allgemeinen Unterschiede halten müssen, die zugleich sich notwendig für den Gedanken ergeben und die empirisch sind. Die Bestimmtheit gilt oben gegen die Mannigfaltigkeit, die teils zufällig ist. Diese determinierenden Unterschiede herauszuheben ist Sache der philosophischen Betrachtung; man muß sich hüten, sich in die formlose Mannigfaltigkeit zu verlieren. Diese macht sich geltend in Rücksicht dessen, was man unter dem unbestimmten Worte Klima versteht, was wir schon abgetan haben. Wir haben jetzt das Nähere der allgemeinen Naturunterschiede anzugeben.

Das allgemeine Verhältnis der Naturbestimmtheit, worauf es in der Geschichte ankommt, ist das *Verhältnis von Meer und Land.* Mit Bezug auf das Land ergeben sich drei grundlegende Unterschiede. Wir finden erstens Hochländer ohne Bewässerung, zweitens Talbildungen, die von Strömen bewässert sind, und drittens Küstenländer. Diese drei Momente sind die wesentlichsten, die sich dem unterscheidenden Begriffe darbieten und auf die wir die weiteren Bestimmungen alle reduzieren können.

Das erste Moment ist das gediegene, metallische, das indifferent, geschlossen, ungebildet bleibt, das *Hochland* mit seinen großen Steppen und Ebenen, das wohl Impulse ausschicken kann, die aber mehr mechanischer, wilder Art sind. Diese wasserlosen Ebenen sind vorzüglich der Aufenthalt der *Nomaden,* in der alten Welt der mongolischen, arabischen Völker. Die Nomaden haben für sich einen sanften Charakter, sind aber das schwebende, schwankende Prinzip. Sie sind nicht an den Boden gefesselt und kennen nichts von den Rechten, die das Zusammensein sogleich mit dem Ackerbau verbindlich macht. Dies unstäte Prinzip hat patriarchalische Verfassung, bricht aber in Kriege, Räubereien untereinander aus, auch in ein Überfallen der andern Völker, die erst unterjocht werden und mit denen sich dann die Eindringlinge amalgamieren. Das Herumschweifen der Nomaden ist nur formell, weil es in einförmige Kreise beschränkt ist. Diese Beschränkung ist aber nur faktisch; es ist Möglichkeit vorhanden, sich abzuscheiden. Der Boden ist nicht bebaut, und ich kann ihn überall wiederfinden; daher kann ein Impuls äußerer oder innerer Art die Völker weitertreiben. Doch liegt der Geist der Unruhe nicht eigentlich in ihnen. In den niedern Hochebenen, die von ruhigen Ländern begrenzt werden, sind solche Völker zur Räuberei getrieben, während die höhern von hohen Gebirgen begrenzt werden, innerhalb deren ein starkes Volk wohnt. An die niedern Stämme aber stoßen feindliche Bewohner, die mit ihnen in Konflikt treten, so daß die Bestimmung dieser Nomaden zu einem Kriegszustande nach außen wird, der sie vereinzelt. Dadurch wird Persönlichkeit und diese unbändige, furchtlose

Selbständigkeit, aber auch abstrakte Vereinzelung herbeigeführt. Das Gebirge ist die Heimat des Hirtenlebens; doch läßt der mannigfaltige Boden auch den Ackerbau zu. Das höchst abwechslungsreiche Klima, rauher Winter, heißer Sommer, die vielfachen Gefahren wecken die Tapferkeit. Aber es bleibt ein in sich durch seine Lokalität abgeschlossenes Leben. Wird solchem Volke die Lokalität zu eng, so bedarf es eines Anführers und stürzt sich auf die fruchtbaren Talebenen. Aber dies ist kein rastloses Hinaustreten, sondern wird durch einen bestimmten Zweck hervorgerufen. Die asiatischen Naturkonflikte bleiben in solchen Gegensätzen.

Es handelt sich also hier um einen Zusammenhang hochliegenden Bodens, der von einem Gurt von Gebirgen umschlossen wird. Das zweite Merkmal daran ist nun dies, daß diese Gebirgsmasse zerrissen wird, daß Ströme, die auf dem Hochland entspringen, von dort hinunterfließen und den Berggürtel spalten. Ein Hochland wird eben regelmäßig von Gebirgen umschlossen, die Ströme durchbrechen diese und können weiterhin Täler mit sanfteren Abdachungen bilden, wenn die Entfernung bis zum Meer groß genug ist. Sie durchströmen dann eine mehr oder weniger weite Fläche, ehe sie sich ins Meer ergießen. Hier kommt es darauf an, ob diese Abstürze nahe am Meere liegen oder nicht, ob ihnen also nur ein schmaler Saum vorgelagert ist oder ein breiter Widerhalt entgegenliegt, der sie nötigt, einen langen Flußlauf zu bilden, ob gemäßigte Hügel oder eine große Talebene die Ströme aufnehmen. In Afrika wird allerdings auch der Gebirgsgürtel von Strömen durchbrochen, diese aber fallen bald ins Meer, und der Küstenstrich ist im ganzen sehr schmal. Teilweise ist es im südlichen Amerika, Chile und Peru, sowie in Ceylon ebenso. Chile und Peru sind schmale Küstenstriche; sie haben keine Kultur. Anders ist es mit Brasilien. Übrigens kann auch ein anderer Umstand eintreten, daß nämlich das Hochland selbst ganz aus Gebirgszügen besteht, die wohl Fläche haben, aber nicht viel.

Wir sehen solches Hochland in dem von den Mongolen (das Wort im allgemeinen Sinne genommen) bewohnten Mittelasien; vom Kaspischen Meere aus ziehen sich solche Steppen nördlich gegen das Schwarze Meer herüber; desgleichen sind hier anzuführen die Wüsten in Arabien, die Wüsten der Berberei in Afrika, in Südamerika um den Orinoko herum und in Paraguay. Das Eigentümliche der Bewohner solchen Hochlandes, das bisweilen nur durch Regen oder durch Austreten eines Flusses (wie die Ebenen des Orinoko) bewässert wird, ist das patriarchalische Leben, das Zerfallen in einzelne Familien. Der Boden, auf dem sie sich befinden, ist unfruchtbar oder nur momentan fruchtbar; die Bewohner haben ihr Vermögen nicht im Acker, aus dem sie nur einen geringen Ertrag ziehen, sondern in den Tieren, die mit ihnen wandern. Eine Zeitlang finden diese ihre Weide in den Ebenen, und wenn diese abgeweidet sind, zieht man in andere Gegenden. Man ist sorglos und sammelt nicht für den Winter, weswegen dann auch oft die Hälfte der Herde zugrunde geht. Unter diesen Bewohnern des Hochlandes gibt es kein Rechtsverhältnis, und es zeigen sich daher bei ihnen die Extreme von Gastfreundschaft und Räuberei, die letztere namentlich, wenn sie von Kulturländern umgeben sind, wie die Araber, die darin von ihren Pferden und Kamelen unterstützt werden. Die Mongolen nähren sich von Pferdemilch, und so ist ihnen das Pferd zugleich Nahrung und Waffe. Wenn dieses die Gestalt ihres patriarchalischen Lebens ist, so geschieht es doch aber oft, daß sie sich in großen Massen zusammenhalten und durch irgendeinen Impuls in eine äußere Bewegung geraten. Früher friedlich gestimmt, fallen sie alsdann wie ein verwüstender Strom über Kulturländer, und die Revolution, die jetzt hereinbricht, hat kein anderes Resultat als Zerstörung und Einöde. In solche Bewegung gerieten die Völker unter Tschengiskhan und Tamerlan, sie zertraten alles und verschwanden dann wieder, wie ein verheerender Waldstrom abläuft, weil er kein eigentliches Prinzip der Lebendigkeit besitzt. Von den Hochländern herab geht es in die Engtäler. Da wohnen ruhige Gebirgsvölker, Hirten, die auch nebenbei Ackerbau treiben wie die Schweizer. Asien hat deren auch, sie sind aber im ganzen unbedeutender.

Das zweite ist das Land des Überganges, die *Talebene*. Es sind dies Täler, die durch große Ströme gebildet worden sind, Stromgebiete in beruhigtem Talboden. Durch Schlammablagerung ist der Boden fruchtbar geworden; das Land verdankt seine ganze Fruchtbarkeit den Strömen, die es gebildet haben. Hier entstehen die Mittelpunkte der Kultur, die Selbständigkeit in sich hat, aber nicht die unaufgeschlossene Selbständigkeit des ersten Elements, sondern eine Differenzierung, die aber nicht hinausführend ist, sondern sich zur Bildung innerhalb ihrer selbst wird. Es ist das fruchtbarste Land; der Ackerbau wird dort etabliert, und mit ihm setzen sich Rechte des gemeinschaftlichen Lebens fest. Der fruchtbare Boden führt von selbst den Übergang zum *Ackerbau* mit sich; darin liegt dann sogleich, daß der Verstand, die Vorsorge eintritt. Der Ackerbau muß sich nach der Jahreszeit richten; es ist nicht einzelne, unmittelbare Befriedigung des Bedürfnisses, sondern diese vollzieht sich auf allgemeine Weise. Die Sorge des Menschen ist nicht mehr bloß für einen Tag, sondern für lange Zeit. Werkzeuge müssen erfunden werden; Scharfsinn in Erfindungen, auch Kunst bildet sich aus. Es entsteht fester Besitz, Eigentum und Recht. Dadurch entsteht die Sonderung in Stände. Das Bedürfnis der Werkzeuge, die Notwendigkeit des Aufbewahrens führen zur Seßhaftigkeit, zur Beschränkung auf diesen Boden. Indem dieser Boden formiert wird, ergeben sich die Bestimmungen des Eigentums und des Rechts. Die natürliche Einsamkeit wird durch diese gegenseitig bestimmte, ausschließende, aber allgemeine Selbständigkeit durchbrochen; es tritt ein Zustand der Allgemeinheit ein, die das bloß Einzelne ausschließt. Somit eröffnet sich die Möglichkeit eines allgemeinen Herren und wesentlich der Herrschaft von Gesetzen. Es entstehen in diesen Ländern große Reiche, und die Stiftung mächtiger Staaten beginnt. Diese Verendlichung ist so kein Hinausstreben ins Unbestimmte, sondern ein Festhalten am Allgemeinen. In der orientalischen Geschichte werden wir es mit Staaten zu tun haben, die sich gerade erst in solchen Zustand gesetzt haben, mit den Reichen an den Ufern der Ströme Chinas, des Ganges, Indus und Nils.

In neuern Zeiten, wo man hat behaupten wollen, daß die Staaten notwendig durch Naturelemente getrennt sein müßten, hat man sich gewöhnt, das Wasser als das Trennende anzusehen. Dagegen ist wesentlich zu sagen, daß nichts so sehr vereinigt wie das Wasser; denn die Kulturländer sind nichts als Stromgebiete. Das Wasser ist in der Tat das Vereinigende, Berge sind das Trennende. Wenn Länder durch Gebirge getrennt sind, so sind sie es weit mehr, als wenn es durch einen Fluß oder selbst durch das Meer geschieht. So trennen die Pyrenäen Frankreich und Spanien; Cadiz stand mit Amerika in engerer Verbindung als mit Madrid. Gebirge trennen Völker, Sitten und Charaktere. Ein Land wird aber durch den Fluß konstituiert, der mitten durch es strömt; die beiden Ufer eines Flusses gehören eigentlich zu demselben Lande. Schlesien ist das Bassin der Oder, Böhmen und Sachsen sind das Elb-, Ägypten ist das Niltal. Es ist ein falscher Satz, den die Franzosen während der Revolutionskriege geltend gemacht haben, daß die Ströme die natürlichen Grenzen der Länder seien. Mit dem Meere verhält es sich ebenso. Zwischen Amerika und Europa ist der Zusammenhang viel leichter als im Innern Asiens oder Amerikas. Mit Amerika und Ostindien haben seit deren Entdeckung die Europäer in fortwährender Verbindung gestanden; aber ins Innere von Afrika und Asien sind sie kaum eingedrungen, weil das Zusammenkommen zu Lande viel schwieriger ist als zu Wasser. So sehen wir in der Geschichte, daß die Bretagne und Britannien jahrhundertelang unter englischer Herrschaft vereinigt waren; viele Kriege waren erforderlich, sie voneinander zu reißen. Schweden hat Finnland besessen, auch Kurland, Livland, Estland. Norwegen aber hat nicht zu Schweden gehört, sondern war viel herzlicher mit Dänemark verbunden.

So sehen wir, daß sich die Länder des dritten Elementes von denen des zweiten ebenso bestimmt abheben wie jene von denen des ersten. Dies Dritte nämlich ist das *Küstenland,* das Land im Verhältnis zum Meere; es sind die Länder, die mit dem Meere zusammenhängen und wo dieser Zusammenhang ausdrücklich ausgebildet ist. Noch jetzt gewahrt man in Europa die Zeichen solcher Unterscheidung. Holland, das Land, in dem der Rhein seinen Ausfluß ins Meer hat, kultiviert für sich den Zusammenhang mit dem Meere, während sich Deutschland nach der Seite seines Hauptstromes nicht ausgedehnt hat. So bildet Preußen den Saum an dem Meere, der den Ausfluß der Weichsel gegen Polen beherrscht, während das innere Polen ganz anderer Art ist, andere Bildung, andere Bedürfnisse hat als der Saum, der den Zusammenhang mit dem Meere ausgebildet hat. In Portugal haben die Flüsse Spaniens ihren Ausgang ins Meer. Man sollte glauben, daß Spanien, weil es die Flüsse hat, auch den Zusammenhang mit dem Meere haben müßte; aber in diesem Zusammenhange hat sich vorzüglich Portugal weiter ausgebildet.

Das *Meer* begründet überhaupt eine eigene Lebensweise. Das unbestimmte Element gibt uns die Vorstellung des Unbeschränkten und Unendlichen, und indem der Mensch sich in diesem Unendlichen fühlt, so ermutigt ihn dies zum Hinaus über das Beschränkte. Das Meer ist selbst das Grenzenlose und leidet keine ruhige Einschränkung in Städten wie das Binnenland. Das Land, die Talebene fixiert den Menschen an den Boden; er kommt dadurch in eine unendliche Menge von Abhängigkeiten. Aber das Meer führt ihn über diese beschränkten Kreise hinaus. Das Meer erweckt den Mut; es lädt den Menschen zur Eroberung, zum Raub, aber auch zum Gewinn und Erwerb ein. Die Arbeit des Erwerbs bezieht sich auf jene Besonderheit der Zwecke, die man das Bedürfnis nennt. Die Arbeit für dies Bedürfnis bringt nun mit sich, daß die Individuen sich in diesen Kreis des Erwerbes eingraben. Führt sie aber der Erwerb auf das Meer, so wird das Verhältnis verwandelt. Die das Meer befahren, wollen und können wohl auch dort gewinnen, erwerben; aber das Mittel schließt unmittelbar das Gegenteil dessen, wozu es erwählt wird, in sich, nämlich die Gefahr: es ist in der Weise verkehrt, daß sie ihr Leben und Eigentum gerade in Gefahr des Verlustes setzen. Hierdurch wird das Einlassen mit diesem Mittel etwas Tapferes und gibt dem Individuum das Bewußtsein größerer Freiheit, Selbständigkeit. Dies ist es eben, was den Erwerb und das Gewerbe über sich erhebt und ihn zu etwas Tapferem und Edlen macht. Das Meer erweckt den Mut; die es befahren, um Leben und Reichtum zu gewinnen, müssen durch das Mittel der Gefahr ihren Erwerb suchen, tapfer sein, Leben und Reichtum aufs Spiel setzen und verachten. Die Richtung auf Reichtum wird also, wie gesagt, durch die Richtung auf das Meer zu etwas Tapferm, Edlem erhoben. Dabei weckt das Meer die List, da der Mensch hier mit einem Elemente zu kämpfen hat, das sich allem ruhig zu unterwerfen scheint, sich in alle Formen fügt und doch so verderblich ist. Die Tapferkeit ist hier wesentlich mit dem Verstande, der größten List, verbunden. Gerade die Schwäche dieses Elementes, dies Nachgeben, diese Weichheit ist es, was die größte Gefahr birgt. Die Tapferkeit also gegen das Meer muß zugleich List sein, da sie es mit dem Listigen, dem unsichersten und lügenhaftesten Elemente, zu tun hat. Diese unendliche Fläche ist absolut weich, denn sie widersteht keinem Drucke, selbst dem Hauche nicht; sie sieht unendlich unschuldig, nachgebend, freundlich und anschmiegend aus, und gerade diese Nachgiebigkeit ist es, die das Meer in das gefahrvollste und gewaltigste Element verkehrt. Solcher Täuschung und Gewalt setzt der Mensch, *aes triplex circa pectus*, dann lediglich ein einfaches Stück Holz entgegen, besteigt es, sich bloß auf seinen Mut und seine Geistesgegenwart verlassend, und geht so vom Festen auf ein Haltungsloses über, seinen gemachten Boden selbst mit sich führend. Das Schiff, dieser Schwan der See, der in behenden und runden Bewegungen die Wellenebene durchschneidet oder Kreise in ihr zieht, ist ein Werkzeug, dessen Erfindung ebenso der Kühnheit des Menschen als seinem Verstande die größte Ehre macht. Dieses Hinaus des Meeres aus der Beschränktheit des Erdbodens fehlt den asiatischen Prachtgebäuden von Staaten, obgleich sie selbst an das Meer angrenzen, wie z. B. China. Für sie ist das Meer nur das Aufhören des Landes, sie haben kein positives Verhältnis zu demselben. Die Tätigkeit, zu welcher das Meer einlädt, ist eine ganz eigentümliche; das Meer bedingt einen ganz eigenen Charakter.

In diesen drei Naturbeschaffenheiten zeigt sich die wesentliche Bedingtheit des Völkerlebens durch die Natur. Am stärksten charakterisieren sich das binnenländische und das küstenländische Prinzip gegeneinander. Der höher ausgebildete Staat vereinigt die Verschiedenheiten beider in sich: die Festigkeit des Binnenlandes mit dem schweifenden Charakter der Zufälligkeit im Küstenleben.

b) Die Neue Welt

Die Welt wird in die *Alte* und *Neue* geteilt, und zwar ist der Name der Neuen daher gekommen, weil Amerika und Australien den Europäern erst spät bekannt geworden sind. Aber es ist kein bloß äußerlicher Unterschied, sondern die Einteilung ist wesentlich: diese Welt ist nicht nur relativ, sondern überhaupt neu, in Ansehung ihrer ganzen eigentümlichen Beschaffenheit, physikalisch und politisch. Ihr geologisches Altertum geht uns nichts an. Ich will ihr die Ehre nicht absprechen, daß sie nicht auch gleich bei Erschaffung der Welt, wie man es nennen will, dem Meere enthoben worden sei. Doch zeigt das Inselmeer zwischen Südamerika und Asien eine physische Unreife auch dem Ursprunge nach; der größte Teil der Inseln ruht auf Korallen und ist so beschaffen, daß sie gleichsam nur eine Erdbedeckung für Felsen sind, die aus der bodenlosen Tiefe heraustauchen und den Charakter eines spät Entstandenen tragen. Eine nicht mindere geographische Unreife zeigt *Neuholland;* denn wenn man hier von den Besitzungen der Engländer aus tiefer ins Land geht, so entdeckt man ungeheure Ströme, die noch nicht dazu gekommen sind, sich ein Bett zu graben, sondern in Schilfebenen ausgehen. *Amerika* ist bekanntlich in zwei Teile getrennt, die zwar durch eine Landenge zusammenhängen, doch ohne daß diese auch einen Zusammenhang des Verkehrs vermittelte. Beide Teile sind vielmehr aufs bestimmteste geschieden. *Nordamerika* zeigt uns zuerst längs seiner östlichen Küste einen breiten Küstensaum, hinter dem ein Gebirgszug, — die blauen Gebirge oder die Apalachen, nördlicher die Alloganen —, sich erstreckt. Ströme, die von da ausgehen, bewässern die Küstenländer, welche von der vorteilhaftesten Beschaffenheit sind für die nordamerikanischen Freistaaten, die sich hier ursprünglich gebildet haben. Hinter jenem Gebirgszug fließt im Zusammenhang mit ungeheuren Seen von Süden nach Norden der Lorenzstrom, an welchem die nördlichen Kolonien von Kanada liegen. Weiter westlich treffen wir auf das Bassin des ungeheuren Mississippi mit den Stromgebieten des Missouri und des Ohio, die er aufnimmt und sich dann in den Mexikanischen Meerbusen ergießt. Auf der westlichen Seite dieses Gebietes ist ebenso wieder ein langer Gebirgszug, der sich durch Mexiko und die Meerenge von Panama hindurchzieht und unter dem Namen der Andes oder Cordillera die ganze Westseite von *Südamerika* abscheidet. Der dadurch gebildete Küstensaum ist schmaler und bietet weniger Vorteile dar als jener von Nordamerika. Es liegen da Peru und Chile. Auf der Ostseite fließen gen Osten die ungeheuren Ströme des Orinoko und des Amazonenstromes, sie bilden große Täler, die aber nicht zu Kulturländern geeignet sind, da sie vielmehr nur weite Steppen sind. Gegen Süden fließt der Rio de la Plata, dessen Zuflüsse ihren Urspung zum Teil in den Kordilleren, zum Teil in dem nördlichen Gebirgsrücken haben, der das Gebiet des Amazonenstromes von dem seinigen scheidet. Zum Gebiete des Rio de la Plata gehören Brasilien und die spanischen Republiken. Kolumbien ist das nördliche Küstenland von Südamerika, in dessen Westen längs der Anden der Magdalenenstrom sich in das Karibische Meer ergießt. —

Die Neue Welt mag auch einst mit Europa und Afrika zusammengehangen haben. Nur ist es mit dem atlantischen Lande in der neuen Zeit so gegangen, daß es wohl eine Kultur gehabt hat, als es von den Europäern entdeckt wurde, diese aber durch den Zusammenhang mit ihnen zunichte wurde; die Unterwerfung des Landes war ihr Untergang. Von Amerika und seiner Kultur, wie sie namentlich in Mexiko und Peru sich ausgebildet hatte, haben wir zwar Nachrichten, aber bloß die, daß dieselbe eine ganz natürliche war, die untergehen mußte, sowie der Geist sich ihr näherte. Physisch und geistig ohnmächtig hat sich Amerika immer gezeigt und zeigt sich noch jetzt so. Denn die Eingeborenen sind, nachdem die Europäer in Amerika landeten, allmählich an dem Hauche der europäischen Tätigkeit untergegangen. Auch an den Tieren zeigt sich dieselbe Untergeordnetheit wie bei den Menschen. Die Tierwelt weist Löwen, Tiger, Krokodile auf; aber diese haben zwar die Ähnlichkeit mit den Gestaltungen der Alten Welt, sind aber in jeder Rücksicht kleiner, schwächer, unmächtiger. Wie man versichert, sind die Tiere selbst nicht so nahrhaft wie die Lebensmittel, die aus der Alten Welt gezogen werden. Es gibt dort unermeßliche Mengen von Hornvieh; europäisches Rindfleisch aber gilt für einen Leckerbissen.

Was das Menschengeschlecht betrifft, so sind von den Nachkommen der ersten Amerikaner wenige mehr übrig, indem gegen sieben Millionen Menschen ausgerottet worden sind. Die Bewohner der westindischen Inseln sind ausgestorben. Überhaupt ist die ganze amerikanische Welt untergegangen, von den Europäern verdrängt worden. Die Stämme des nördlichen Amerika sind teils verschwunden, teils haben sie sich unter der Berührung mit den Europäern zurückgezogen. Sie verkommen, so daß man sieht, sie haben nicht die Stärke, sich den Nordamerikanern in den Freistaaten anzuschließen. Solche schwach gebildeten Völker verlieren sich in der Berührung mit höher gebildeten Völkern von intensiverer Bildung mehr und mehr. So sind in den nordamerikanischen Freistaaten alle Bürger europäische Abkömmlinge, mit denen sich die alten Einwohner nicht vermischen konnten.

Einige Künste haben die Eingeborenen allerdings von den Europäern angenommen, unter andern die des Branntweintrinkens, die eine zerstörende Wirkung auf sie hervorbrachte. In Südamerika und Mexiko sind die Einwohner, die das Bedürfnis der Unabhängigkeit empfinden, die *Kreolen,* aus der Vermischung mit Spaniern und Portugiesen entstanden. Nur sie sind zu dem höhern Selbstgefühl, dem Emporstreben nach Selbständigkeit, Unabhängigkeit gekommen. Sie geben daselbst den Ton an. Es gibt, wie es scheint, nur wenige einheimische Stämme von gleichem Sinne. Man hört wohl von inländischen Völkerschaften, die sich an die neuern Bestrebungen zur Bildung selbständiger Staaten angeschlossen haben, aber es ist wahrscheinlich, daß unter ihnen die wenigsten reine Eingeborene sind. Die Engländer gebrauchen deshalb auch in Indien die Politik, zu hindern, daß sich dort Kreolen bilden, ein Volk aus Eingeborenen und europäischem Blute, das dort einheimisch wäre.

In Südamerika ist übrigens eine größere inländische Völkerschicht erhalten geblieben. Dabei wurden dort die Eingeborenen viel gewalttätiger behandelt und zu harten Diensten verwendet, denen ihre Kräfte wenig gewachsen waren. Auf jede Weise wird der Einheimische dort zurückgesetzt. Man muß in den Reisebeschreibungen lesen, welche Sanftmut und Trieblosigkeit, Demut und kriechende Unterwürfigkeit gegen einen Kreolen und mehr noch gegen einen Europäer sie haben; und es wird noch lange dauern, bis die Europäer dahin kommen, einiges Selbstgefühl in sie zu bringen. Man hat sie in Europa gesehen, geistlos und von geringer Fähigkeit der Bildung. Die Inferiorität dieser Individuen in jeder Rücksicht, selbst in Hinsicht der Größe, gibt sich in allem zu erkennen; nur die südlichen Stämme in Patagonien sind kräftigere Naturen, aber noch ganz in dem natürlichen Zustande der Roheit und Wildheit. Die geistlichen Korporationen haben sie angemessen behandelt, indem sie ihnen durch geistliche Autorität imponierten und ihnen Arbeiten auflegten, die bestimmt waren, die Bedürfnisse zu wecken und zu befriedigen. Als die Jesuiten und die katholische Geistlichkeit die Indianer an europäische Kultur und Sitten gewöhnen wollten (bekanntlich haben sie einen Staat in Paraguay, Klöster in Mexiko und Kalifornien gegründet), begaben sie sich unter sie und schrieben ihnen, wie Unmündigen, die Geschäfte des Tages vor, die sie sich auch, wie träge sie auch sonst waren, von der Autorität der Väter gefallen ließen. Sie haben Speicher für sie angelegt und sie erzogen, diese zu benutzen und Vorsorge für den nächsten Tag zu haben. Sie haben das Schicklichste gewählt, sie zu erheben, und haben sie in dem Verhältnis genommen, wie Kinder zu nehmen sind. Ein Geistlicher hat, wie ich mich gelesen zu haben erinnere, um Mitternacht eine Glocke läuten lassen, um sie an Erfüllung ihrer ehelichen Pflichten zu erinnern, weil sie selbst nur dies sich nicht hätten einfallen lassen. Diese Vorschriften haben ganz richtig zunächst zur Erweckung von Bedürfnissen geführt, den Triebfedern der Tätigkeit des Menschen überhaupt.

So stehen die Amerikaner da als unverständige Kinder, die von einem Tage zum andern fortleben, fern von höhern Gedanken und Zwecken. Die Schwäche des amerikanischen Naturells war ein Hauptgrund dazu, die Neger nach Amerika zu bringen, um durch deren Kräfte die Arbeiten verrichten zu lassen; denn die Neger sind weit empfänglicher für europäische Kultur als die Indianer. Die Portugiesen waren menschlicher als Holländer, Spanier und Engländer. Daher bestand an der Küste Brasiliens eine größere Leichtigkeit, frei zu werden, und es hat dort eine große Menge freier Neger gegeben. Dahin gehört z. B. der schwarze Arzt Dr. *Kingera,* durch dessen Wirksamkeit den Europäern das Chinin bekannt geworden ist. Ein Engländer erzählt, in dem weiten Kreise seiner Bekanntschaften seien ihm wohl Beispiele begegnet, daß Neger geschickte Arbeiter, Handwerksleute, auch Geistliche, Ärzte usw. geworden seien. Von Eingeborenen aber, die alle frei waren, konnte jener Engländer nur einen einzigen angeben, der es dahin brachte, zu studieren, und ein Geistlicher wurde, der aber bald gestorben ist, indem er sich den Hals abgesoffen hatte. Zu der Schwäche der amerikanischen Menschenorganisation gesellt sich dann noch der Mangel der absoluten Organe, wodurch eine gegründete Macht herbeizuführen ist, der Mangel nämlich des *Pferdes* und des *Eisens,* Mittel, wodurch besonders die Amerikaner besiegt wurden. Wenn jetzt von freien Bürgern Südamerikas die Rede ist, so bezieht sich das auf Völker, die aus europäischem, asiatischem und amerikanischem Blute stammen. Die eigentlichen Amerikaner fangen jetzt erst an, sich in die europäische Bildung hineinzubilden. Und wo sie bestrebt sind, sich selbständig zu machen, da sind sie durch ausländische Mittel dazu befähigt worden: die Kavallerie der Ljanos zeichnet sich aus; sie aber benutzt das europäische Pferd. Doch sind alle jene einheimischen Staaten jetzt noch in ihrer Bildung begriffen und treffen mit den Europäern noch nicht in einer Linie zusammen. In dem spanischen und portugiesischen Amerika müssen sich die Eingeborenen von der Sklaverei befreien, in dem nördlichen fehlt ihnen der Mittelpunkt des Zusammenseins, ohne den es keinen Staat gibt.

Da nun die ursprüngliche Nation geschwunden oder so gut wie geschwunden ist, so kommt die wirksame Bevölkerung meist von Europa her, und was in Amerika geschieht, geht von Europa aus. Der Überfluß von Europa hat sich nach Amerika hinübergeworfen. Der Vorgang läßt sich mit dem vergleichen, was wir früher in deutschen Reichsstädten gesehen haben. Diese haben viele Handelsgerechtigkeiten gehabt, und es haben sich viele Ausgewanderte dorthin geflüchtet, um sich in der Umgebung anzusiedeln und diese Rechte mit ihnen zu genießen. So entstand neben Hamburg Altona, neben Frankfurt Offenbach, Fürth bei Nürnberg, Carouge neben Genf. Ebenso haben auch Einheimische, die bankerott geworden waren und in ihrer Stadt nicht mehr zur Ehre ihres Gewerbes, zu dessen Stiftungen nicht unbeschämt gelangen konnten, sich in dem Nachbarstaate angesiedelt; sie hatten dort alle Vorteile, die solch eine Stadt bietet, Befreiung von den Lasten, die in den alten Städten auf ihnen lagen, und von allem Zunftzwang. So haben wir neben den geschlossenen Städten Orte erwachsen sehen, wo die gleichen Gewerbe betrieben wurden, aber ohne den Zwang. In gleicher Weise verhält sich Nordamerika zu Europa. Viele Engländer haben sich daselbst festgesetzt, wo Lasten und Abgaben ganz fortfallen, die in Europa auf Handel und Gewerbe gelegt sind. Sie bringen alle Vorteile der Zivilisation hin und sind imstande, ihre Geschicklichkeiten ohne Gêne auszuüben. Die Anhäufung europäischer Mittel und europäischer Geschicklichkeit befähigte sie, dem großen noch brachliegenden Boden etwas abzugewinnen. Auch ein Zufluchtsort ist dieser Boden geworden, wo sich der Auswurf von Europa hingemacht hat. In der Tat bietet diese Auswanderung viele Vorteile dar, denn die Auswandernden haben vieles abgestreift, was ihnen in der Heimat beengend sein konnte, und bringen den Schatz des europäischen Selbstgefühles und der europäischen Kultur mit ohne die Lasten desselben; und für die, welche anstrengend arbeiten wollen und in Europa die Quellen dazu nicht fanden, ist in Amerika allerdings ein Schauplatz eröffnet.

Mit Ausnahme von Brasilien sind in Südamerika allgemein Republiken wie in Nordamerika entstanden. Vergleichen wir nun Südamerika, indem wir auch Mexiko dazurechnen, mit Nordamerika, so werden wir einen erstaunlichen Kontrast wahrnehmen.

In Nordamerika sehen wir das Gedeihen sowohl durch ein Zunehmen von Industrie und Bevölkerung, durch bürgerliche Ordnung und eine feste Freiheit; die ganze Föderation macht nur einen Staat aus und hat ihre politischen Mittelpunkte. Dagegen beruhen in Südamerika die Republiken nur auf militärischer Gewalt; die ganze Geschichte ist ein fortdauernder Umsturz: föderierte Staaten fallen auseinander, andre verbinden sich wieder, und alle diese Veränderungen werden durch militärische Revolutionen begründet. Die näheren Unterschiede beider Teile Amerikas zeigen uns zwei entgegengesetzte Richtungen: der eine Punkt ist der politische, der andre die Religion. Südamerika, wo die Spanier sich niederließen und die Oberherrschaft behaupteten, ist katholisch, Nordamerika, obgleich ein Land der Sekten überhaupt, doch den Grundzügen nach protestantisch. Eine weitere Abweichung ist die, daß Südamerika erobert, Nordamerika aber kolonisiert worden ist. Die Spanier bemächtigten sich Südamerikas, um zu herrschen und reich, sowohl durch politische Ämter als Erpressungen, zu werden. Von einem sehr entfernten Mutterlande abhängend fand ihre Willkür einen größeren Spielraum, und durch Macht, Geschicklichkeit und Selbstgefühl gewannen sie ein großes Übergewicht über die Indianer. Das Edle und Großmütige des spanischen Charakters ist nicht nach Amerika hinübergegangen. Die Kreolen, die Nachkommen der spanischen Einwanderer, haben in den angefangenen Anmaßungen fortgelebt und den Stolz gegen die Eingeborenen geltend gemacht. Diese standen wieder unter dem Einflusse der europäischen Spanier und wurden von dem erbärmlichen Ehrgeiz getrieben nach Titeln und Graden. Das Volk hat unter dem Einflusse einer strengen Hierarchie gestanden und unter der Zügellosigkeit der Welt- und Ordensgeistlichen. Aus dem Geiste hohler Interessen haben sich diese Völker erst hinauszuwinden zu dem Geiste der Vernünftigkeit und Freiheit.

Die nordamerikanischen Freistaaten sind dagegen ganz von Europäern *kolonisiert* worden. Da in England Puritaner, Episkopalen und Katholiken in beständigem Widerstreit begriffen waren und bald die einen, bald die andern die Oberhand hatten, wanderten viele aus, um in einem fremden Weltteile die Freiheit der Religion zu suchen. Es waren industriöse Europäer, die sich des Ackerbaues, des Tabak- und Baumwollbaues usw. befleißigten. Bald trat eine allgemeine Richtung auf die Arbeit ein; und die Substanz des Ganzen waren die Bedürfnisse, die Ruhe, die bürgerliche Gerechtigkeit, Sicherheit, Freiheit und ein Gemeinwesen, das von den Atomen der Individuen ausging, so daß der Staat nur ein Äußerliches zum Schutze des Eigentums war. Von der protestantischen Religion ging das Zutrauen der Individuen gegeneinander aus, das Vertrauen auf ihre Gesinnung; denn in der protestantischen Kirche sind die religiösen Werke das ganze Leben, die Tätigkeit desselben überhaupt. Dagegen kann bei den Katholiken die Grundlage eines solchen Zutrauens nicht stattfinden; denn in weltlichen Angelegenheiten herrscht nur die Gewalt und freiwillige Unterworfenheit, und die Formen, die man hier Konstitutionen nennt, sind nur eine Nothilfe und schützen gegen Mißtrauen nicht. So sind denn die Elemente, die sich in Nordamerika niedergelassen haben, von ganz anderer Art als in Südamerika. Es gab hier keine Einheit der Kirche als festes Band der Staaten, wodurch diese gefesselt worden wären. Das Prinzip der Industrie kam von England hinüber, und Industrie enthält in sich das Prinzip der Individualität: der individuelle Verstand bildet sich in der Industrie aus und herrscht in ihr vor. So gestalteten sich hier nach den verschiedenen Religionen auch die verschiedenen Staaten.

Vergleichen wir Nordamerika noch mit Europa, so finden wir dort das perennierende Beispiel einer republikanischen Verfassung. Die subjektive Einheit ist vorhanden; denn es steht ein Präsident an der Spitze des Staates, der zur Sicherheit gegen etwaigen monarchischen Ehrgeiz nur auf vier Jahre gewählt wird. Allgemeiner Schutz des Eigentums und beinahe Abgabenlosigkeit sind Tatsachen, die beständig angepriesen werden. Damit ist zugleich der Grundcharakter angegeben: er besteht in der Richtung des Privatmannes auf Erwerb und Gewinn, in dem Überwiegen des partikulären Interesses, das sich dem Allgemeinen nur zum Behufe des eigenen Genusses zuwendet. Es finden allerdings rechtliche Zustände, ein formelles Rechtsgesetz statt; aber diese Rechtlichkeit ist ohne Rechtschaffenheit, und so stehen denn die amerikanischen Kaufleute in dem üblen Rufe, durch das Recht geschützt zu betrügen. Wenn einerseits die protestantische Kirche das Wesentliche des Zutrauens hervorruft, wie wir schon gesagt haben, so enthält sie anderseits eben dadurch das Gelten des Gefühlsmoments, das in das mannigfaltigste Belieben übergehen darf. Jeder, sagt man von diesem Standpunkte, könne eine eigene Weltanschauung, also auch eine eigene Religion haben. Daher das Zerfallen in so viele Sekten, die sich bis zum Extreme der Verrücktheit steigern, und deren viele einen Gottesdienst haben, der sich in Verzückungen und mitunter in den sinnlichsten Ausgelassenheiten kundgibt. Dieses gänzliche Belieben ist so ausgebildet, daß die verschiedenen Gemeinden sich Geistliche annehmen und ebenso wieder fortschicken, wie es ihnen gefällt; denn die Kirche ist nicht ein an und für sich Bestehendes, die eine substantielle Geistigkeit und äußere Einrichtung hätte, sondern das Religiöse wird nach besonderm Gutdünken zurechtgemacht. In Nordamerika herrscht die ungebändigtste Wildheit aller Einbildungen, und es fehlt jene religiöse Einheit, die sich in den europäischen Staaten erhalten hat, wo die Abweichungen sich nur auf wenige Konfessionen beschränken.

Was nun das Politische in Nordamerika betrifft, so ist der allgemeine Zweck noch nicht als etwas Festes für sich gesetzt, und das Bedürfnis eines festen Zusammenhaltens ist noch nicht vorhanden; denn ein wirklicher Staat und eine wirkliche Staatsregierung entstehen nur, wenn bereits ein Unterschied der Stände da ist, wenn Reichtum und Armut sehr groß werden und ein solches Verhältnis eintritt, daß eine große Menge ihre Bedürfnisse nicht mehr auf eine Weise, wie sie es gewohnt ist, befriedigen kann. Aber Amerika geht dieser Spannung noch nicht entgegen; denn es hat unaufhörlich den Ausweg der Kolonisation in hohem Grade offen, und es strömen beständig eine Menge Menschen in die Ebenen des Mississippi. Durch diese Mittel ist die Hauptquelle der Unzufriedenheit geschwunden, und das Fortbestehen des jetzigen bürgerlichen Zustandes wird verbürgt.

Man macht gegen den Satz, daß in unsern Zeiten kein großer Staat ein Freistaat sein könne, gern das Beispiel der Vereinigten Staaten von Nordamerika geltend; an ihnen soll man sehen, wie republikanische Staaten im Großen bestehen können. Aber dies ist unstatthaft; Nordamerika ist noch nicht als ein gebildeter und ausgereifter, sondern als ein Staat zu betrachten, der noch im Werden ist; er ist noch nicht so weit vorgerückt, um das Bedürfnis des Königtums zu haben. Er ist ein Föderativstaat, das aber sind in Betracht auf das Verhältnis nach außen die schlechtesten Staaten. Nur seine eigentümliche Lage verhindert, daß ihm dieser Umstand nicht zum gänzlichen Untergange gereicht hat. Schon im letzten Kriege mit England hat sich das gezeigt. Die Nordamerikaner konnten Kanada nicht erobern, und die Engländer haben Washington beschießen können, weil die Spannung unter den Provinzen jede kraftvolle Expedition verhinderte. Die nordamerikanischen Freistaaten haben ferner keinen Nachbarstaat, gegen den sie in einem Verhältnis wären, wie es die europäischen Staaten unter sich sind, den sie mit Mißtrauen zu beobachten, und gegen welche sie ein stehendes Heer zu halten hätten. Kanada und Mexiko sind für sie nicht furchtbar; und England hat seit fünfzig Jahren in Erfahrung gebracht, daß das freie Amerika ihm nützlicher ist als das abhängige. Die Milizen des nordamerikanischen Freistaates haben sich allerdings im Befreiungskriege so tapfer erwiesen wie die Holländer unter Philipp II.; aber überall, wo nicht die zu erringende Selbständigkeit auf dem Spiele ist, zeigt sich weniger Kraft, und so haben im Jahre 1814 die Milizen schlecht gegen die Engländer bestanden. Dazu ist Amerika ein Küstenland. Das Hauptprinzip in seinen Staaten ist der *Handel*, ein sehr einseitiges Prinzip, besonders Zwischenhandel, und noch nicht von der Festigkeit des englischen Handels. Er hat noch nicht den Kredit, nicht die Sicherheit der Kapitalien und ist noch nicht solid in sich. Auch hat er immer nur Landesprodukte zum Gegenstand, aber noch nicht Fabrikware, Industrieerzeugnisse. Das Hinterland, das Innere von Nordamerika, das sich dem Ackerbau ergeben hat, macht viel größere Fortschritte in der Kultur, ist aber noch nicht genug angebaut. Feld ist mit Leichtigkeit und wohlfeil zu erwerben, auch werden keine direkten Abgaben bezahlt; aber große Beschwerlichkeiten wiegen diese Vorteile wieder auf. Die ackerbauende Klasse hat sich noch nicht in sich geschlossen; sie fühlt sich nicht gedrängt, und wenn dies Gefühl eintritt, so macht sie sich Luft, indem sie neues Land urbar macht. Diesseits der Alleghanygebirge wälzen sich jährlich Wellen auf Wellen neuer Ackerbauer und besetzen neue Stellen. Daß ein Staat die Existenz eines Staates bekommen könne, dazu gehört, daß er nicht auf fortwährende Auswanderung bedacht sein, sondern daß sich die ackerbauende Klasse nicht mehr nach außen drängen kann, vielmehr sich in sich zurückdrängt, sich zu Städten und städtischen Gewerben zusammenfaßt. Erst so kann ein bürgerliches System entstehen, und das ist die Bedingung für das Bestehen eines organisierten Staates.

Nordamerika ist noch auf dem Standpunkte, das Land anzubauen. Erst wenn wie in Europa die bloße Vermehrung der Ackerbauer gehemmt ist, werden sich die Bewohner, statt hinaus nach Äckern zu drängen, zu städtischen Gewerben und Verkehr in sich hineindrängen, ein kompaktes System bürgerlicher Gesellschaft bilden und zu dem Bedürfnis eines organischen Staates kommen. Eine Vergleichung der nordamerikanischen Freistaaten mit europäischen Ländern ist daher unmöglich; denn in Europa ist ein solcher natürlicher Abfluß der Bevölkerung, trotz aller Auswanderungen, nicht vorhanden: hätten die Wälder Germaniens noch existiert, so wäre freilich die französische Revolution nicht ins Leben getreten. Mit Europa könnte Nordamerika erst verglichen werden, wenn der unermeßliche Raum, den dieser Staat darbietet, ausgefüllt und die bürgerliche Gesellschaft in sich zurückgedrängt wäre.

In der elementarischen Rücksicht ist Amerika noch nicht fertig, noch weniger in Rücksicht auf politischen Zusammenhang. Es ist gewiß ein unabhängiger, mächtiger Staat, der aber noch in Bildung seiner elementarischen Momente begriffen ist. Erst wenn das Land ganz wird in Besitz genommen sein, wird eine gefestigte Ordnung der Dinge eintreten. Die Anfänge dazu, die dort vorhanden sind, sind europäischer Natur. Jetzt kann dahin noch immer der Überschuß aus den europäischen Staaten abgesetzt werden; wenn aber das aufhören wird, dann kehrt das Ganze in sich zurück, und setzt sich in sich hinein. Also kann man mit Amerika noch nichts für ein republikanisches Staatswesen beweisen. Deshalb geht auch uns dieser Staat nichts an, auch nicht die andern amerikanischen Staaten, die noch im Kampfe wegen ihrer Selbständigkeit stehen. Nur sein äußerliches Verhältnis zu Europa kommt in Betracht, daß Amerika ein Annexum ist, das den Überfluß von Europa aufgenommen hat. Dieser Weltteil war teils bereits vorübergegangen, als er mit uns in Berührung kam, teils ist er noch nicht fertig.

Amerika ist somit das Land der Zukunft, in welchem sich in vor uns liegenden Zeiten, etwa im Streite von Nord- und Südamerika, die weltgeschichtliche Wichtigkeit offenbaren soll; es ist ein Land der Sehnsucht für alle die, welche die historische Rüstkammer des alten Europa langweilt. Napoleon soll gesagt haben: *Cette vieille Europe m'ennuie.* Amerika hat von dem Boden auszuscheiden, auf welchem sich bis heute die Weltgeschichte begab. Was bis jetzt sich hier ereignet, ist nur der Widerhall der Alten Welt und der Ausdruck fremder Lebendigkeit; und als ein Land der Zukunft geht es uns überhaupt hier nichts an. Der Philosoph hat es nicht mit dem Prophezeien zu tun. Wir haben es nach der Seite der Geschichte vielmehr mit dem zu tun, was gewesen ist und mit dem, was ist, — in der Philosophie aber mit dem, was weder nur gewesen ist, noch erst nur sein wird, sondern mit dem, was *ist* und ewig ist, — mit der Vernunft, und damit haben wir zur Genüge zu tun. —

c) Die Alte Welt

Nachdem wir die Neue Welt und die Träume, die sich an sie knüpfen können, abgetan, gehen wir nun zur *Alten Welt* über. Sie ist wesentlich der Schauplatz dessen, was Gegenstand unserer Betrachtung ist, der Weltgeschichte. Auch hier haben wir zuvörderst auf die Naturmomente und die Naturbestimmungen aufmerksam zu machen. Amerika ist in zwei Teile zerrissen, welche zwar durch eine Landenge zusammenhängen, die aber nur einen ganz äußerlichen Zusammenhang bildet. Die alte Welt besteht aus drei Teilen, die schon der Natursinn der Alten richtig erkannt hat. Diese Gliederung ist nicht zufällig, sondern es liegt eine höhere Notwendigkeit darin und entspricht dem Begriff. Der ganze Charakter der Länder ist dreifach unterschieden, und der geistige Unterschied ist es, keine Willkür, sondern natürliche Bestimmtheit, was die gemachte Unterscheidung wesentlich begründet. Die drei Weltteile haben also ein wesentliches Verhältnis zueinander und machen eine Totalität aus. Ihr Ausgezeichnetes ist, daß sie um ein Meer herumgelagert sind, an dem sie ihren Mittelpunkt und eine Seite der Kommunikation haben. Das ist sehr wichtig. Wir haben für diese drei Weltteile das *Mittelmeer* zum verbindenden Elemente, und dieses macht den Mittelpunkt der Weltgeschichte überhaupt aus. Es ist mit seinen vielen Busen nicht ein Ozean, der ins Unbestimmte hinausführt, zu dem der Mensch ein bloß negatives Verhältnis hat, sondern es fordert den Menschen geradezu auf, sich mit ihm einzulassen. Das Mittelländische Meer ist die Achse der Weltgeschichte. Alle großen Staaten der alten Geschichte liegen um diesen Nabel der Erde. Griechenland liegt hier, der ausgezeichnete Lichtpunkt in der Geschichte. Dann in Syrien ist Jerusalem der Mittelpunkt des Judentums und des Christentums, südöstlich davon liegt Mekka und Medina, der Ursitz des muselmännischen Glaubens, gegen Westen liegt Delphi, Athen, und westlicher noch Rom und Karthago, ebenso südlich Alexandria, das mehr noch Mittelpunkt ist als Konstantinopel, in dem sich die geistige Durchdringung des Ostens und Westens vollzogen hat. Das Mittelmeer ist so das Herz der Alten Welt, denn es ist das Bedingende und Belebende derselben. Es ist der Mittelpunkt für die Weltgeschichte, sofern diese in sich in Verbindung steht. Ohne dasselbe ließe sich die Weltgeschichte nicht vorstellen; sie wäre wie das alte Rom oder Athen ohne das Forum oder die Straße, wo alles zusammenkam. — Das weite östliche Asien ist vom Prozesse der Weltgeschichte entfernt und greift nicht in sie ein; ebenso das nördliche Europa, das erst später in die Weltgeschichte eintrat und im Altertume keinen Anteil an ihr hatte; denn diese beschränkte sich durchaus auf die um das Mittelländische Meer herumliegenden Länder. Julius Cäsars Überschreiten der Alpen, die Eroberung Galliens und die Beziehung, in welche die Germanen dadurch mit dem römischen Reiche kamen, macht daher Epoche in der Weltgeschichte, denn hier überschreitet dieselbe nunmehr auch die Alpen. — Das östliche Asien ist das eine und das Land nördlich der Alpen ist das andere Extrem. Das östliche bleibt in seiner gediegenen Einheit, tritt in die Bewegung der Weltgeschichte nicht ein; diese findet vielmehr in dem andern Extreme, an dem westlichen Ende statt. Was jenseits Syriens ist, macht den Anfang der Weltgeschichte aus, der gleichsam selbst bewegungslos außerhalb ihres Ganges bleibt; das Land gegen Abend macht ihren Niedergang aus, und die bewegte Mitte liegt um das Mittelmeer. Dies ist ein großes Naturwesen, das durchaus wirksam ist; wir können uns den Gang der Weltgeschichte nicht vorstellen, ohne daß wir in dem Meere ein verbindendes Element in der Mitte hätten.

Die geographischen Unterschiede, die an dem Ganzen, als das ein Weltteil sich darstellt, zu unterscheiden sind, haben wir bereits angegeben: das Hochland, die Talebene und das Küstenland. Sie finden sich in allen drei Teilen der alten Welt, aber so, daß diese sich untereinander nach diesen Prinzipien unterscheiden. Afrika ist im allgemeinen das Land, in dem das Prinzip des Hochlandes das Übergewicht hat, das der Unbildsamkeit. Asien ist allerdings der Weltteil, in dem die großen Gegensätze widereinander streiten; das Ausgezeichnete ist aber das Prinzip der zweiten Weise, der Talebene, mit einer Kultur, die in sich brütet und so in sich brütend geblieben ist. Die Totalität besteht in der Vereinigung der drei Prinzipien; das ist in Europa, im Weltteile des in sich vereinigten Geistes, der Fall, das sich in die unendliche Ausführung und Zusammenhang der Kultur ausgelassen hat, dabei aber in sich substanziell gediegen geblieben ist. (Für Amerika würde nur das Prinzip des Nichtfertigseins und Nichtfertigwerdens überhaupt bleiben.) Nach diesen Unterschieden gestaltet sich der geistige Charakter der drei Weltteile. Im eigentlichen Afrika ist es die Sinnlichkeit, bei der der Mensch stehen bleibt, die absolute Unmöglichkeit, sich zu entwickeln. Er zeigt körperlich große Muskelkraft, die ihn befähigt, die Arbeit auszuhalten, und seelisch Gutmütigkeit, neben ihr aber auch ganz gefühllose Grausamkeit. Asien ist das Land des Gegensatzes, der Entzweiung, der Ausdehnung wie Afrika das der Konzentration. Die eine Seite des Gegensatzes ist die Sittlichkeit, das allgemeine vernünftige Wesen, das aber gediegen, substanziell bleibt; die andere ist der geistige Gegensatz selbst, Eigensucht, Unendlichkeit der Begierde und maßlose Ausdehnung der Freiheit. Europa ist das Land der geistigen Einheit, des Niederganges aus dieser maßlosen Freiheit in das Besondere, der Beherrschung des Maßlosen und der Erhebung des Besondern zum Allgemeinen, des Niedersteigens des Geistes in sich. Ritter[a]) ist es, der die drei Weltteile in ihrer Unterschiedenheit aufgefaßt und zur bestimmten Anschauung gebracht hat.

---

a) Ritter, Karl, 1779—1859, der Begründer der wissenschaftlichen Erdkunde.

Wir finden bei ihm auf geistreiche Weise angeknüpfte Hindeutungen auf nachmaligen geschichtlichen Zusammenhang.

α) *Afrika*

Afrika ist im allgemeinen das in sich gedrungene und in dieser Gedrungenheit in sich in seinem Hauptcharakter bleibende Land. Es besteht aus drei Teilen, die wir wesentlich unterscheiden müssen. Die Unterschiede ihrer geographischen Gestaltung sind so auseinanderfallend, daß auch die Unterschiede des geistigen Charakters an diese physischen Bestimmtheiten gebunden bleiben. Afrika besteht gleichsam aus drei Weltteilen, die ganz voneinander geschieden, gar nicht miteinander in Verbindung sind. Der eine Teil ist der südlich von der Wüste Sahara gelegene, das eigentliche Afrika, das uns fast ganz unbekannte Hochland mit schmalen Küstenstrecken am Meere; der andre ist der nördlich der Wüste gelegene, sozusagen das europäische Afrika, ein Küstenland, der dritte ist das Stromgebiet des Nil, das einzige Talland von Afrika, das sich an Asien anschließt. —

Das *nördliche Afrika* liegt am Mittelländischen Meere und zieht sich gegen Westen am Atlantischen hin; vom südlichen Afrika ist es durch die große Wüste, ein trockenes Meer, getrennt und durch den Niger. Die Wüste trennt mehr als die See, und die Beschaffenheit der Völker gleich am Niger zeigt die Trennung besonders scharf. Es ist das Gebiet, das bis Ägypten sich hinzieht, nördlich von vielen Sandwüsteneien durchdrungen, von Gebirgen durchzogen; zwischen ihnen liegen fruchtbare Täler, die es zu einem der fruchtbarsten und herrlichsten Erdstriche machen. Hier liegen die Länder Marokko, Fas (nicht Fez), Algier, Tunis, Tripolis. Man kann sagen, dieser ganze Teil gehöre eigentlich nicht zu Afrika, sondern hinüber zu Spanien, mit dem er ein Bassin bilde. Der französische politische Vielschreiber *de Pradt*[b]) sagt deshalb, in Spanien sei man schon in Afrika. Dieser Teil ist das unselbständige Afrika, das immer nur im Zusammenhange von außen her gewesen ist, nicht selbst ein Theater

---

b) Pradt, Dominique Dufour de, 1759—1837, seit 1808 Erzbischof von Mecheln, Politiker von wechselnder Haltung, veröffentlichte 1816 »*Mémoires historiques sur la révolution d'Espagne*«.

weltgeschichtlicher Begebenheiten, immer von größern Revolutionen abhängig. Erst war es eine Kolonie der Phönizier, die dort in Karthago zu selbständiger Macht kamen, dann der Römer, dann der Vandalen, dann der Römer des byzantinischen Kaisertums, dann der Araber, dann der Türken, unter denen es in Raubstaaten zersplitterte. Es ist ein Land, das nur das Schicksal des Großen teilt, das anderwärts vorgeht, ist aber nicht für sich in eigentümlicher Gestalt bestimmt. Diesen Teil, der wie Vorderasien zu Europa hingewendet ist, sollte und mußte man zu Europa herüberziehen, wie dies die Franzosen jetzt eben glücklich versucht haben.

Ägypten, das Stromgebiet des Nils, das von diesem Fluße seine Existenz, sein Leben hat, gehört dagegen zu jenen Gebieten, von denen wir gesagt haben, daß sie die Mitte bilden, die Bestimmung haben, Mittelpunkte großer, selbständiger Kultur zu sein. Es hat Anteil am Mittelländischen Meere, einen Anteil, der anfangs unterbrochen war, dann aber in hohem Grade betätigt wurde.

Das *eigentliche Afrika* ist der diesen Kontinent als solchen charakterisierende Teil. Wir betrachten diesen Kontinent zuerst, weil wir ihn gleichsam als vorauszuschicken nehmen können. Er hat kein eigenes geschichtliches Interesse, sondern dies, daß wir den Menschen dort in der Barbarei, in der Wildheit sehen, wo er noch kein integrierendes Ingrediens zur Bildung abgibt. Afrika ist, soweit die Geschichte zurückgeht, für den Zusammenhang mit der übrigen Welt verschlossen geblieben; es ist das in sich gedrungen bleibende Goldland, das Kinderland, das jenseits des Tages der selbstbewußten Geschichte in die schwarze Farbe der Nacht gehüllt ist. Seine Verschlossenheit liegt nicht nur in seiner tropischen Natur, sondern wesentlich in seiner geographischen Beschaffenheit. Es ist noch bis jetzt unbekannt und steht ganz außer der Beziehung mit Europa. Die Besetzung der Küsten hat die Europäer nicht ins Innere geführt. Es bildet ein Dreieck: westlich die Küste des Atlantischen Ozeans, die in dem Meerbusen von Guinea einen sehr stark einwärtsgehenden Winkel macht, östlich vom Kap der Guten Hoffnung bis zum Kap Gardafui die Küste des Großen Ozeans, nördlich die Wüste und der Niger. Der nördlichste Teil ist im Begriff, durch den Zusammenhang mit den Europäern einen veränderten Charakter zu bekommen. Die Hauptbestimmung ist, daß das Land im ganzen ein Hochland zu sein scheint und besonders einen sehr schmalen, nur an wenigen einzelnen Stellen bewohnbaren Küstenstrich hat. Hierauf folgt nach innen fast ebenso allgemein ein sumpfiger Saum; er macht den Fuß eines Gürtels von hohen Gebirgen aus, die nur selten von Strömen durchschnitten werden und so, daß auch durch sie kein Zusammenhang mit dem Innern gebildet wird: denn der Durchbruch geschieht nur wenig unter der Oberfläche der Gebirge und nur an einzelnen schmalen Stellen, wo sich häufig unbefahrbare Wasserfälle und wild sich durchkreuzende Strömungen formieren.

Auch der Norden des eigentlichen Afrika scheint so durch einen Gebirgsgürtel abgesperrt zu sein, das Mondgebirge südlich des Niger. Der Küstensaum Afrikas ist seit Jahrhunderten von Europäern in Besitz genommen worden; aber ins Innere sind sie erst seit etwa fünfzehn Jahren gedrungen [c]). Beim Vorgebirge der Guten Hoffnung sind neuerdings die Missionare über das Gebirge vorgedrungen. Bei Mozambique an der Ostküste, westlich am Kongo und Loango, auch am Senegal, der durch Sandwüsten und Gebirge fließt, und am Gambia haben sich Europäer im Küstenstriche niedergelassen; aber über den Gebirgsgurt sind sie seit den drei bis viertehalb Jahrhunderten, daß sie diesen Saum kennen und Stellen davon in Besitz genommen haben, kaum hie und da und nur auf kurze Zeit gestiegen und haben sich dort nirgends festgesetzt. Der Küstenstrich ist zum Teil sandig, wenig bewohnbar, aber weiter ins Innere doch fruchtbar. Indessen liegt mehr nach innen dann jener sumpfige Gürtel von der allerüppigsten Vegetation, der zugleich die Heimat aller reißenden Tiere ist und eine pestartige Atmosphäre hat, die beinah giftig ist. Das hat hier wie in Ceylon das Eindringen fast unmöglich gemacht. Die Engländer, die Portugiesen haben oft zureichende Truppen geschickt; aber innerhalb dieses Gürtels sind die meisten gestorben, und der Rest wurde dann immer bezwungen. Man könnte sich vorstellen, da so viele Ströme die Gebirge durchbrechen, daß auf diesen

c) Aus dem Kolleg 1824/25.

der Zugang durch Schiffahrt gewonnen werden könnte. Beim Kongo, den man für einen Ausfluß des Niger hält, und beim Orangefluß hat sich gezeigt, daß sie eine kurze Strecke schiffbar sind, aber dann sind sie durchkreuzt von Wasserfällen, die unfahrbar sind und sich häufig wiederholen. Bei dieser Naturbestimmtheit sind die Europäer mit dem Innern Afrikas wenig bekannt geworden; dagegen sind von Zeit zu Zeit Völker von dort heruntergedrungen und haben sich von so barbarischer Wildheit gezeigt, daß keine Verbindung mit ihnen anzuknüpfen war. Solche Eruptionen folgen sich von Zeit zu Zeit, sie sind die ältesten Traditionen jenes Weltteils. Besonders aus dem 15. und 16. Jahrhundert hat man Nachrichten, daß an mehreren, sehr entfernten Stellen die verschiedensten Schwärme, greuliche Scharen, sich auf die ruhigern Bewohner der Abhänge und auf die Küstenvölker gestürzt, sie bis an den Küstensaum getrieben haben. Auch am Vorgebirge der Guten Hoffnung wurde solch ein Versuch gemacht, der Anlauf aber schon auf dem Gebirge gebrochen. Mehrere Nationen auf der Westküste scheinen Überbleibsel solcher Ausbrüche zu sein; sie sind dann von spätern unterjocht und in den elendesten Zustand gebracht worden. Über Abessynien und ebenso auf der andern Seite fallen Negerhorden her. Wenn sie sich erst ausgetobt, auf den Abhängen oder dem Küstenlande sich aufgehalten haben, beruhigt geworden sind, zeigen sie sich als sanft und industriös, da sie bei ihrem ersten Anlauf nichts als Unbildsamkeit gezeigt haben. Ob eine und welche innere Bewegung vorgefallen, welche diese Stürme veranlaßt, ist unbekannt. Was von diesen Scharen bekannt geworden, ist der Kontrast, daß ihr Benehmen in diesen Kriegen und Zügen selbst die gedankenloseste Unmenschlichkeit und ekelhafteste Roheit bewies und daß sie nachher, als sie sich ausgetobt hatten, in ruhiger Friedenszeit sich sanftmütig gegen die Europäer, da sie mit ihnen bekannt wurden, zeigten. Das gilt von den Fullahs, von den Mandingos, die in den Gebirgsterrassen des Senegal und Gambia wohnen.

In diesem Hauptteile von Afrika kann eigentlich keine Geschichte stattfinden. Es sind Zufälligkeiten, Überraschungen, die aufeinander folgen. Es ist kein Zweck, kein Staat da, den man verfolgen könnte, keine Subjektivität, sondern nur eine Reihe von Subjekten, die sich zerstören. Bisher ist noch wenig Aufmerksamkeit auf die Eigentümlichkeit dieser Weise des Selbstbewußtseins gewendet worden, in der hier der Geist erscheint. Aus den verschiedensten Gegenden sind viele Berichte hergekommen, die aber den Meisten unglaublich scheinen; sie geben nämlich mehr fürchterliche Einzelheiten an, als daß ein bestimmtes Bild, Prinzip daraus gezogen wäre, was wir hier versuchen wollen. Die Literatur eines solchen Gegenstandes ist etwas von unbestimmtem Umkreis, und wer sich mit dem Detail desselben beschäftigen will, der hat vorzunehmen, was sich in bekannten Büchern findet. Der beste Umriß von Afrika findet sich in der Geographie von *Ritter*.

Wir nun versuchen, den allgemeinen Geist, die allgemeine Gestalt des afrikanischen Charakters anzugeben nach dem, was sich an besondern Zügen da gezeigt hat. Dieser Charakter aber ist schwer zu fassen, weil er so ganz von unserer Bildung abweicht, etwas der Weise unsers Bewußtseins gänzlich Entferntes und Fremdes hat. Alle Kategorien, die für unser geistiges Leben Grundlage sind, und die Subsumtion unter diese Formen müssen wir vergessen; die Schwierigkeit liegt darin, daß doch das, was wir in unsern Vorstellungen haben, immer wieder mit unterläuft.

Im allgemeinen müssen wir sagen, daß im innern Afrika das Bewußtsein überhaupt noch nicht zu der Anschauung eines festen Objektiven, einer Objektivität gekommen ist. Die feste Objektivität heißt Gott, das Ewige, das Rechte, die Natur, die natürlichen Dinge. Indem sich der Geist zu einem solchen Festen verhält, weiß er sich abhängig davon; aber zugleich weiß er auch, daß es ein Wert sei, indem er sich dazu erhebt. Die Afrikaner aber sind noch nicht zu dieser Anerkennung des Allgemeinen gekommen; ihre Natur ist die Gedrungenheit in sich: was wir Religion, Staat, an und für sich Seiendes, schlechthin Geltendes nennen, alles dies ist hier noch nicht vorhanden. Die weitläufigen Berichte der Missionare bestätigen dieses vollkommen, und nur der Mohammedanismus scheint das einzige zu sein, was die Neger noch einigermaßen der Bildung annähert. Die Mohammedaner verstehen es auch besser wie die Europäer, ins Innere des Landes einzudringen.

Bei den Negern ist nämlich das Charakteristische gerade, daß ihr Bewußtsein noch nicht zur Anschauung irgendeiner festen Objektivität gekommen ist, wie zum Beispiel Gott, Gesetz, bei welcher der Mensch mit seinem Willen wäre und darin die Anschauung seines Wesens hätte. Zu dieser Unterscheidung seiner als des Einzelnen und seiner wesentlichen Allgemeinheit ist der Afrikaner in seiner unterschiedslosen, gedrungenen Einheit noch nicht gekommen, wodurch das Wissen von einem absoluten Wesen, das ein andres, höheres gegen das Selbst wäre, ganz fehlt. Wir finden also nichts als den Menschen hier in seiner Unmittelbarkeit; das ist der Mensch in Afrika. Sowie der Mensch als Mensch auftritt, steht er im Gegensatze zur Natur; dadurch wird er erst Mensch. Sofern er sich aber bloß von der Natur unterscheidet, ist er auf der ersten Stufe, ist er beherrscht von Leidenschaft, er ist ein roher Mensch. In der Roheit und Wildheit sehen wir den afrikanischen Menschen, solange wir ihn beobachten können; er ist noch jetzt so geblieben. Der Neger stellt den natürlichen Menschen in seiner ganzen Wildheit und Unbändigkeit dar: wenn wir ihn fassen wollen, müssen wir alle europäischen Vorstellungen fahren lassen. Wir müssen nicht an einen geistigen Gott, an ein Sittengesetz denken; von aller Ehrfurcht und Sittlichkeit, von dem, was Gefühl heißt, muß man abstrahieren, wenn man ihn richtig auffassen will. Das fällt alles bei dem unmittelbaren Menschen weg; es ist nichts an das Menschliche Anklingende in diesem Charakter zu finden. Eben darum können wir uns auch nicht recht in seine Natur hineinempfinden, sowenig wie in die eines Hundes oder eines Griechen, der vor dem Zeusbilde kniete. Nur mit dem Gedanken können wir dies Verständnis seiner Natur erreichen; empfinden können wir nur das, was unsern Empfindungen gleich ist.

So finden wir in Afrika im ganzen das, was man den *Stand der Unschuld,* der Einheit des Menschen mit Gott und der Natur genannt hat. Denn dies ist der Stand der Unbewußtheit seiner selbst. Der Geist aber soll nicht auf diesem Punkte, in diesem ersten Zustande stehen bleiben. Dieser erste natürliche Zustand ist der tierische. Paradeisos ist der Tiergarten, wo der Mensch im tierischen Zustande gelebt hat und unschuldig war, was der Mensch nicht sein soll. Der Mensch ist erst dann Mensch, wenn er das Gute weiß, den Gegensatz kennt, sich entzweit hat. Denn er kann das Gute nur dann kennen, wenn er auch das Böse kennt. Deshalb ist der paradiesische Zustand kein vollkommener. Jener erste Zustand der Vollkommenheit, von dem die Mythen aller Völker sprechen, hat den Sinn, daß die abstrakte Bestimmung des Menschen in der Grundlage dagewesen sei; ob sie aber in der Wirklichkeit dagewesen sei, das ist eine andere Frage. Man hat hier die Grundlage mit der Existenz verwechselt. Der Begriff des Geistes nämlich ist die Grundlage, und diesen hat man als schon existierend angenommen. Es ist Grundlage auch für uns; aber es ist auch Zweck des Geistes, diese hervorzubringen. In der wirklichen Existenz also ist dies das Letzte, in der Grundlage ist es allerdings das Erste. Man spricht viel von der größern Intelligenz der Menschen in dem frühern Zustande, wovon die Weisheit der Inder in der Astronomie usf. noch Rudera zeige, so stellt es *Schlegel* auf. Wir haben aber, was diese Weisheit der Inder betrifft, schon früher bemerkt, daß diese Traditionen sich als höchst erbärmlich ausgewiesen haben, daß ihre Zahlen leere Erdichtungen sind (S. 160).

Wir werden, indem wir uns anschicken, die Hauptmomente des afrikanischen Geistes durchzugehen, auch besondere Züge auszuführen haben, die sein Wesen erhellen; zu tun aber kann es uns nur um die allgemeine Vorstellung sein. Wenden wir uns also zunächst der *Religion* des Afrikaners zu, so gehört nach unserer Vorstellung zur Religion, daß der Mensch ein höchstes Wesen anerkenne, das an und für sich, ein schlechthin objektives, ein bestimmendes absolutes Wesen und eine höhere Macht ist, gegen die sich der Mensch als ein Schwächeres, Niedrigeres stellt. Es kann als Geist vorgestellt werden oder als Naturmacht, die Natur regierend, obgleich das nicht die wahrhafte Form ist. Oder es hat geherrscht die Phantasieanschauung, daß die Menschen Mond, Sonne, Flüsse verehrt haben; sie haben diese Gebilde in der Phantasie beseelt, aber diese haben ihnen doch als schlechthin selbständig Wirkendes gegolten. Die Religion beginnt mit dem Bewußtsein, daß es etwas Höheres gebe, als der Mensch ist. Diese Form ist bei den Negern nicht vorhanden. Der Charakter des Afrikaners zeigt den ersten Gegensatz des

Menschen gegen die Natur. In diesem Zustande hat er die Vorstellung: Er und die Natur, einander gegenüberstehend, er aber als herrschend über das Natürliche, — dieses ist das Grundverhältnis, worüber wir das älteste Zeugnis schon von *Herodot* haben. Wir können ihr religiöses Prinzip in dem Satze zusammenfassen, den er ausgesprochen hat: In Afrika sind alle Zauberer [d]). D. h. der Afrikaner maßt als Geistiges sich eine Macht über die Natur an; das ist unter Zauberei zu verstehen. Damit stimmen noch heute die Berichte der Missionare überein. In der *Zauberei* liegt nun nicht die Vorstellung von einem Gott, von einem sittlichen Glauben, sondern sie stellt dar, daß der Mensch die höchste Macht ist, daß er sich allein befehlend gegen die Naturmacht verhält. Es ist also nicht von einer geistigen Verehrung Gottes, noch von einem Reiche des Rechts die Rede. Gott donnert und wird nicht erkannt: für den Geist des Menschen muß Gott mehr als ein Donnerer sein, bei den Negern aber ist dies nicht der Fall. Die Afrikaner sehen die Natur zu sich im Gegensatze; sie hängen von ihr ab, und die Naturmächte sind ihnen furchtbar. Der Strom kann sie verschlingen, das Erdbeben ihre Stätten zerstören. Das Gedeihen der Ernte, der Baumfrüchte hängt von der Witterung ab: sie haben bald zuviel, bald zuwenig Regen und bedürfen des Gewitters, der Regenzeit und ihres Aufhörens; der Regen, die trockene Jahreszeit, beides soll nicht zulange dauern. Aber diese Naturgewalten, auch Sonne, Mond, Bäume, Tiere gelten ihnen zwar als Mächte, aber als solche, die nicht ein ewiges Gesetz, eine Vorsehung hinter sich haben, keine allgemeine feste Naturmacht. Der Afrikaner sieht sie über sich herrschen; aber es sind Mächte für ihn, über die der Mensch wieder auf irgendeine Weise Meister sein kann. Er ist der Herr über solche Naturgewalten. An Verehrung Gottes ist hier nicht zu denken, nicht an die Anerkennung eines allgemeinen Geistes im Gegensatze zu dem des Individuums. Nur sich weiß der Mensch und sich als der Natur entgegengesetzt, und dieses allein ist in jenen Völkern das Vernünftige. Sie erkennen die Macht der Natur an und suchen sich über sie zu erheben. So glauben sie auch, daß der Mensch nie natürlich sterbe, daß

---

d) Herodot II, c. 33: γόητας εἶναι ἅπαντας.

nicht die Natur, sondern der Wille eines Feindes ihn durch Zauberei töte, und bedienen sich dagegen wie gegen alle Naturgewalt wieder der Zauberei.

Nicht jeder einzelne hat diese Zaubermacht, sondern sie glauben diese Macht in einzelnen Personen konzentriert. Diese sind es, die den Elementen Befehle erteilen, und dies eben nennt man Zauberei. Viele geben sich ausschließlich damit ab, solches zu regulieren, vorauszusagen und zu bewirken, wie es für den Menschen oder die Völker zuträglich sei. Die Könige haben Minister und Priester, zum Teil eine vollständig organisierte Hierarchie, die als Beamte dazu da sind, daß sie zaubern, den Naturmächten gebieten, dem Wetter befehlen. Wenn ihre Befehle lange keine Wirksamkeit mehr gezeigt haben, so werden sie geprügelt. Jeder Ort besitzt auf eben diese Weise seine Zauberer, die besondere Zeremonien, mit allerhand Bewegungen, Tänzen, Lärm und Geschrei ausführen und inmitten dieser Betäubung ihre Anordnungen treffen. Ist die Armee im Felde, und die Gewitter kommen, die so fürchterlich sind, so müssen die Zauberer ihre Schuldigkeit tun, den Wolken drohen, ihnen befehlen, um sie zur Ruhe zu bringen. Ebenso haben sie bei Dürre Regen zu machen. Sie rufen dabei nicht Gott an; es ist keine höhere Macht, an die sie sich wenden, sondern die Menschen glauben, dies aus sich zu bewirken. Die Vorbereitung dazu besteht darin, daß sie sich in einen Zustand außerordentlicher Begeisterung versetzen; durch Singen, heftiges Tanzen, durch berauschende Wurzeln oder Getränke versetzen sie sich in die höchste Betäubung und lassen dann ihre Befehle ausgehen. Wenn es ihnen lange damit nicht glücken will, so befehlen sie, daß unter den Umstehenden, die ihre liebsten Verwandten sind, welche geschlachtet werden, und die andern fressen sie dann auf. Kurz, der Mensch hält sich für das Höchste, das hier befehlen kann. Oft bringt der Priester mehrere Tage in diesem Zustande zu, wütet, schlachtet Menschen, trinkt ihr Blut und gibt es den Umstehenden zu trinken. So haben also faktisch nur einzelne die Gewalt über die Natur, und selbst diese nur, wenn sie sich über sich selbst erheben in scheußlicher Begeisterung. Dies alles findet man bei den afrikanischen Völkern im allgemeinen; bei den einzelnen gibt es noch Modifikationen. Z. B. erzählt der Missionar *Cavazzi*[e]) viele dergleichen Züge von den Negern. Bei den Dracken oder Dschacken gab es Priester, die Chitomen hießen, die das Ansehen hatten, daß sie durch Amulette u. dgl. den Menschen gegen Tiere und Wasser schützen konnten.

Das zweite Moment ihrer Religion ist alsdann, daß sie sich diese ihre Macht zur Anschauung bringen, sie außerhalb ihres Bewußtseins setzen und sich Bilder davon machen. Sie kreieren sich das nächste beste Ding, von dem sie sich einbilden, daß es eine Macht über sie sei, zum Genius: Tiere, Bäume, Steine, Bilder von Holz. Die Individuen holen sich welche, die sie vom Priester erhalten. Dies ist der *Fetisch*, ein Wort, welches die Portugiesen zuerst in Umlauf gebracht haben, und welches von feitizo, Zauberei, abstammt. Hier im Fetische scheint zwar die Selbständigkeit gegen die Willkür des Individuums aufzutreten, aber da eben diese Gegenständlichkeit nichts andres ist als die zur Selbstanschauung sich bringende individuelle Willkür, so bleibt diese auch Meister ihres Bildes. Das, was sie sich als ihre Macht vorstellen, ist somit nichts Objektives, in sich Festes und von ihnen Verschiedenes. Der Fetisch bleibt in ihrer Gewalt; sie verwerfen ihn, wenn er nicht nach ihrem Willen tut. Sie machen also ein Anderes zu ihrer höheren Gewalt, bilden sich ein, daß es eine Macht über ihnen sei, und behalten es gerade deswegen doch in ihrer Gewalt. Begegnet nämlich etwas Unangenehmes, was der Fetisch nicht abgewendet hat, werden die Orakel, die sie sich haben geben lassen, falsch befunden und kommen sie in Mißkredit, bleibt der Regen aus, entsteht Mißwachs, so binden und prügeln sie ihn oder zerstören ihn und schaffen ihn ab, indem sie sich zugleich einen andern kreieren; d. h. ihr Gott bleibt in ihrer Gewalt, sie setzen ihn willkürlich ein und ab, erheben sich also nicht über die Willkür. Es hat ein solcher Fetisch weder die religiöse Selbständigkeit, noch, und viel weniger, die künstlerische; er bleibt lediglich ein Geschöpf, das die Willkür des Schaffenden ausdrückt, und das immer in seinen

---

e) Giovanni Antonio Cavazzi, *Istorica descrizione dei tre regni Congo, Matamba, Angola. Bologna 1687.* (Wir zitieren nach der Ausgabe Mailand 1690.)

Händen verharrt. Kurz, es ist kein Verhältnis der Abhängigkeit in dieser Religion. Ebenso ist es in Ansehung der Geister der Verstorbenen, denen sie auch eine Vermittelung zuschreiben wie den Zauberern. Es sind auch wieder Menschen; was aber hier auf ein Höheres hinweist, ist der Umstand, daß es Menschen sind, die ihre Unmittelbarkeit abgelegt haben. Daher stammt der *Totendienst*, in welchem ihre verstorbenen Voreltern und ihre Vorfahren ihnen als eine Macht gegen die Lebendigen gelten. An diese wenden sie sich auch wie an Fetische, opfern ihnen, beschwören sie; wo aber dies keinen Erfolg hat, so bestrafen sie den Abgeschiedenen selbst, werfen seine Gebeine weg und verunehren ihn. Andererseits haben sie die Vorstellung, daß die Verstorbenen sich rächen, wenn ihre Bedürfnisse nicht befriedigt werden, und schreiben ihnen besonders Unglück zu. Wir haben schon die Meinung des Negers erwähnt, daß es nicht die Natur sei, die den Menschen krank macht, oder eine natürliche Weise, und daß er auch nicht auf natürliche Weise stirbt; dies alles kommt nach seinem Glauben her durch Gewalt, die ein Zauberer oder Feind übt, oder durch die Rache, die ein Toter nimmt. Es ist der Wahnglaube der Hexerei, der auch in Europa fürchterlich geherrscht hat. Solche Zauberei wird nun durch andere mächtigere Zauber bekämpft. Es kommt vor, daß der Vorsteher des Fetischs nicht geneigt ist, ihn wirken zu lassen; dann wird er geprügelt und gezwungen zu zaubern. Eine Hauptzauberei der Chitomen besteht nun darin, die Verstorbenen zu versöhnen oder durch die schrecklichsten Greuel zu zwingen. Auf Befehl der Toten, die sich in die Priester einverleiben, werden Menschenopfer gebracht usw. Das Objektive bleibt so stets der Willkür unterworfen. Die Macht der Toten über die Lebenden wird zwar anerkannt, aber nicht geachtet; denn die Neger befehlen ihren Toten und bezaubern sie. Auf diese Weise bleibt das Substanzielle immer in der Gewalt des Subjekts. Das ist die Religion der Afrikaner; weiter geht sie nicht.

Es liegt darin allerdings die Hoheit des Menschen über die Natur, aber in der Weise der Willkür, daß es der zufällige Wille des Menschen ist, der höher steht als das Natürliche, daß er dieses als das Mittel ansieht, dem er nicht die Ehre antut, es nach seiner Weise zu behandeln, sondern dem er befiehlt. Indessen liegt hierin ein richtigeres Prinzip enthalten als in der Verehrung der Natur, die man oft für etwas Frommes hält, indem man sagt, die Naturerscheinungen seien Werke Gottes, mit der Beziehung, daß das menschliche Werk, das Werk der Vernunft, nicht auch göttlich sei. Was den Negern von der Natur zum Bewußtsein kommt, ist ja nicht ein Bewußtsein von ihrer Objektivität, noch weniger Bewußtsein von Gott als Geist, einem an und für sich Höheren als die Natur. Ebenso aber ist es hier auch nicht der Verstand, der die Natur zu seinem Mittel macht, z. B. das Meer befährt und überhaupt die Natur beherrscht. Diese Macht des Negers über die Natur ist nur eine Macht der Einbildung, eine eingebildete Herrschaft.

Was das Verhältnis des Menschen zum Menschen betrifft, so folgt daraus, daß der Mensch als das Höchste gesetzt ist, dies Zweite, daß er keine Achtung vor sich selber und vor andern hat; dies würde einen höhern, einen absoluten Wert berühren, den der Mensch in sich trüge. Erst mit dem Bewußtsein eines höhern Wesens erlangt der Mensch einen Standpunkt, der ihm eine wahre Achtung gewährt. Denn wenn die Willkür das Absolute ist, die einzige feste Objektivität, die zur Anschauung kommt, so kann der Geist auf dieser Stufe von keiner Allgemeinheit wissen. Deswegen ist bei dem Afrikaner sogleich nicht vorhanden, was man Unsterblichkeit der Seele nennt. Was bei uns Gespenster genannt werden, haben sie; das ist aber keine Unsterblichkeit: zu ihr gehört, daß der Mensch ein an und für sich Geistiges, Unveränderliches, Ewiges ist. Die Neger besitzen daher diese vollkommene *Verachtung* des Menschen, welche eigentlich nach der Seite des Rechts und der Sittlichkeit hin die Grundbestimmung bildet. Die Wertlosigkeit des Menschen geht ins Unglaubliche; es besteht eine Ordnung, die man als Tyrannei ansehen kann, die aber selbst nicht als Unrecht gilt, empfunden wird. Dazu gehört, daß es als etwas ganz Verbreitetes und Erlaubtes betrachtet wird, Menschenfleisch zu essen. So bei den Aschanti, hinunter am Kongo und auf der östlichen Seite. Das kündigt sich uns sogleich als etwas ganz Rohes, zu Verabscheuendes an, das vom Instinkt verworfen werde. Beim Menschen kann man aber nicht vom Instinkt sprechen; es hängt das zusammen mit dem Charakter des Geistes. Der Mensch, der nur ein wenig in seinem Bewußtsein heraufgekommen ist, hat Achtung vor dem Menschen als solchem. Abstrakt kann man sagen: Fleisch ist Fleisch, es kommt auf den Geschmack an; die Vorstellung ist aber, daß dies eben Menschenfleisch und mit dem Körper des Vorstellenden eins ist. Der menschliche Körper ist animalisch, aber wesentlich Körper für ein Vorstellendes; er hat psychologischen Zusammenhang. Aber bei dem Neger ist dies nicht der Fall, und den Menschen zu verzehren hängt mit dem afrikanischen Prinzip überhaupt zusammen; für den sinnlichen Neger ist das Menschenfleisch nur Sinnliches, Fleisch überhaupt. Es wird nicht so sehr als Nahrung gebraucht; aber bei Festen werden viele hundert Gefangene z. B. gemartert, enthauptet, und der Körper wird dem zurückgegeben, der ihn zum Gefangenen gemacht hat und der ihn dann verteilt. An einzelnen Orten hat man freilich sogar auf den Märkten Menschenfleisch ausliegen gefunden. Bei dem Tode eines Reichen werden wohl Hunderte geschlachtet und verzehrt. Gefangene werden gemordet, geschlachtet, und der Sieger frißt in der Regel das Herz des getöteten Feindes. Bei den Zaubereien geschieht es gar häufig, daß der Zauberer den ersten besten ermordet und ihn zum Fraße an die Menge verteilt.

Aus solcher Wertlosigkeit des Menschen erklärt sich, daß in Afrika die *Sklaverei* das Grundverhältnis des Rechts bildet. Der einzige wesentliche Zusammenhang, den die Neger mit den Europäern gehabt haben und noch haben, ist der der Sklaverei. In dieser sehen die Neger nichts ihnen Unangemessenes, und gerade die Engländer, welche das meiste zur Abschaffung des Sklavenhandels und der Sklaverei getan haben, werden von ihnen selbst als Feinde behandelt. Denn es ist ein Hauptmoment für die Könige, ihre gefangenen Feinde oder auch ihre eignen Untertanen zu verkaufen, und die Sklaverei hat insofern mehr Menschliches unter den Negern geweckt. Die Neger werden von den Europäern in die Sklaverei geführt und nach Amerika hin verkauft. Trotzdem ist ihr Los im eigenen Lande fast noch schlimmer, wo ebenso absolute Sklaverei vorhanden ist; denn es ist die Grundlage der Sklaverei überhaupt, daß der Mensch das Bewußtsein seiner Freiheit noch nicht hat und somit zu einer Sache, zu einem Wertlosen herabsinkt. In allen afrikanischen Reichen, mit denen die Europäer in Bekanntschaft gekommen sind, ist diese Sklaverei heimisch, sie herrscht dort natürlich. Aber es wird nur aus der Willkür zwischen Herren und Sklaven unterschieden. Die Lehre, die wir aus diesem Zustande der Sklaverei bei den Negern ziehen, und welche die allein für uns interessante Seite ausmacht, ist die, welche wir aus der Idee kennen, daß der Naturzustand selbst der Zustand absoluten und durchgängigen Unrechts ist. Jede Zwischenstufe zwischen ihm und der Wirklichkeit des vernünftigen Staates hat ebenso noch Momente und Seiten der Ungerechtigkeit; daher finden wir Sklaverei selbst im griechischen und römischen Staate, wie Leibeigenschaft bis auf die neuesten Zeiten hinein. So aber als im Staate vorhanden, ist sie selbst ein Moment des Fortschreitens von der bloß vereinzelten, sinnlichen Existenz, ein Moment der Erziehung, eine Weise des Teilhaftigwerdens höherer Sittlichkeit und mit ihr zusammenhängender Bildung. Die Sklaverei ist an und für sich Unrecht, denn das Wesen des Menschen ist die Freiheit; doch zu dieser muß er erst reif werden. Es ist also die allmähliche Abschaffung der Sklaverei etwas Angemesseneres und Richtigeres als ihre plötzliche Aufhebung.

Die Sklaverei soll nicht sein, da sie nach dem Begriffe der Sache an und für sich unrecht ist. Das Soll drückt ein Subjektives aus; es ist als solches nichts Geschichtliches. Was dem Soll noch fehlt, ist die substanzielle Sittlichkeit eines Staates. Die Sklaverei ist in vernünftigen Staaten nicht vorhanden; vor solchen Staaten aber ist die wahrhafte Idee nach einigen Seiten nur als ein Sollen vorhanden, und da ist die Sklaverei noch notwendig: es ist ein Moment des Übergangs zu einer höhern Stufe. Es kann vollends nicht erwartet werden, daß der Mensch darum, weil er ein Mensch ist, für wesentlich frei gehalten werde. Das war bei den Griechen und Römern ebenfalls nicht der Fall; der Athener war nur als athenischer Bürger frei, usf. Daß der Mensch als Mensch frei sei, ist unsere allgemeine Vorstellung; sonst aber hat der Mensch einen Wert nach irgendeiner besondern Seite: Eheleute, Verwandte, Nachbarn, Mitbürger haben Wert füreinander. Bei den Negern ist dies nur wenig vorhanden; bei ihnen sind die sittlichen Empfindungen vollkommen schwach, oder besser gesagt, gar nicht zu finden. Das erste sittliche Verhältnis, das der Familie, ist den Negern ganz gleichgültig. Die Männer verkaufen ihre Frauen, die Eltern verkaufen ihre Kinder und umgekehrt ebenso diese jene, je nachdem man einander habhaft werden kann. Durch das Durchgreifende der Sklaverei sind alle Bande sittlicher Achtung, die wir voreinander haben, geschwunden, und es fällt den Negern nicht ein, sich zuzumuten, was wir voneinander fordern dürfen. Um ihre kranken Eltern kümmern sie sich nicht, außer daß sie sich zuweilen bei den Chitomen Rats erholen. Menschenfreundliche Empfindungen, der Liebe und dgl., enthalten ein Bewußtsein von sich, das nicht mehr nur ein Bewußtsein der einzelnen Person ist. So indem ich jemanden liebe, so bin ich meiner im andern mir bewußt, wie *Goethe* sagt: ich habe ein weites Herz. Es ist eine Erweiterung meiner selbst. Die Polygamie der Neger hat häufig den Zweck, viele Kinder zu erzielen, die samt und sonders zu Sklaven verkauft werden könnten. Von dem Unrecht dieses Verhältnisses haben sie keine Empfindung. Dieses Mißverhältnis geht bei ihnen ins Grenzenlose. Der König von Dahomey hat 3333 Frauen; jeder Reiche hat viel, und viele Kinder, die ihm dann etwas einbringen. Missionare[f]) erzählen, ein Neger sei in die Kirche zu den Franziskanern gekommen und habe fürchterliche Wehklagen darüber angehoben, daß er nun ein ganz armer Mensch sei, weil er alle seine Verwandten, auch Vater und Mutter, bereits verkauft habe.

In der Menschenverachtung der Neger ist es nicht sowohl die Verachtung des Todes als die Nichtachtung des Lebens, die das Charakteristische ausmacht. So wenig der Mensch für sich wert ist, so wenig Wert hat das Leben; das Leben hat überhaupt nur Wert, sofern ein höherer Wert im Menschen ist. Die Verachtung des Lebens beim Neger ist kein Überdruß am Leben, keine Zufälligkeit des Verdrusses; sondern das Leben überhaupt hat keinen Wert. Die Neger bringen sich sehr häufig selbst um, wenn sie an ihrer Ehre verletzt werden oder wenn einer vom König bestraft wird. Wenn er sich dann nicht umbringt, wird er für feige gehalten. Sie denken nicht an Erhaltung des Lebens, auch nicht an den

f) Cavazzi, S. 55.

Tod. Dieser Nichtachtung des Lebens ist auch die große, von ungeheurer Körperstärke unterstützte Tapferkeit der Neger zuzuschreiben, die sich zu Tausenden niederschießen lassen im Kriege gegen die Europäer. Im Kriege der Aschanti gegen die Engländer sind sie bis an die Mündungen der Kanonen gelaufen und haben nicht abgelassen, obgleich sie immer gleich zu fünfzig niedergestreckt wurden. Das Leben hat eben nur da einen Wert, wo es ein Würdiges zu seinem Zwecke hat.

Gehen wir nun zu den Grundzügen der *Verfassung* über, so geht eigentlich aus der Natur des Ganzen hervor, daß es keine solche geben kann. Die Regierungsform muß wesentlich die patriarchalische sein. Der Charakter dieser Stufe ist sinnliche Willkür, eine Energie des sinnlichen Willens; und bei der Willkür sind die sittlichen Verhältnisse noch ganz unentwickelt, die einen wesentlich allgemeinen Inhalt haben, das Bewußtsein nicht als für sich in seiner Vereinzelung gelten lassen, sondern seinen Wert nur in seiner innern Allgemeinheit anerkennen und zwar in verschiedener Form, teils rechtlich, teils religiös, teils sittlich. Wo dies Allgemeine schwach oder entfernt ist, kann auch der politische Zusammenhalt nicht den Charakter haben, daß freie, vernünftige Gesetze den Staat regieren. So ist, wie wir gesehen haben, selbst die Familiensittlichkeit wenig stark. In Ansehung der Ehe und des Haushalts herrscht Vielweiberei, und damit ist Gleichgültigkeit der Eltern untereinander, der Eltern und Kinder, der Kinder untereinander gegeben. Es gibt so überhaupt kein Band, keine Fessel für die Willkür. Aus solcher Bestimmung kann der größere Zusammenhalt der Individuen nicht erstehen, den wir Staat nennen; er beruht auf vernünftiger Allgemeinheit, die ein Gesetz der Freiheit ist. Den Zusammenhalt für die Willkür kann nur eine äußere Gewalt bilden; denn für sich selbst hat die Willkür nichts, was die Menschen treibt, einig zu sein, sondern sie ist dies, daß der Mensch seinen besondern Willen gelten läßt. Deswegen besteht dort das Verhältnis des *Despotismus;* die äußere Gewalt ist selbst willkürlich, weil kein vernünftiger gemeinsamer Geist vorhanden ist, dessen Repräsentant und Betätigung die Regierung sein könnte. Es steht ein Herr an der Spitze; denn sinnliche Roheit kann nur durch despotische Gewalt gebändigt werden. Der Despotismus ist deswegen imposant, weil er die Willkür bändigt, die wohl Hochmut, aber nicht in sich Wert haben kann. Die Willkür des Alleinherrschers ist darum nach der formellen Seite achtungswert, weil sie den Zusammenhalt überhaupt bewirkt und darum ein höheres Prinzip darstellt als das der partikulären Willkür. Die Willkür nämlich muß Zusammenhalt haben; sie sei sinnliche Willkür oder Willkür der Reflexion, so muß dieser Zusammenhalt die äußere Gewalt sein. Wenn die Willkür ein Höheres vor sich hat und machtlos für sich ist, wird sie kriechend sein, wo sie aber zur Macht kommt, hochmütig gegen das, wovor sie sich soeben noch gedemütigt hatte. So muß es sehr viele Modifikationen geben, wie sich die Willkür vermittelt. Gerade wo wir den Despotismus in ganz wilder Weise walten sehen, zeigt es sich, daß man die Willkür durch Gewalt gegen sie auch wieder ausschließt. Neben dem Könige befindet sich in den Negerstaaten beständig der Scharfrichter, dessen Amt für höchst wichtig gehalten wird, und durch den der König ebenso die Verdächtigen aus dem Wege räumen läßt, wie er selbst wiederum von ihm umgebracht werden kann, wenn die Großen es verlangen. Denn weil die Untergebenen Menschen von ebenso wildem Sinne sind, so halten sie den Herrn wiederum in Schranken. Anderwärts sind Vermittelungen vorhanden, und im ganzen muß der Willkür der Mächtigen von den Despoten nachgegeben werden. Der Despotismus gewinnt dann die Gestalt, daß zwar ein Häuptling, den wir König nennen wollen, an der Spitze steht, unter ihm aber seine Großen, Chefs, Kapitäns, mit denen er alles zu beraten hat und ohne deren Beistimmung er insbesondere keinen Krieg anfangen, keinen Frieden machen, keinen Tribut auflegen kann. So ist es bei den Aschanti; dem Könige dienen eine Menge tributärer Fürsten, und auch die Engländer zahlen ihm einen Tribut, den er mit seinen Chefs teilt.

Der afrikanische Despot kann dabei mehr oder weniger Autorität entwickeln und diesen oder jenen Häuptling bei Gelegenheit mit List oder Gewalt aus dem Wege schaffen. Außerdem besitzen die Könige noch gewisse Vorrechte. Bei den Aschanti erbt der König alles hinterlassene Gut seiner Untertanen; in andern Orten gehören alle Mädchen dem

Könige, und wer eine Frau haben will, muß sie demselben abkaufen. Sind die Neger aber mit ihrem König unzufrieden, so setzen sie ihn ab und bringen ihn um. Ein Reich, das noch wenig bekannt ist, das mit Dahomey zusammenhängt und etwas wie eine eigene Geschichte hat, ist das des Königs von Eyio. Es liegt tiefer im Innern, wo nicht nur große trockene Wüsteneien vorhanden sind. Vielmehr hat man überall, wo man ins Innere hat eindringen können, große Reiche gefunden. Erzählen doch die Portugiesen aus früherer Zeit, daß dort in Kriegen ungefähr 200 000 Mann gegeneinander zu Felde gezogen sind. So hat auch der König von Eyio ein paar hunderttausend Mann Kavallerie. Er ist wie bei den Aschanti von Großen umgeben, die seiner Willkür nicht unbedingt unterworfen sind. Wenn er nicht recht regiert, schicken sie eine Gesandtschaft, die ihm drei Papageieneier überbringt. Die Gesandten machen ihm dann Vorschläge; sie danken ihm für die Mühe, die er sich gegeben hat, sie recht zu regieren, und sagen ihm dann, daß ihn doch wahrscheinlich die Anstrengung zu sehr ermüdet habe und er wohl des Schlafs zum Ausruhen bedürfe. Der König bedankt sich für ihre Einsicht und ihren Rat, erkennt es an, wie sie ihm wohlwollen, und geht in sein Nebenzimmer; dort aber legt er sich nicht zum Schlafe nieder, sondern läßt sich von seinen Weibern erdrosseln. So haben sie vor zwanzig Jahren einen König von Aschanti abgesetzt, der sich durch die Schmeicheleien seiner Frau im Reiche seines Schwiegervaters aufhalten ließ. Die Großen ließen ihn einladen, zum Jahresfest zurückzukommen; aber da er nicht kam, setzten sie seinen Bruder auf den Thron.

So ist auch dieser Despotismus nicht durchaus blind; die Völker sind nicht bloß Sklaven, sondern machen auch ihre Willkür geltend. In Ostafrika ist *Bruce*[g]) durch einen Staat gekommen, wo der erste Minister der Scharfrichter ist, der aber keinem den Kopf abschlagen kann als dem Könige: so hängt über dem Despoten eigentlich Tag und Nacht das Schwert. Andererseits hat der Monarch unbedingte Gewalt über das Leben seiner Untertanen. Wo das Leben keinen

g) James Bruce, *Travels to discover the sources of the Nile,* 1768 bis 1773.

Wert hat, wird es eben rücksichtslos vergeudet. Die Völker liefern sich gegenseitig blutige Schlachten, die oft acht Tage hintereinander andauern, und in denen Hunderttausende umkommen. Ein Zufall pflegt schließlich die Entscheidung zu geben; dann wird durch die Sieger alles totgeschlagen, was erreicht werden kann. Bei vielen Fürsten übrigens ist der Scharfrichter der erste Minister. Es geht in allen Negerstaaten, deren viele nebeneinander bestehen, ungefähr gleich zu. Die Würde des Oberhauptes ist meist erblich, wird aber selten auf ruhige Weise gewonnen. Der Fürst wird sehr hoch verehrt; aber seine Macht muß er doch mit seinen Tapfern teilen. Auch bei den Negern finden sich Gerichte und Prozesse. Im Norden haben ihre Sitten eine Milderung erfahren, wo durch die Mauren der Mohammedanismus verbreitet worden ist. Auch die Neger, mit denen die Engländer in Verbindung kamen, waren Mohammedaner.

In dieser Beschaffenheit der Afrikaner liegt, daß sie im höchsten Grade fähig sind, fanatisiert zu werden. Das Reich des Geistes ist dort so arm und doch der Geist in sich so intensiv, daß die eine Vorstellung, die hineingeworfen wird, sie dazu treibt, nichts zu respektieren, alles zu zertrümmern. Lange sieht man sie ganz ruhig leben, gutmütig; aber diese Gutmütigkeit ist auch fähig, ganz außer sich gesetzt zu werden. Es ist in ihrem Bewußtsein so Weniges vorhanden, was Achtung an und für sich verdiente; deshalb ist die Vorstellung, die sich ihrer bemächtigt, die einzig wirkende und treibt sie dazu, alles zu vernichten. Jede Vorstellung, die in die Neger geworfen wird, wird mit der ganzen Energie des Willens ergriffen und verwirklicht, alles aber zugleich in dieser Verwirklichung zertrümmert. Diese Völker sind lange Zeit ruhig, aber plötzlich gären sie auf, und dann sind sie ganz außer sich gesetzt. Die Zertrümmerung, welche eine Folge ihres Aufbrausens ist, hat darin ihren Grund, daß es kein Inhalt und kein Gedanke ist, der diese Bewegungen hervorruft, sondern mehr ein physischer als ein geistiger Fanatismus. So sehen wir häufig Völker in besonderer Wut an die Küste herbeirennen, alles umbringen, aus keinem andern Grunde als aus Wut und Tollheit, einer Tapferkeit, die allein dem Fanatismus zukommt. In diesen Staaten nimmt jeder Beschluß den Charakter des Fanatismus an, eines Fanatismus, der allen Glauben übersteigt. Ein englischer Reisender[h]) erzählt: wenn in Aschanti ein Krieg beschlossen ist, so werden erst feierliche Zeremonien vorausgeschickt; zu diesen gehört, daß die Gebeine der Mutter des Königs mit Menschenblut abgewaschen werden. Als Vorspiel des Krieges beschließt der König einen Ausfall auf seine eigne Hauptstadt, um sich gleichsam in Wut zu setzen. Als ein Volk, das den Tribut verweigert hatte, zur Strafe mit Krieg überzogen werden sollte, sandte der König dem englischen Residenten *Hutchinson*[i]) einen Zettel des Inhalts: »Christ, hab' acht und wache über deine Familie. Der Bote des Todes hat sein Schwert gezogen und wird den Nacken vieler Aschanti treffen; wenn die Trommel gerührt wird, so ist es das Todessignal für viele. Komm zum Könige, wenn du kannst, und fürchte nichts für dich.« Die Trommel ward geschlagen; die Krieger des Königs, mit kurzen Schwertern bewaffnet, zogen zum Morden aus, und dies furchtbare Blutbad begann: alles, was den durch die Straßen wütenden Negern aufstieß, wurde durchbohrt. Immerhin wurden diesmal nicht viele gemordet; denn das Volk hatte es erfahren und sich in acht genommen. Bei solchen Gelegenheiten läßt nun der König alles ermorden, was ihm verdächtig ist, und diese Tat nimmt alsdann noch den Charakter einer heiligen Handlung an. So ist es auch bei Leichenbegängnissen; alles trägt den Charakter des Außersichkommens und Außersichseins. Die Sklaven des Verstorbenen werden geschlachtet; es heißt, der Kopf gehöre dem Fetisch, der Leib den Verwandten. Dieser wird dann von ihnen aufgezehrt. Wenn der König in Dahomey stirbt, — sein Palast ist ungeheuer, — so geht ein allgemeiner Aufruhr im Palast an; alle Gerätschaften werden zertrümmert, und es findet ein allgemeines Gemetzel statt. Die Weiber des Königs bereiten sich zum Tode (es sind, wie erwähnt, 3333); sie sehen darin eine Notwendigkeit, putzen sich dazu und lassen sich von ihren Sklaven umbringen. Alle Bande der Gesellschaft in der Stadt und im Reiche sind aufgelöst; Mord und Diebstahl bricht überall aus, Privatrache hat ihren

h) T. E. Bowdich, *Mission from Cape Coast Castle to Ashantee.* London 1819. 2 vol.

i) War 1817 Resident in Kumassi.

Lauf. Bei einer solchen Gelegenheit waren binnen 6 Minuten im Palaste 500 Weiber umgekommen. Die hohen Beamten beeilen sich aufs höchste, den Thronfolger einzusetzen, damit der Ausgelassenheit, den Metzeleien ein Ziel gesetzt werde.

Die fürchterlichste Erscheinung ist die einer Frau, die weit hinein am Kongo über die Dschacken geherrscht hat [j]). Sie wurde zum Christentum bekehrt, fiel ab und wurde noch einmal bekehrt. Sie lebte sehr ausschweifend, im Streite mit ihrer Mutter, die sie vom Throne stieß, und gründete einen Weiberstaat, der sich durch seine Eroberungen bekannt gemacht hat. Sie entsagte öffentlich aller Liebe zur Mutter wie zu ihrem Sohne. Diesen, ein junges Kind, hat sie vor der Versammlung in einem Mörser zerstoßen, sich mit seinem Blute bestrichen und veranstaltet, daß immer solches Blut zerstampfter Kinder vorrätig sei. Ihre Gesetze waren furchtbar. Die Männer ließ sie verjagen oder umbringen; alle Frauen mußten ihre männlichen Kinder töten. Schwangere Frauen mußten sich außerhalb des Lagers begeben und im Gebüsch gebären. An der Spitze dieser Weiber hat sie dann die fürchterlichsten Verwüstungen angerichtet. Wie Furien haben sie alles in der Nachbarschaft zerstört, Menschenfleisch gegessen; und weil sie das Land nicht bauten, so waren sie getrieben, sich durch Raub zu erhalten. Hernach wurde den Weibern erlaubt, die Kriegsgefangenen als Männer zu gebrauchen, die sie zu Sklaven machten, auch ihnen die Freiheit zu geben. Viele Jahre ist das so geblieben. Daß Weiber in den Krieg ziehen, ist für afrikanische Zustände eigentümlich. In Aschanti-Dahomey besteht ein Korps von Weibern, mit dem der König Expeditionen macht. In Dahomey — man könnte ein Stück der platonischen Republik realisiert sehen wollen — gehören die Kinder nicht der Familie an, sondern werden öffentlich aufgezogen, kurz nach der Geburt auf die Dörfer verteilt. Eine große Anzahl umgibt den König; wer heiraten will, muß vor dem Königlichen Palast ein paar Thaler bezahlen und bekommt dann eine Frau. Jeder muß nehmen, was auf ihn kommt, jung oder alt. Die Weiber des Königs führen solchen Kandidaten des

---

j) Cavazzi, S. 149ff.

Ehestandes an; sie geben ihm erst eine Mutter, die er erhalten muß, und dann muß er noch einmal kommen, um eine Frau zu bekommen.

Aus allen diesen verschiedentlich angeführten Zügen geht hervor, daß es die Unbändigkeit ist, welche den Charakter der Neger bezeichnet. Dieser Zustand ist keiner Entwicklung und Bildung fähig, und wie wir sie heute sehen, so sind sie immer gewesen. In der ungeheuren Energie der sinnlichen Willkür, die hier herrscht, hat das Sittliche keine bestimmte Macht. Wenn man fürchterliche Erscheinungen in der menschlichen Natur will kennen lernen, in Afrika kann man sie finden. Dasselbe melden die ältesten Nachrichten über diesen Weltteil; er hat eigentlich keine Geschichte. Darum verlassen wir hiermit Afrika, um späterhin seiner keine Erwähnung mehr zu tun. Denn es ist kein geschichtlicher Weltteil; er hat keine Bewegung und Entwicklung aufzuweisen, und was etwa in ihm, d. h. in seinem Norden geschehen ist, gehört der asiatischen und europäischen Welt zu. Karthago war dort ein wichtiges und vorübergehendes Moment; aber als phönizische Kolonie fällt es Asien zu. Ägypten wird im Übergange des Menschengeistes von Osten nach Westen betrachtet werden, aber es ist nicht dem afrikanischen Geiste zugehörig. Was wir eigentlich unter Afrika verstehen, das ist das Geschichtslose und Unaufgeschlossene, das noch ganz im natürlichen Geiste befangen ist, und das hier bloß an der Schwelle der Weltgeschichte vorgeführt werden mußte.

β) *Asien*

Wir befinden uns jetzt erst, nachdem wir dieses von uns geschoben haben, auf dem wirklichen Theater der Weltgeschichte. Bei den Negern ist der natürliche Wille des Einzelnen noch nicht negiert; aus dieser Negation aber geht erst das Bewußtsein des Anundfürsichseins hervor. Dieses Bewußtsein geht in der orientalischen Welt auf. Hier steht eine an und für sich seiende Macht da, und der Mensch ist nur, insofern er sich zu diesem allgemeinen Substanziellen verhält, selbst an und für sich. Dieses Verhältnis zur substanziellen Macht gibt den Individuen eine Verbindung unter sich. So ist in Asien das Sittliche des Staatsbewußtseins aufgegangen. Asien ist der Weltteil des Aufgangs überhaupt. Zwar ist jedes Land gleichzeitig eigentlich ein Osten und ein Westen, und so ist Asien ein Westen für Amerika; aber wie Europa überhaupt das Zentrum und das Ende der Alten Welt und absolut der Westen ist, so Asien absolut der Osten. Dort ist das Licht des Geistes, das Bewußtsein von einem Allgemeinen und damit die Weltgeschichte aufgegangen.

Wir müssen zunächst von der geographischen Natur Asiens, von seiner Formation eine Skizze vorausschicken. In Afrika waren die Naturbedingungen in bezug auf die Weltgeschichte mehr negativ; in Asien sind sie positiv: daher schreibt sich auch die große Naturanschauung der Asiaten. Wie die Natur für die Geschichte die gegebene Grundlage ist, so muß sie es auch für unsere Geschichtsbetrachtung sein. Natürliches und Geistiges formiert eine lebendige Gestalt, und dies ist die *Geschichte*. Die physische Beschaffenheit dieses Weltteils stellt schlechthin Gegensätze auf und die wesentliche Beziehung dieser Gegensätze. Die verschiedenen geographischen Prinzipien sind in sich entwickelte und ausgebildete Gestaltungen. Die beiden Lokalitäten, Hochland und Talebene, um die es sich hier handelt, sind in Asien der Boden für ganz entgegengesetztes menschliches Tun; sie stehen aber in wesentlicher Wechselwirkung und sind nicht isoliert wie es z. B. mit Ägypten der Fall ist. Vielmehr ist eben die Beziehung dieser ganz entgegengesetzten Dispositionen für Asien charakteristisch.

Zuerst ist die nördliche Abdachung, Sibirien, auszuschalten. Sie liegt für uns jenseits der Betrachtung. Die ganze Beschaffenheit des Landes ist nicht derart, daß es ein Schauplatz geschichtlicher Kultur wäre und eine eigentümliche Gestalt in der Weltgeschichte hätten bilden können. Die Vorteile, die dort erscheinen, daß sich große Ströme vom altaischen Gebirgszuge in den nördlichen Ozean ergießen, werden durch das Klima wieder herabgesetzt. Das übrige Asien zeigt zunächst wie Afrika ein gediegenes Hochland, mit einem Gebirgsgurt, der die höchsten Gebirge in der Welt enthält. Dieser Gebirgsgurt stellt sich selbst als einen Zug von Gebirgen dar, der sich nach außen tief hinuntersenkt.

Begrenzt ist dieses Hochland im Süden und Südosten durch den Mustag oder Imaus, mit dem dann weiter südlich das Himalajagebirge parallel läuft. Gegen Osten scheidet eine von Süden nach Norden gehende Gebirgskette das Bassin des Amur ab. Dieses Land ist dem größten Teil nach im Besitz der Mandschu, die China beherrschen und in ihrer Ursprünglichkeit in nomadisierender Lebensart leben, die auch der Chinesische Kaiser den Sommer über annimmt. Im Norden liegt das Altaische und Songarische Gebirge; im Zusammenhange mit dem letzteren im Nordwesten der Mussart und im Westen der Belurtag, welcher durch das Hindukuhgebirge wieder mit dem Mustag verbunden ist.

Dieser hohe Gebirgszug wird durch mächtige Ströme durchbrochen, die große Talebenen von ungeheurer Fruchtbarkeit und Üppigkeit bilden, die Mittelpunkte einer eigentümlichen Kultur. Es sind Schlammebenen, die eigentlich nicht Täler heißen können; sie sind von der Gestaltung der europäischen Stromgebiete ganz verschieden, die mehr eigentliche Täler und unendliche Verzweigungen derselben bilden. Zu solchen Ebenen gehört die chinesische Talebene, gebildet durch den Hoang-ho und Jangtse-kiang, den gelben und blauen Strom, die gegen Osten fließen; dann die von Indien, gebildet durch den Ganges; weniger bedeutend ist der Indus, der im Norden auch ein Kulturland, das Land des Penjab, bestimmt (südlich sind es mehr Sandebenen, die er durchfließt); ferner die Länder des Tigris und Euphrat, die aus Armenien herkommen und im Westen der persischen Gebirge strömen. Das kaspische Meer hat im Osten und Westen dergleichen Flußtäler, im Osten durch den Oxus und Jaxartes (Gihon und Sihon), die sich in den Aralsee ergießen; jener, der Gihon, floß sonst ins Kaspische Meer, ist aber dann abgelenkt. Das große Land zwischen dem Belurtag und dem Kaspischen Meer ist eine weite Ebene mit Vorhügeln und ist besonders wichtig für die Weltgeschichte. Gegen Westen bilden Kyrus und Araxu (Kur und Aras) eine weniger breite, aber auch fruchtbare Ebene. Das mittelasiatische Gebirgsland, zu dem man aber auch Arabien rechnen kann als das Hochland der Ebene, hat den Charakter der Fläche und zugleich des Hochlandes. Hier ist der Gegensatz zu seiner größten Freiheit gekommen; Licht und Finsternis, Pracht und Abstraktion reiner Anschauung — was man Orientalismus nennt — ist hier zu Hause. Ganz vornehmlich Persien gehört hierher.

Die Ebene und das Hochland sind durchaus bestimmt gegeneinander charakterisiert; das Dritte ist die Mischung der Prinzipien, die in Vorderasien auftritt. Dazu gehört Arabien, das Land der Wüste, das Hochland der Fläche, das Reich der ungebändigten Freiheit, aus dem der ungeheuerste Fanatismus entsprossen ist; dazu gehört Syrien und Kleinasien, die mit dem Meere in Verbindung sind und wo sich der Zusammenhang mit Europa bildet. Ihre Kultur ist nach Europa hinübergezogen und sie befinden sich in immerwährendem Zusammenhange mit Europa. —

Nach dieser Erinnerung an die geographische Bestimmtheit kann etwas über den Charakter gesagt werden, den durch sie die Völker und die Geschichte erhalten haben. Das Wichtigste ist das Verhältnis des Hochlands zu den Stromebenen. Oder vielmehr ist es nicht so sehr die Hochebene selbst wie die Gebirgsschlucht beim Auslaufen der hohen Gebirge gegen die Ebene, was in welthistorischer Rücksicht ein höchst wichtiger Punkt ist. Vornehmlich der Zusammenhang der Völker, die hier ihren Sitz haben, mit dem Charakter der Kultur in den Stromebenen muß in der asiatischen Geschichte hervorgehoben werden. Bei den Völkern, die dem Gebirge angehören, ist die Viehzucht das Prinzip, von dem sie ausgegangen sind; das Prinzip der Stromebene ist dann der Ackerbau und die Ausbildung zum Gewerbe. Das dritte Prinzip, das Vorderasien angehört, ist der Handel ins Ausland und die Schiffahrt. Diese Prinzipien treten hier abstrakt auf, treten in wesentliche Beziehungen miteinander; sie treten dadurch in unterschiedenen Bestimmungen auf und bilden gemeinschaftliche Prinzipien der Lebensweise und des geschichtlichen Charakters der Völker.

So führt die Viehzucht bei den Gebirgsvölkern zu drei verschiedenen Zuständen. Einerseits beobachten wir das ruhige Nomadenleben, das in beschränktem Bedürfnis, in gleichförmigem Kreise verläuft. Andererseits regt sich die Unruhe in dem Räuberwesen, das sich unter solchen Nomaden ausbildet. Drittens aber tritt der Zustand ein, daß sie erobernd werden. Diese Völker, ohne sich selbst zur Geschichte zu entwickeln, besitzen doch schon einen mächtigen Impuls zur Veränderung ihrer Gestalt, und wenn sie auch noch nicht einen historischen Inhalt haben, so ist doch der Anfang der Geschichte aus ihnen zu nehmen. Bei ihrer nächsten Tätigkeit, der Zucht der Pferde, Kamele, Schafe, weniger des Rindviehs, ist das schweifende, unstete Leben ihnen eigentümlich, das entweder ein ruhiger Verlauf bleibt oder teils in Räuberei übergeht, teils dahin führt, daß sich die großen Massen zusammentun und sich auf die Talebenen stürzen. Zu einer Ausbildung in sich kommen diese Massen nicht; die Bildung gewinnen sie erst, wenn sie in der Talebene, nachdem sie erobernd aufgetreten waren, ihren Charakter verlieren. Sie haben aber durch solches Auftreten ungeheure Impulse gegeben, Verwüstung und Veränderung in der äußerlichen Gestalt der Welt veranlaßt.

Das zweite Prinzip ist hier für uns das interessanteste, das der Talebene mit dem Elemente des Ackerbaus. In dem Ackerbau allein liegt schon das Aufhören der Unstätigkeit. Der Ackerbau schließt für sich selbst das Festsein in sich; er verlangt Vorsorge und Bekümmernis um die Zukunft. Somit ist die Reflexion auf ein Allgemeines erwacht, für die Familie wird in einer allgemeinen Weise gesorgt, und hierin liegt schon das Prinzip des Eigentums und der einzelnen Gewerbe. Zu großen Kulturländern haben sich in dieser Art China, Indien, Babylonien erhoben. Aber sie haben sich in sich geschlossen gehalten und sich auf das Prinzip des Meeres nicht eingelassen, wenigstens nicht, nachdem sie die Ausbildung ihres eigentümlichen Prinzips erlangt hatten; und wenn sie es noch tun, so macht es kein Moment ihrer Kultur und Bildung aus. So konnte von ihnen nur insofern ein Zusammenhang mit der weitern Geschichte vorhanden sein, als sie selbst aufgesucht und erforscht wurden. Dieses mittlere Prinzip ist das für Asien Charakteristische; der Gegensatz von Tag und Nacht, oder geographisch ausgedrückt von Talebene und Gebirgsgurt macht die Bestimmtheit der asiatischen Geschichte aus. Der Gebirgsgurt des Hochlands, das Hochland selbst und die Stromebenen sind, was Asien physikalisch und geistig charakterisiert; aber sie selbst sind nicht die konkret historischen Elemente, sondern jener Gegensatz steht schlechthin in Beziehung: das Einwurzeln der Menschen in die Fruchtbarkeit der Ebene ist für die Unstätheit, die Unruhe und das Schweifende der Gebirgs- und Hochlandsbewohner das beständige Objekt des Hinausstrebens. Was natürlich auseinanderliegt, tritt wesentlich in geschichtliche Beziehung.

Beide Momente in einem hat *Vorderasien:* es ist das Land der mannigfaltigen Gestaltung; seine Beziehung auf Europa ist das, was ihm vornehmlich eigentümlich ist. Was dort hervorgegangen ist, hat das Land nicht für sich behalten, sondern nach Europa entsendet. Es war darin der Aufgang von Prinzipien, die in dem Lande selbst nicht ausgebildet wurden, sondern deren Ausbildung erst in Europa vollendet worden ist. Den Aufgang aller religiösen und aller staatlichen Prinzipien stellt es dar, aber in Europa ist erst die Entwicklung derselben geschehen. Es steht in Beziehung mit dem Mittelmeere. Arabien, Syrien, vornehmlich dessen Küste mit Judäa, Tyrus und Sidon, bringen das Prinzip des Handels in seinen ältesten Anfängen zur Geltung und zwar in der Richtung auf Europa. In Kleinasien waren Troas und Ionien, ferner Kolchis am Schwarzen Meere mit Armenien hinter sich Hauptverbindungspunkte zwischen Asien und Europa. Doch ist auch die weite Ebene der Wolga denkwürdig wegen des Durchzugs der ungeheuren Schwärme Asiens, die dort nach Europa hinübergeflutet sind.

γ) *Europa*

In Europa herrschen die terrestrischen Unterschiede nicht so, wie wir sie bei Afrika und noch mehr bei Asien hervortreten sahen. Es gibt hier nicht so einen festen Kern von Hochland; er ist in Europa etwas Untergeordnetes. Auch tritt das Prinzip der Ebene zurück; besonders zeigt der Süden und Westen mehr Täler in mannigfaltiger Abwechselung, von Bergen und Hügeln umschlossen. Der Charakter von Europa ist also, daß die Unterschiede der physikalischen Beschaffenheit nicht zu den scharfen Kontrasten auseinandergehen wie in Asien, sondern daß sie mehr vermischt, ihre Gegensätze ausgelöscht oder wenigstens gemildert sind und die Natur des Übergangs annehmen. Doch sind auch in der Gestaltung Europas drei Teile zu unterscheiden. Da sich aber dort keine Hochländer und Talebenen gegenüberstehen, so haben sie einen andern Einteilungsgrund.

Der erste Teil ist der *Süden Europas,* das Land südlich der Pyrenäen, das südliche Frankreich und Italien, die durch die Alpen von dem übrigen Frankreich, von Helvetien und Deutschland abgeschlossen sind, und die östliche Länderkette gegen den Hämus hin, südlich des Bassins der Donau, mit Griechenland. Dieser Teil, der lange das Theater der Weltgeschichte gewesen ist, hat nicht einen ausgeprägten Kern in sich, sondern ist vornehmlich nach außen, gegen das Mittelmeer gekehrt. Als die Mitte und der Norden von Europa noch unkultiviert waren, hat hier der Weltgeist seine Stätte gefunden. Das Land nördlich der Alpen ist wieder in zwei Teile zu unterscheiden: der westliche, Deutschland, Frankreich, Dänemark, Skandinavien, ist *das Herz Europas,* die Welt, die Julius Cäsar aufgeschlossen hat. Diese welthistorische Tat Cäsars, hier die Beziehung aufgetan zu haben, ist die Mannestat, wie die Jünglingstat, Vorderasien abendländisch gemacht zu haben, das Unternehmen Alexanders des Großen war. Dieser aber war in seinem Unternehmen, den Orient zu dem griechischen Leben zu heben, weniger erfolgreich als Cäsar in dem seinigen. Das Werk Alexanders war freilich vorübergehend, doch immerhin so, daß aus der von ihm geschaffenen Verbindung des Orients und Occidents die weitern großen weltgeschichtlichen Anfänge für das Abendland hervorgehen konnten. So ist seine Tat zwar dem Gehalte nach das Größte und Schönste für die Einbildungskraft, aber der Folge nach gleich wie ein Ideal bald wieder verschwunden. — Den dritten Teil bildet *der Nordosten Europas;* er enthält die nördlichen Ebenen eigentümlicher Art, die den slawischen Völkern angehört haben und den Zusammenhang mit Asien machen, hauptsächlich Rußland und Polen. Sie treten erst spät in die Reihe der geschichtlichen Staaten und unterhalten beständig den Zusammenhang mit Asien.

Weil in der europäischen Natur ein vereinzelter Typus nicht so hervortritt wie in den andern Weltteilen, so ist hier auch der allgemeinere Mensch. Die Lebensweisen, die an die gesonderten physikalischen Qualitäten gebunden erscheinen, treten hier, wo die geographischen Unterschiede nur leicht gegeneinander sich abheben, nicht in die Trennung und Eigenheit auf, wie sie vornehmlich in Asien für die Geschichte bestimmend sind. Das Naturleben ist zugleich Boden der Zufälligkeit. Nur in seinen allgemeinen Zügen ist dieser Boden ein Bestimmendes, dem Prinzip des Geistes Entsprechendes. Der Charakter des griechischen Geistes z. B. geht aus dem Boden hervor, einem Küstenstreifen, der die individuelle Vereinzelung herbeiführt. Auch das Römische Reich hätte nicht in der Mitte des Festlandes stattfinden können. Der Mensch kann unter allen Klimaten leben; aber die Klimate sind beschränkt und deshalb eine Gewalt, die als das Äußere von dem erscheint, was in dem Menschen ist. Die europäische Menschheit erscheint also auch von Natur als das Freiere, weil hier kein solches Naturprinzip sich als herrschend hervortut. Die Unterschiede der Lebensweisen, die in Asien mehr im äußern Konflikt widereinander erscheinen, treten in Europa mehr als Stände im konkreten Staate auf. Der Hauptunterschied in geographischer Rücksicht ist der zwischen Binnen- und Küstenland. In Asien hat das Meer keine Bedeutung; im Gegenteil, die Völker haben sich gegen das Meer verschlossen. In Indien ist es positiv durch die Religion verboten, auf das Meer zu gehen. In Europa dagegen ist gerade das Verhältnis zum Meere wichtig; das ist ein bleibender Unterschied. Der europäische Staat kann wahrhaft europäischer Staat nur sein, wenn er mit dem Meere zusammenhängt. Im Meere liegt das ganz eigentümliche Hinaus, das dem asiatischen Leben fehlt, das Hinaus des Lebens über sich selbst. Das Prinzip der Freiheit der einzelnen Person ist dadurch dem europäischen Staatsleben geworden.

2. DIE EINTEILUNG DER WELTGESCHICHTE

Die Einteilung der Weltgeschichte bietet eine allgemeine Übersicht, die zugleich den Zweck hat, den Zusammenhang auch nach der Idee, nach der innern Notwendigkeit, als begriffenen bemerklich zu machen.

In der geographischen Übersicht ist uns schon im allgemeinen der Zug angegeben worden, den die Weltgeschichte nimmt. Die Sonne geht im Morgenlande auf. Die Sonne ist Licht; und das Licht ist die allgemeine einfache Beziehung auf sich selbst und damit das in sich selbst Allgemeine. Dies in sich selbst allgemeine Licht ist in der Sonne ein Individuum, ein Subjekt. Man hat oft vorstellig gemacht, wie ein Mensch den Morgen anbrechen, das Licht hervortreten und die Sonne in ihrer Majestät emporsteigen sehe. Solche Schilderung wird hervorheben das Entzücktsein, Anstaunen, unendliche Vergessen seiner selbst in dieser Klarheit. Doch wenn die Sonne einige Zeit heraufgestiegen, wird das Staunen gemäßigt werden, der Blick mehr auf die Natur und auf sich die Aufmerksamkeit zu richten genötigt sein; er wird so in seiner eigenen Helle sehen, zum Bewußtsein seiner selbst übergehen, aus der ersten staunenden Untätigkeit der Bewunderung weitergehen zur Tat, zum Bilden aus sich selbst. Und am Abend wird er ein Gebäude vollendet haben, eine innere Sonne, die Sonne seines Bewußtseins, die er durch seine Arbeit hervorgebracht hat; und diese wird er höher schätzen als die äußerliche Sonne und wird in seinem Gebäude sich dies erschaffen haben, zum Geist in dem Verhältnis zu stehen, in dem er zuerst zu der äußerlichen Sonne stand, vielmehr aber in einem freien Verhältnis: denn dieser zweite Gegenstand ist sein eigener Geist. Hierin liegt eigentlich enthalten der Gang der ganzen Weltgeschichte, der große Tag des Geistes, sein Tagewerk, das er in der Weltgeschichte vollbringt.

Die Weltgeschichte geht von Osten nach Westen; denn Europa ist schlechthin das Ende der Weltgeschichte, Asien der Anfang. Für die Weltgeschichte ist ein Osten κατ ἐξοχὴν vorhanden, während der Osten für sich etwas ganz Relatives ist, denn obgleich die Erde eine Kugel bildet, so macht die Geschichte doch keinen Kreis um sie herum, sondern sie hat vielmehr einen bestimmten Osten, und das ist Asien. Hier geht die äußerliche physische Sonne auf, und im Westen geht sie unter: dafür steigt aber hier die innere Sonne des Selbstbewußtseins auf, die einen höhern Glanz verbreitet. Die Weltgeschichte ist die Zucht von der Unbändigkeit des natürlichen Willens zum Allgemeinen und zur subjektiven Freiheit.

Das, was in der Erscheinung unser Gegenstand als solcher ist, ist der *Staat*. Da er die allgemeine Idee, das allgemeine geistige Leben ist, zu dem die Individuen durch die Geburt sich mit Zutrauen und Gewohnheit verhalten, und in dem sie ihr Wesen und ihre Wirklichkeit, ihr Wissen und Wollen haben, sich darin Wert geben und sich dadurch erhalten, so kommt es auf zwei Grundbestimmungen an, erstens die allgemeine Substanz des Staates, den an sich gediegenen einen Geist, die absolute Macht, den selbständigen Geist des Volkes, und zweitens die Individualität als solche, die subjektive Freiheit. Der Unterschied ist, ob das wirkliche Leben der Individuen die reflexionslose Gewohnheit und Sitte jener Einheit ist, oder ob die Individuen reflektierende und persönliche, für sich seiende Subjekte sind. In dieser Beziehung ist es, daß die *substanzielle* Freiheit von der *subjektiven* Freiheit zu unterscheiden ist. Die substanzielle Freiheit ist die an sich seiende Vernunft des Willens, welche sich dann im Staate entwickelt. Bei dieser Bestimmung der Vernunft ist aber noch nicht die eigene Einsicht und das eigene Wollen, d. h. die subjektive Freiheit vorhanden, welche erst in dem Individuum sich selbst bestimmt und das Reflektieren des Individuums in seinem Gewissen ausmacht. Bei der bloß substanziellen Freiheit sind die Gebote und Gesetze ein an und für sich Festes, wogegen sich die Subjekte in vollkommener Dienstbarkeit verhalten. Diese Gesetze brauchen nun dem eigenen Willen gar nicht zu entsprechen, und es befinden sich die Subjekte somit den Kindern gleich, die ohne eigenen Willen und ohne eigene Einsicht den Eltern gehorchen. Wie aber die subjektive Freiheit aufkommt und der Mensch aus der äußern Wirklichkeit in seinen Geist heruntersteigt, so tritt der Gegensatz der Reflexion ein, welcher in sich die Negation der Wirklichkeit enthält. Das Zurückziehen nämlich von der Gegenwart bildet schon in sich einen Gegensatz, dessen eine Seite Gott, das Göttliche, die andere aber das Subjekt als Besonderes ist. Es handelt sich in der Weltgeschichte um nichts als um das Verhältnis hervorzubringen, worin diese beiden Seiten in absoluter Einigkeit, wahrhafter Versöhnung sind, einer Versöhnung, in der das freie Subjekt nicht untergeht in der objektiven Weise des Geistes, sondern zu seinem selbständigen Rechte kommt, wo aber ebensosehr der absolute Geist, die objektive gediegene Einigkeit ihr absolutes Recht erlangt hat. Im unmittelbaren Bewußtsein des Orients ist beides ungetrennt. Das Substanzielle unterscheidet sich auch gegen das Einzelne, aber der Gegenstand ist noch nicht in den Geist gelegt.

Die erste Gestalt des Geistes ist daher die *orientalische*. Dieser Welt liegt das unmittelbare Bewußtsein, die substanzielle Geistigkeit zugrunde, das Wissen nicht mehr der besondern Willkür, sondern das Aufgehen der Sonne, das Wissen eines wesentlichen Willens, der für sich selbständig, unabhängig ist und zu dem sich die subjektive Willkür zunächst als Glaube, Zutrauen, Gehorsam verhält. Konkreter gefaßt, ist es das *patriarchalische Verhältnis*. In der Familie ist das Individuum ein Ganzes und ist zugleich ein Moment jenes Ganzen, lebt darin in einem gemeinsamen Zweck, der zugleich als gemeinsamer seine eigentümliche Existenz hat und darin auch Gegenstand für das Bewußtsein der Individuen ist. Dies Bewußtsein ist vorhanden in dem Chef der Familie, der der Wille ist, das Wirken für den gemeinsamen Zweck, der für die Individuen sorgt, ihr Tun auf diesen Zweck richtet, sie erzieht und in der Angemessenheit des allgemeinen Zweckes erhält. Sie wissen und wollen nicht über diesen Zweck und über seine Präsenz in dem Chef und dessen Willen hinaus. Dies ist notwendig die erste Weise des Bewußtseins eines Volkes.

Was also vorhanden ist, das ist zunächst der Staat, in dem das Subjekt noch nicht zu seinem Rechte gekommen ist und mehr eine unmittelbare, gesetzlose Sittlichkeit herrscht, das Kindesalter der Geschichte. Diese Gestalt spaltet sich in zwei Seiten. Das erste ist der Staat, wie er auf dem Familienverhältnisse gegründet ist, ein Staat der väterlichen Fürsorge, die durch Ermahnung und Züchtigung das Ganze zusammenhält, ein prosaisches Reich, weil hier der Gegensatz, die Idealität, noch nicht aufgegangen ist. Zugleich ist es ein Reich der Dauer; es kann sich nicht aus sich verändern. Dies ist die Gestalt *Hinterasiens*, wesentlich die des chinesischen Reiches. — Auf der andern Seite steht dieser räumlichen Dauer die Form der Zeit gegenüber. Die Staaten, ohne sich in sich, oder im Prinzip, zu verändern, sind in unendlicher Veränderung gegeneinander, in unaufhaltsamem Konflikte, der ihnen schnellen Untergang bereitet. Indem der Staat nach außen gerichtet ist, tritt das Ahnen des individuellen Prinzips ein; Kampf und Streit ist ein Sichzusammennehmen, Insichfassen. Dies Ahnen aber erscheint noch selbst mehr als kraftloses, bewußtloses, natürliches — als Licht, das aber noch nicht das Licht der sich wissenden Persönlichkeit ist. Auch diese Geschichte ist selbst noch überwiegend geschichtslos, denn sie ist nur die Wiederholung desselben majestätischen Untergangs. Das Neue, das durch Tapferkeit, Kraft, Edelmut an die Stelle der vorherigen Pracht tritt, geht denselben Kreis des Verfalls und Untergangs durch. Dieser Untergang ist also kein wahrhafter, denn es wird durch alle diese rastlose Veränderung kein Fortschritt gemacht. Das Neue, das etwa an die Stelle eines Untergegangenen tritt, senkt sich auch in das Untergehende; es findet hier kein Fortschritt statt: diese Unruhe ist eine ungeschichtliche Geschichte. Die Geschichte geht hiemit, und zwar nur äußerlich, d. h. ohne Zusammenhang mit dem Vorhergehenden, — nach Mittelasien überhaupt über. Wenn wir den Vergleich mit den Menschenaltern fortsetzen wollen, so wäre dies das Knabenalter, welches sich nicht mehr in der Ruhe und dem Zutrauen des Kindes, sondern sich raufend und herumschlagend verhält.

Näher steht der orientalische Geist in der Bestimmung der *Anschauung*, eines unmittelbaren Verhältnisses zu seinem Gegenstande, das aber sich damit so bestimmt, daß das Subjekt versunken ist in der Substanzialität, sich aus der

Gediegenheit, Einheit noch nicht in seine subjektive Freiheit herausgezogen, herausgerungen hat. So hat das Subjekt noch nicht den allgemeinen Gegenstand aus sich selbst erzeugt; so ist der Gegenstand noch nicht ein aus dem Subjekt wiedergeborener. Seine geistige Weise ist noch nicht vorgestellt; sondern er besteht nach dem Verhältnis der Unmittelbarkeit und hat die Weise der Unmittelbarkeit. Der Gegenstand ist deshalb ein Subjekt, ist auf unmittelbare Weise bestimmt und hat die Weise einer natürlichen Sonne, ist wie diese ein Gebilde der sinnlichen Phantasie, nicht der geistigen, eben darum auch ein natürlicher einzelner Mensch. Der Geist des Volkes, die Substanz ist so den Individuen gegenständlich, vorhanden in der Weise eines Menschen. Denn Menschlichkeit ist immer die höchste, würdigste Weise der Gestaltung. Vornehmlich ein Mensch ist das Subjekt, das von seinem Volke gewußt wird als die geistige Einheit, als diese Form der Subjektivität, in der das Ganze, Eine ist. Dies ist das Prinzip der orientalischen Welt, daß die Individuen noch nicht ihre subjektive Freiheit in sich gewonnen haben, sondern sich als Akzidenzen an der Substanz halten, die aber nicht eine abstrakte Substanz ist, wie die Spinozas, sondern Präsenz hat für das natürliche Bewußtsein in der Weise eines Oberhauptes, daß sie alles nur ihm angehörig sehen.

Die substanzielle Macht enthält zwei Seiten in sich: den Geist, der herrscht, und die Natur zu ihm im Gegensatze. Diese beiden Momente sind in der substanziellen Macht vereinigt. Es ist ein Herr da, der das Substanzielle geltend macht, der als Gesetzgeber dem Besondern entgegentritt. Man muß aber hier das Herrschende nicht nur auf das einschränken, was man weltliches Regiment nennt; das geistliche Regiment ist noch nicht als geschieden hervorgetreten. Wir können in der orientalischen Welt die Herrschaft eine Theokratie nennen. Gott ist weltlicher Regent, und der weltliche Regent ist Gott; beides ist der Regent in einem: es herrscht dort ein Gottmensch. Wir haben dort dreierlei Gestalten dieses Prinzips zu unterscheiden.

Das *chinesische und mongolische Reich* ist das Reich der *theokratischen Despotie.* Hier liegt der patriarchalische Zustand zugrunde; ein Vater steht an der Spitze, der auch über das herrscht, was wir dem Gewissen unterstellen.

Dieses patriarchalische Prinzip ist in China zu einem Staate organisiert; bei den Mongolen ist es nicht so systematisch ausgebildet. In China steht ein Despot an der Spitze, der zu vielen Abstufungen der Hierarchie hinunter eine systematisch aufgebaute Regierung leitet. Auch Religionsverhältnisse, Familiensachen werden hier durch Staatsgesetze bestimmt; das Individuum ist moralisch selbstlos.

In *Indien* macht der Unterschied das Feste aus, in den sich ein entwickeltes Volksleben notwendig teilt. Es sind hier die Kasten, die einem jeden seine Rechte und Pflichten anweisen. Man kann diese Herrschaft eine *theokratische Aristokratie* nennen. Über diesen festen Unterschied erhebt sich die Idealität der Phantasie, eine Idealität, die sich noch von dem Sinnlichen nicht getrennt hat. Der Geist erhebt sich wohl zur Einheit Gottes; aber er kann sich auf dieser Spitze nicht halten. Das Hinausgehen über die Partikularität ist ein wildes Herumschweifen und ein immerwährendes Zurücksinken.

In *Persien* ist die substanzielle Einheit zur Reinheit herausgehoben. Ihre natürliche Erscheinung ist das Licht. Das Geistige ist das Gute. Wir können diese Gestalt *theokratische Monarchie* nennen. Das Gute ist es, was der Monarch zu betätigen hat. Die Perser haben eine Menge von Völkern unter sich gehabt, die aber alle in ihrer Eigentümlichkeit gelassen worden sind; ihr Reich kann also mit einem Kaiserreich verglichen werden. China und Indien in ihrem Prinzip blieben fest, die Perser machen den eigentlichen Übergang von dem Morgenlande gegen den Westen. Den innern Übergang zu dem griechischen freien Leben macht dann *Ägypten* wie die Perser den äußern. In Ägypten kommt der Widerspruch der Prinzipien vor, dessen Auflösung die Aufgabe des Westens ist.

Die Pracht der orientalischen Anschauung liegt vor uns, die Anschauung dieses Einen, dieser Substanz, der alles zukommt, von der sich noch nichts abgeschieden hat. Die Grundanschauung ist die Gewalt, die fest in sich zusammenhängt, der aller Reichtum der Phantasie und der Natur eigen ist. Die subjektive Freiheit ist darin noch nicht zu ihrem Rechte gekommen, hat ihre Ehre noch nicht für sich, sondern nur in dem absoluten Gegenstande. Die Prachtgebäude der orientalischen Staaten bilden substanzielle Gestaltungen, in welchen alle vernünftigen Bestimmungen vorhanden sind, aber so, daß die Subjekte nur Akzidenzen bleiben. Diese drehen sich um einen Mittelpunkt, um den Herrscher, der als Patriarch, nicht aber als Despot im Sinne des römischen Kaiserreiches, an der Spitze steht. Denn er hat das Sittliche und Substanzielle geltend zu machen: er hat die wesentlichen Gebote, welche schon vorhanden sind, aufrecht zu erhalten; und was bei uns durchaus zur subjektiven Freiheit gehört, das geht hier von dem Ganzen und Allgemeinen aus. Diese Bestimmung der Substanzialität aber zerfällt gleich, eben darum, weil sie den Gegensatz nicht in sich aufgenommen und überwunden hat, in zwei Momente. Der Gegensatz ist noch nicht in ihr entwickelt, so fällt er außer ihr. Auf der einen Seite sehen wir die Dauer, das Stabile, auf der andern die sich zerstörende Willkür. Was in der Idee liegt, ist wesentlich vorhanden und gegenwärtig; es kommt aber darauf an, wie es vorhanden ist, und ob ihre Momente in ihrem wahrhaften Verhältnis wirklich sind. Weil nun das Moment der Subjektivität ein wesentliches Moment des Geistes ist, so muß es auch vorhanden sein. Aber es ist noch nicht versöhnt, vereinigt, es besteht in unbesänftigter Weise. So ist mit dem Prachtgebäude der einen Macht, dem sich nichts entziehen, vor dem sich nichts Selbständiges gestalten kann, unbändige Willkür verbunden. Die unbesänftigte greuliche Willkür findet einesteils statt in dem Gebäude selbst, in der Weltlichkeit der Macht der Substanzialität selbst; andererseits hat sie außerhalb derselben ihr ungedeihliches Umherschweifen. Der Idee nach ist sie nicht in dem Prachtgebäude, aber sie muß vorhanden sein, in der höchsten Inkonsequenz, und abgetrennt von dieser substanziellen Einheit. Daher finden sich auch neben den Gebäuden der orientalischen Substanzialität die wilden Schwärme, die von dem Saume des Hochlandes herabsteigen in die Gebäude der Ruhe, sie verwüsten, zerstören, so daß sie einen ganz kahlen Boden machen, sich aber dann damit amalgamieren, ihre Wildheit verlieren, überhaupt aber, unbildsam in sich, für sich ohne Resultat zerstäuben.

In der orientalischen Welt sind für uns Staaten vorhanden; aber innerhalb der Staaten selbst fällt nicht ein solcher

Zweck, wie der ist, den wir Staatszweck nennen. Wir finden daselbst im Staatsleben die substanzielle, d. i. die realisierte vernünftige Freiheit, die sich entwickelt, ohne aber in sich zur subjektiven Freiheit fortzugehen. Staat ist das substanziell für sich Gedachte in der Form eines allgemeinen substanziellen Zwecks für alle. Aber dort ist der Staat ein Abstraktum, nichts allgemeines für sich selbst; nicht der Zweck, sondern das Oberhaupt ist der Staat. Man kann, wie gesagt, diese Gestalt mit der Kindheit überhaupt vergleichen.

Die zweite Gestalt könnte mit dem Jünglingsalter verglichen werden; sie umfaßt die *griechische Welt*. Charakteristisch an ihr ist, daß hier eine Menge von Staaten sich hervortun. Es ist das Reich der schönen Freiheit; die unmittelbare Sittlichkeit ist es, in der sich hier die Individualität entwickelt. Das Prinzip der Individualität geht hier auf, die subjektive Freiheit, aber eingebettet in die substanzielle Einheit. Das Sittliche ist wie in Asien Prinzip, aber es ist die Sittlichkeit, welche der Individualität eingeprägt ist und somit das freie Wollen der Individuen bedeutet. Die beiden Extreme der orientalischen Welt sind hier vereint: subjektive Freiheit und Substanzialität; das Reich der Freiheit ist vorhanden, nicht der ungebundenen, natürlichen, sondern der sittlichen Freiheit, die einen allgemeinen Zweck hat, nicht die Willkür, das Besondere, sondern den allgemeinen Zweck des Volkes selbst sich vorsetzt, ihn will, von ihm weiß. Aber es ist nur das Reich der schönen Freiheit, die mit dem substanziellen Zweck in natürlicher, unbefangener Einheit ist. Es ist die Vereinigung des Sittlichen und des subjektiven Willens so, daß die Idee mit einer plastischen Gestalt vereinigt ist: sie ist noch nicht abstrakt für sich auf der einen Seite, sondern unmittelbar mit dem Wirklichen verbunden, wie in einem schönen Kunstwerke das Sinnliche das Gepräge und den Ausdruck des Geistigen trägt. Es ist die unbefangene Sittlichkeit, noch nicht Moralität; sondern der individuelle Wille des Subjekts steht in der unmittelbaren Sitte und Gewohnheit des Rechten und der Gesetze. Das Individuum ist daher in unbefangener Einheit mit dem allgemeinen Zweck. Dieses Reich ist demnach wahre Harmonie, die Welt der anmutigsten, aber vergänglichen, schnell vorübereilenden Blüte, die heiterste, aber in sich unruhigste

Gestalt, indem sie selbst durch die Reflexion ihre Gediegenheit verkehren muß; es ist, weil jene beiden Prinzipien nur in unmittelbarer Einheit sind, der höchste Widerspruch in sich selbst. Die beiden Prinzipien der orientalischen Welt sind hier vereint, die Substanzialität und die subjektive Freiheit. Sie sind aber nur in unmittelbarer Einheit, d. h. zugleich der höchste Widerspruch in sich selbst. Im Orient ist der Widerspruch an die Extreme verteilt, die in Konflikt miteinander kommen. In Griechenland sind sie vereint; aber so wie sie in Griechenland sich zeigt, kann ihre Vereinigung nicht bestehen. Denn die schöne Sittlichkeit ist nicht die wahrhafte, ist nicht aus dem Kampfe der subjektiven Freiheit herausgeboren, die sich wiedergeboren hätte, sondern ist die erste subjektive Freiheit und hat also noch den Charakter natürlicher Sittlichkeit, statt daß sie heraufgeboren wäre zu der höhern, reinern Gestalt allgemeiner Sittlichkeit. Diese Sittlichkeit wird so die Unruhe sein, die sich durch sich zerstreut; und die Reflexion dieser Extreme in sich wird den Untergang dieses Reiches herbeiführen. So folgt die Herausbildung einer weitern höhern Form, die die dritte Gestalt ausmacht. In der griechischen Welt ist die beginnende Innerlichkeit, die Reflexion überhaupt als ein Moment vorhanden; und das nächste ist, daß diese innere Reflexion, der Gedanke, die Wirksamkeit des Gedankens sich Luft macht, hervordringt und ein Reich eines allgemeinen Zweckes schafft.

Dies ist das Prinzip der dritten Gestalt: die Allgemeinheit, ein Zweck, der als solcher ist, aber in abstrakter Allgemeinheit; es ist die Gestalt des *römischen Reichs*. Ein Staat als solcher ist Zweck, der den Individuen voransteht, für den sie alles tun. Dies kann als das Mannesalter der Geschichte angesehen werden. Der Mann lebt weder in der Willkür des Herrn, noch in der eigenen schönen Willkür; sein ist die saure Arbeit, daß er im Dienste lebt und nicht in froher Freiheit seines Zweckes. Der Zweck ist ihm zwar ein Allgemeines, aber zugleich ein Starres, dem er sich widmen muß. Ein Staat, Gesetze, Verfassungen sind Zwecke, und solchen dient das Individuum: es geht in ihnen unter und erreicht seinen eigenen Zweck nur als in dem allgemeinen. (Ein solches Reich scheint für die Ewigkeit zu sein, besonders wenn es auch noch das Prinzip der subjektiven Befriedigung so wie in der Religion in sich trägt, wenn es heiliges römisches Reich wird. Dies ist aber vor zwei Jahrzehnten untergegangen.)

Der Staat fängt an, sich abstrakt herauszuheben und zu einem Zwecke zu bilden, an dem die Individuen auch Anteil haben, aber nicht einen durchgehenden und konkreten. Die freien Individuen werden nämlich der Härte des Zwecks aufgeopfert, dem sie in diesem Dienste für das selbst abstrakt Allgemeine sich hingeben müssen. Das römische Reich ist nicht mehr das Reich der Individuen, wie es die Stadt Athen war. Hier ist keine Froheit und Freudigkeit mehr, sondern harte und saure Arbeit. Das Interesse löst sich ab von den Individuen; diese aber gewinnen an ihnen selbst die abstrakte formelle Allgemeinheit. Das Allgemeine unterjocht die Individuen, sie haben sich in demselben aufzugeben; aber dafür erhalten sie die Allgemeinheit ihrer selbst, d. h. die Persönlichkeit: sie werden rechtliche Personen als Private. In eben dem Sinne, wie die Individuen dem abstrakten Begriffe der Person einverleibt werden, haben auch die Völkerindividuen dies Schicksal zu erfahren; unter dieser Allgemeinheit werden ihre konkreten Gestalten zerdrückt und derselben als Masse einverleibt. Rom wird ein Pantheon aller Götter und alles Geistigen, aber ohne daß diese Götter und dieser Geist ihre eigentümliche Lebendigkeit behalten.

Der Übergang zum folgenden Prinzip ist als Kampf der abstrakten Allgemeinheit mit der Individualität anzusehen. Als abstrakte muß diese Gesetzmäßigkeit in der vollkommenen Subjektivität untergehen. Das Subjekt, das Prinzip der unendlichen Form, hat sich nicht selbst substanzialisiert und muß so als willkürliche Herrschaft erscheinen: so ist die weltliche Versöhnung des Gegensatzes gesetzt. Die geistige Versöhnung aber ist dies, daß die individuelle Persönlichkeit zu der an und für sich seienden Allgemeinheit gereinigt und verklärt wird als an und für sich persönliche Subjektivität. Dies ist die göttliche Persönlichkeit; sie muß in der Welt erscheinen, aber als an und für sich Allgemeines.

Diese Entwicklung nach ihren zwei Seiten näher betrachtet, so hat das Reich des allgemeinen Zwecks als auf der Reflexion, der abstrakten Allgemeinheit ruhend den ausdrücklichen, ausgesprochenen Gegensatz in sich selbst: es stellt also wesentlich den Kampf desselben innerhalb seiner dar, mit dem notwendigen Ausgange, daß über die abstrakte Allgemeinheit die willkürliche Individualität, die vollkommen zufällige und durchaus weltliche Gewalt eines Herrn, die Oberhand erhält. Ursprünglich ist der Gegensatz zwischen dem Zwecke des Staates als der abstrakten Allgemeinheit und zwischen der abstrakten Person vorhanden. Das Prinzip der abstrakten Allgemeinheit ist ausgebildet, zu seiner Realisation gelangt, daß sich das Individuum ihm einbilde; und daraus geht das Subjekt als persönliches hervor. Es tritt hervor die Vereinzelung der Subjekte überhaupt. Die Allgemeinheit, und zwar die abstrakte Allgemeinheit, die ihnen eigen gemacht wird, macht sie zu rechtlichen Personen, zu solchen, die in ihrer Besonderheit selbständige und wesentliche sind. Auf der andern Seite entsteht damit die Welt des formellen, abstrakten Rechts, des Rechts des Eigentums. Indem aber dies Zerfallen in die Vielheit der Personen zugleich im Staate ist, so steht dieser Staat nicht mehr als das Abstraktum des Staates den Individuen gegenüber, sondern als eine Gewalt des Herrn über die Individualität. In dem Abstraktum, für das nicht mehr der allgemeine Zweck, sondern das persönliche Recht das Höchste ist, bei diesem Zerfallen kann die Macht, dieser Zusammenhalt, selbst nur willkürliche Gewalt sein, nicht vernünftige Staatsmacht. Indem also im Verlaufe der Geschichte die Persönlichkeit das Überwiegende wird und das in Atome zerfallende Ganze nur äußerlich zusammengehalten werden kann, tritt die subjektive Gewalt der Herrschaft als zu dieser Aufgabe berufen hervor. Denn die abstrakte Gesetzmäßigkeit ist dies, nicht konkret in sich selbst zu sein, sich nicht in sich organisiert zu haben, und hat, indem sie zur Macht geworden, nur eine willkürliche Gewalt in der Weise der zufälligen Subjektivität zum Bewegenden und zum Herrschenden; der einzelne sucht dann im entwickelten Privatrecht den Trost für die verlorene Freiheit. Es tritt also eine willkürliche Macht auf; durch sie ist der Gegensatz ausgeglichen, es ist Ruhe und Ordnung vorhanden. Diese Ruhe ist aber zugleich die absolute Zerrissenheit des Innern; es ist nur eine äußerliche, die rein weltliche Versöhnung des Gegensatzes und damit zugleich die Empörung des Innern, dem der Schmerz über den Despotismus fühlbar wird. Es muß also zweitens zur Ausgleichung des Gegensatzes die höhere, wahrhafte, die geistige Versöhnung eintreten; es muß dies hervorgehen, daß die individuelle Persönlichkeit angeschaut, gewußt und gewollt werde als an ihr selbst zur Allgemeinheit gereinigt und verklärt. Der Geist, in seine innersten Tiefen zurückgetrieben, verläßt die götterlose Welt, sucht in sich selber die Versöhnung und beginnt nun das Leben seiner Innerlichkeit, einer erfüllten konkreten Innerlichkeit, die zugleich eine Substanzialität besitzt, welche nicht allein im äußerlichen Dasein wurzelt. Jenem nur weltlichen Reich wird so vielmehr das geistige gegenübergestellt, das Reich der sich wissenden, und zwar in ihrem Wesen sich wissenden Subjektivität, des wirklichen Geistes. So kommt das Prinzip des Geistes zur Erscheinung, daß die Subjektivität die Allgemeinheit ist.

Das Reich der sich wissenden Subjektivität ist Aufgang des wirklichen Geistes; damit tritt das vierte Reich ein, nach der natürlichen Seite das Greisenalter des Geistes. Das natürliche Greisenalter ist Schwäche; das Greisenalter des Geistes aber ist seine vollkommene Reife, in der er zur Einheit zurückgeht, aber als Geist. Der Geist als unendliche Kraft erhält die Momente der früheren Entwicklung in sich und erreicht dadurch seine Totalität.

Es ist also die Geistigkeit und die geistige Versöhnung, die aufgegangen ist; und diese geistige Versöhnung ist das Prinzip der vierten Gestalt. Der Geist ist zu dem Bewußtsein gekommen, daß der Geist das Wahrhafte ist. Der Geist ist hier für den Gedanken. Diese vierte Gestalt ist notwendig selbst gedoppelt: der Geist als Bewußtsein einer innerlichen Welt, der Geist, der gewußt wird als das Wesen, als das Bewußtsein des Höchsten durch den Gedanken, das Wollen des Geistes ist einerseits selbst wieder abstrakt und beharrend in der Abstraktion des Geistigen. Insofern das Bewußtsein so beharrt, so ist die Weltlichkeit wieder sich selbst, der Roheit, Wildheit überlassen, neben der die vollkommene Gleichgültigkeit gegen die Weltlichkeit einhergeht; sie ist damit verbunden, daß das Weltliche nicht ins Geistige einschlägt, daß es nicht zu einer vernünftigen Organisation im Bewußtsein kommt. Dies macht die *mohammedanische Welt* aus, die höchste Verklärung des orientalischen Prinzips, die höchste Anschauung des Einen. Sie ist zwar spätern Ursprungs als das Christentum; aber daß dieses eine Weltgestalt wurde, ist die Arbeit langer Jahrhunderte gewesen und erst durch Karl den Großen vollbracht worden. Daß dagegen der Mohammedanismus Weltreich wurde, ist wegen der Abstraktion des Prinzips schnell gegangen; es ist ein früheres Weltregiment als das christliche.

Die zweite Gestalt dieser geistigen Welt ist dann eben darin vorhanden, daß sich das Prinzip des Geistes konkret zu einer Welt gebildet hat. Es ist das Bewußtsein, Wollen der Subjektivität als einer göttlichen Persönlichkeit, das in der Welt zunächst in einem einzelnen Subjekt erscheint. Aber es ist zu einem Reiche des wirklichen Geistes ausgebildet worden. Diese Gestalt kann als die *germanische Welt* bezeichnet, die Nationen, denen der Weltgeist dies sein wahrhaftes Prinzip aufgetragen hat, können germanische genannt werden. Das Reich des wirklichen Geistes hat das Prinzip der absoluten Versöhnung der für sich seienden Subjektivität mit der an und für sich seienden Gottheit, mit dem Wahren, Substanziellen, daß das Subjekt frei für sich ist und nur insofern frei, als es selbst dem Allgemeinen angemessen ist, im Wesen steht: das Reich der konkreten Freiheit.

Von jetzt an wird *weltliches* und *geistliches* Reich sich gegenüberstehen. Das Prinzip des Geistes, der für sich ist, ist in seiner Eigentümlichkeit Freiheit, einerseits Subjektivität. Das eigene Gemüt will bei dem sein, wofür es Respekt haben soll. Dies eigene Gemüt aber soll kein zufälliges sein, sondern das Gemüt nach seinem Wesen, nach seiner geistigen Wahrheit. Dies offenbart uns Christus in seiner Religion; seine eigene Wahrheit, die die des Gemüts ist, ist, sich in der Verbindung mit der Gottheit zu setzen. Hier ist die Versöhnung an und für sich vollbracht. Weil sie aber erst in sich vollbracht ist, so beginnt wegen ihrer Unmittelbarkeit diese Stufe mit einem Gegensatz.

Zwar beginnt sie geschichtlich mit der im Christentume geschehenen Versöhnung; aber weil diese selbst erst beginnt, für das Bewußtsein nur an sich vollbracht ist, zeigt sich zuerst der ungeheuerste Gegensatz, der dann aber als Unrecht und als aufzuheben erscheint. Es ist der Gegensatz des geistigen, religiösen Prinzips, dem das weltliche Reich gegenübersteht. Das weltliche Reich ist aber nicht mehr das vorherige, sondern das christliche, das daher der Wahrheit angemessen sein müßte. Das geistige Reich aber muß auch dahin kommen, anzuerkennen, daß das Geistige im Weltlichen realisiert sei. Insofern beide unmittelbar sind, hat aber das weltliche Reich die willkürliche Subjektivität noch nicht abgestreift, ebenso andererseits das geistliche noch nicht das weltliche anerkannt; so stehen beide im Kampf. Der Fortgang ist deswegen nicht ruhige, widerstandslose Entwickelung; der Geist geht nicht ruhig zu seiner Verwirklichung fort. Sondern die Geschichte ist diese, daß beide Seiten ihre Einseitigkeit, diese unwahrhafte Form, abtun. Auf der einen Seite ist die hohle Wirklichkeit, die dem Geist angemessen sein soll, aber noch nicht angemessen ist; deshalb muß sie untergehen. Auf der andern Seite ist das geistige Reich zunächst ein geistliches, das sich in die äußere Weltlichkeit versenkt; und wie die weltliche Macht äußerlich unterdrückt wird, so verdirbt die geistliche. Dies macht den Standpunkt der Barbarei aus.

Die Versöhnung ist, wie schon bemerkt worden, zunächst an sich vollbracht, aber damit muß sie auch für sich vollbracht werden. Deswegen muß das Prinzip mit dem ungeheuersten Gegensatz anfangen; weil die Versöhnung absolut ist, muß es der abstrakteste Gegensatz sein. Dieser Gegensatz hat zu einer Seite, wie wir gesehen haben, das geistige Prinzip zunächst als geistliches, auf der andern Seite die rohe, wilde Weltlichkeit. Die erste Geschichte ist die Feindschaft beider, die zugleich zusammengebunden sind, so daß das geistliche Prinzip von der Weltlichkeit anerkannt und diese dennoch ihm nicht angemessen ist, während sie doch eingestandenermaßen ihm angemessen sein soll. Die zunächst geistverlassene Weltlichkeit wird von der geistlichen Macht unterdrückt; und die erste Form der Obrigkeit des geistigen Reiches ist so, daß es selbst in die Weltlichkeit übergeht, damit seine geistige Bestimmung, aber nun auch seine Macht verliert. Aus dem Verderben beider Seiten geht dann das Verschwinden der Barbarei hervor, und der Geist findet die höhere Form, die allgemein seiner würdig ist, die Vernünftigkeit, die Form des vernünftigen, des freien Gedankens. Der in sich zurückgedrängte Geist faßt sein

Prinzip und produziert es in sich in seiner freien Form, in der Form des Gedankens, in denkender Gestalt, und so ist er dann fähig, mit der äußerlichen Wirklichkeit überhaupt zusammenzugehen, in dieser sich zu insinuieren und aus der Weltlichkeit heraus das Prinzip des Vernünftigen zu realisieren.

Das geistige Prinzip kann nur, indem es seine objektive Form, die denkende, gewonnen hat, über die äußerliche Wirklichkeit wahrhaft übergreifen; nur so kann der Zweck des Geistigen an dem Weltlichen realisiert werden. Es ist die Form des Gedankens, was die gründliche Versöhnung zustande bringt: die Tiefe des Gedankens ist die Versöhnerin. Diese Tiefe des Gedankens wird dann in der Weltlichkeit zum Vorschein kommen, weil diese die einzelne Subjektivität der Erscheinung zu ihrem Felde hat, in dieser Subjektivität aber das Wissen hervorgeht, und die Erscheinung in die Existenz fällt. So ist also das Prinzip der Versöhnung von Kirche und Staat aufgetreten, in dem die Geistlichkeit in der Weltlichkeit ihren Begriff und ihre Vernünftigkeit hat und findet. So verschwindet der Gegensatz von Kirche und sogenanntem Staat; dieser steht der Kirche nicht mehr nach und ist ihr nicht mehr untergeordnet, und die Kirche behält kein Vorrecht; das Geistige ist dem Staate nicht mehr fremd. Die Freiheit hat die Handhabe gefunden, ihren Begriff wie ihre Wahrheit zu realisieren. So ist es geschehen, daß durch die Wirksamkeit des Gedankens, allgemeiner Gedankenbestimmungen, die dieses konkrete Prinzip, die Natur des Geistes, zu ihrer Substanz haben, das Reich der Wirklichkeit, dieser konkrete Gedanke, der substanziellen Wahrheit gemäß herausgebildet worden ist. Die Freiheit findet in der Wirklichkeit ihren Begriff und hat die Weltlichkeit zu einem objektiven System eines in sich organisch gewordenen Dieses ausgebildet. Der Gang dieser Überwindung macht das Interesse der Geschichte aus, und der Punkt des Fürsichseins der Versöhnung ist dann im Wissen: hier ist die Wirklichkeit umgebildet und rekonstruiert. Dies ist das Ziel der Weltgeschichte, daß der Geist sich zu einer Natur, einer Welt ausbilde, die ihm angemessen ist, so daß das Subjekt seinen Begriff von Geist in dieser *zweiten Natur*, in dieser durch den Begriff des Geistes erzeugten Wirklichkeit findet und in dieser Objektivität das Bewußtsein seiner subjektiven Freiheit und Vernünftigkeit hat. Das ist der Fortschritt der Idee überhaupt; und dieser Standpunkt muß für uns in der Geschichte das Letzte sein. Das Nähere, daß es überhaupt vollführt ist, das ist die Geschichte; daß noch Arbeit vorhanden ist, gehört der empirischen Seite an. Wir haben in der Betrachtung der Weltgeschichte den langen Weg zu machen, der eben übersichtlich angegeben ist und auf dem sie ihr Ziel realisiert. Doch Länge der Zeit ist etwas durchaus Relatives, und der Geist gehört der Ewigkeit an. Eine eigentliche Länge gibt es für ihn nicht. Dies ist die fernere Arbeit, daß dieses Prinzip sich entwickle, sich ausbilde, daß der Geist zu seiner Wirklichkeit komme, zum Bewußtsein seiner in der Wirklichkeit.

3. ZUSÄTZE AUS DEM WINTERSEMESTER 1826/27

[Zu S. 30:]

Das Vernünftige ist nun 1) das *logisch* Vernünftige, das hier nicht unser Gegenstand sein kann; es gibt sich aber 2) die Gestalt der *Natur,* die eine Abspiegelung, ein Leiblichsein der Vernunft ist; hier aber ist auch das natürliche Vernünftige nicht der Gegenstand, sondern, 3) die Vernunft, wie sie sich als *selbstbewußter Geist* manifestiert, und zwar nicht im allgemeinen, sondern wie er sich in Taten und Handlungen in der Welt expliziert und in ihr sein Wesen ausführt.

Der Geist überhaupt ist der Boden, auf dem wir uns befinden, wie er sich in den verschiedenen Gestalten expliziert, die wir Völker nennen. So ist er unser Gegenstand.

Die Vernunft ist an und für sich ewig, ruhend, aber sie ist ebenso Tätigkeit, sie tut nichts als das Vernünftige. Sie bringt sich aus dem Innern hervor und ist so ein Hervorgebrachtes, ein Zweck, in dem sie ausführt, was sie ist. Diesen Begriff zu beweisen, kann hier nicht unsere Aufgabe sein; er kann nur vorausgesetzt und plausibel gemacht werden. Die früheren Sphären der Philosophie enthalten seinen Beweis. Die Voraussetzungen, die wir hier zu machen haben, können hier genannt werden, um an Vorstellungen zu erinnern, die im Gesagten enthalten sind und die mit denen übereinstimmen, die wir auch im gewöhnlichen Bewußtsein haben.

[Zu S. 31 f.:]

Die Gegensätze, die sich bei näherer Betrachtung der Weltgeschichte ergeben, sind im allgemeinen 1) der Gegensatz der subjektiven Vernunft zu ihrem Gegenstande, der Geschichte; er kann der *theoretische* genannt werden, und

2) das Verhältnis der Freiheit zur Notwendigkeit oder der *praktische* Gegensatz.

Die beiden Voraussetzungen für die Geschichtsbetrachtung waren 1) daß eine Vorsehung die Welt regiere, 2) daß es möglich sei, den Plan derselben zu erkennen. Wie gelangen wir nun zur Erkenntnis der Vernünftigkeit der Geschichte und dazu, den Endzweck der Welt zu erkennen in seiner Anwendung auf die Geschichte? — In der Idee ist zweierlei enthalten: a) die Idee als solche, b) das Dasein des Volkes, die empirische Seite der Existenz. Die allgemeine Idee ist die Einheit von beiden, aber die beiden Seiten sind doch verschieden. Die erste Seite ist die *theoretische;* es ist die Idee, die wir erkennen wollen, und es fragt sich, wie gelangen wir dazu? Es scheint, als wenn wir die Geschichte an sich betrachten müssen und als wenn sich's daraus zeigen würde, was ihr Endzweck ist. Das Empirische, die gewöhnliche Geschichte wird zugrunde gelegt, und aus ihr soll erfahren werden, was der göttliche Wille ist. — Aber um ihn kennen zu lernen, muß man Vernunft zum Studium der Geschichte aufbringen, wie man, um Blau zu erkennen, Augen haben muß. Ein vernünftiger Mensch beobachtet, und so kommen ihm Gedanken, nicht von außen, denn er hat sie in sich; die vorliegenden Dinge sind nur die Veranlassung, der Vorwurf seines Nachdenkens. — Kommt man mit subjektiven, einseitigen Ansichten an die Welt, so findet man alles zu tadeln; man weiß, wie es sein soll und also nicht ist. Alles, was so tadelnswert ist, kann nur einen endlichen Inhalt haben; das Substanzielle, der Inhalt, auf den es ankommt, muß vernünftig sein.

Unser Gott ist kein epikurischer, der, sich um nichts kümmernd, in den Zwischenräumen der Welten wohnt.

Um das Substanzielle zu erkennen, muß man das Bewußtsein darüber mitbringen. Dem Sinnlichen bleibt es verborgen, was das Substanzielle ist, so wie der Hand, was Farbe ist; auch der Verstand, der das Endliche begreift, sieht es nicht. Das bunte Gewühl aller Gestalten und Erscheinungen schließt in sich das Wahrhafte, und es ist das Auge des Begriffs, das jene Hülle durchdringt und das Wahrhafte erkennt. Die Philosophie ist es gerade, die den Verstand von solchen subjektiven Gescheitheiten reinigt.

[Zu S. 33:]

Wenn schon bei der gewöhnlichen Geschichte eine gewisse Auswahl und Anordnung von Taten und Begebenheiten stattfindet, wenn auch ihr Zweck nicht ist, alles Geschehene darzustellen, so ist dies noch mehr bei einer philosophischen Betrachtung der Geschichte der Fall. Bei der großen Menge von Stoff tritt das Bedürfnis der *Abkürzung* ein. — Die Abkürzung muß aber nicht so gemacht werden, daß eine Menge Begebenheiten weggelassen werden, sondern Begebenheiten, die in der Wirklichkeit eine große Reihe ausmachen, müssen auf eine *Einheit* bezogen, in eine allgemeine Vorstellung gefaßt werden, die dann alles enthält, was in dem Einzelnen vorkommt. — Wenn z. B. von Schlacht, Sieg u. dgl. gesprochen wird, so sind dies allgemeine Vorstellungen, die eine Menge Taten u. dgl. in sich fassen, die jedes Einzelnen. Sie müßten also hier, und zwar in jedem Augenblicke dargestellt werden, um die Schlacht anschaulich zu machen. In dem Satze: »die Armee hat gesiegt« ist die ganze Menge von Vermittelungen vollkommen ausgesprochen in einer allgemeinen Vorstellung.

Dieser Charakter der *Allgemeinheit* rührt vom Denken her, und unsere Betrachtung der Geschichte ist die denkende. Diejenigen, die die Geschichte nicht so, sondern anschauend betrachten wollen, wissen nicht, was sie wollen; denn auch die Anschauung ist etwas Allgemeines, Denken.

Es ist der Verstand, der diesen Unterschied des Wesentlichen und des Unwesentlichen macht, und bei genauerer Untersuchung findet sich, daß, was in einem Falle das Wesentliche ist, im andern Fall unwesentlich erscheint. Den Gedanken hat der Verstand hervorzuheben, alles auf diese Einheit zu beziehen und das nicht Zweckmäßige zu übergehen. Das ist der Unterschied zwischen dem Geschichts- und dem Chronikenschreiber. Dieser erzählt zwar alle Begebenheiten, doch aber übersieht er viele Veränderungen, die still im Innern vorgehen.

Die Zwecke, nach denen der Geschichtsschreiber die Begebenheiten betrachtet, — solche sind z. B. Staat, Volk, Wissenschaft, Kunst — können sehr relativ sein, und es tut sich zugleich der Unterschied hervor von besondern, partikulären Zwecken und solchen, die dem Gemüt und der Vernunft teuer sind. — Alles, die Schicksale der Völker, der Religion, Wissenschaft usf. erscheint uns nur wichtig, insofern es sich auf die an und für sich seienden Zwecke bezieht. Welches sind nun diese? — Wenn wir die Geschichte denkend, philosophisch betrachten, müssen wir ein bestimmtes Bewußtsein über dasjenige haben, was uns interessiert, über die Zwecke, die unserer Betrachtung der Geschichte zugrunde liegen.

[Zu S. 35:]

Das konkrete Bild des *Übels* haben wir in seiner größten Existenz in der Weltgeschichte vor Augen. Wenn wir die Masse der geschehenen Einzelheiten betrachten, so erscheint sie uns wie eine *Schlachtbank*, auf der Individuen und ganze Völker geopfert werden; das Edelste und Schönste sehen wir zugrundegehen. Kein wirklicher Gewinn scheint hervorgegangen und höchstens dies und jenes vergängliche Werk noch geblieben zu sein, das den Stempel der Verwesung an seiner Stirne trägt und bald von einem ebenso vergänglichen verdrängt wird.

[Zu S. 45:]

Man muß vor allen Dingen wissen, was Gott ist, der sich in der christlichen Religion offenbart hat. Die von Gott nichts wissen, werden in der Bibel Heiden genannt. Der christliche Gott ist der, der sich den Menschen offenbart hat. Nicht das Moralische macht im Christentum das Höchste aus, denn auch die Heiden haben eine sehr hohe Moral gehabt. Von Gottes Handeln sollen wir wissen; sonst sind wir wie die Athener, die dem unbekannten Gott einen Altar erbauten.

[Zu S. 48:]

Aber die Vernunft verwirft die Kategorie des bloß Negativen und nimmt an, daß aus diesem Negativen, aus dieser allgemeinen Betriebsamkeit des Menschengeschlechts ein bleibendes Werk hervorgekommen, daß unsere Wirklichkeit ein Resultat der Geschichte des ganzen Menschengeschlechtes sei. Die endlichen, momentanen Zwecke sind Momente in einem Allgemeinen; das Vergängliche enthält Unvergängliches, das sich vermittelst dieser Zwecke hervorgebracht hat.

Dieses Affirmative ist nicht bloß in der Erinnerung, sondern ein Produkt, das selbst der Wirklichkeit angehört, oder ein Produkt, dem wir angehören.

[Zu S. 53:]

Dieser Endzweck steht an und für sich fest. Man nennt ihn auch das *Gute*, das in der Welt zustande kommen soll. Die Weltgeschichte steht auf dem Boden des Geistes, nicht der Natur, und so kann ihr Endzweck nur gefolgert werden aus der Natur des Geistes.

[Zu S. 56:]

Das Recht, das Sittliche ist nichts anderes als der Begriff, den der Geist von sich hat. Daß der Mensch als Mensch frei sei, haben die Alten nicht gewußt.

[Zu S. 60:]

Dieser allgemeine Geist, Weltgeist, ist nicht gleichbedeutend mit Gott. Es ist Vernunft in dem Geiste, wie er in der Welt existiert. Seine Bewegung ist, sich zu dem zu machen, was er ist, was sein Begriff ist. Diese Bewegung ist vernünftig, dem göttlichen Geiste gemäß. Gott ist der Geist in seiner Gemeinde; er lebt, ist wirklich in ihr. — Weltgeist ist das System dieses Prozesses, wodurch der Geist den wahrhaften Begriff seiner selbst für sich produziert.

[Zu S. 71 f.:]

Der Begriff des Geistes ist eine Rückkehr in sich selbst; in seiner Entäußerung sich selbst zu finden, dies ist seine Rückkehr und hat ein bestimmtes Ziel und absoluten Endzweck. Insofern sein Prinzip ein besonderes ist, tun sich die Grenzen desselben an dem Volke hervor. Dies ist dann das Verderben des Volkes, und anderseits sind es die Wissenschaften und die Philosophie. Mit dem Verderben tritt die Reflexion hervor, die Wissenschaft, das Gewissen. Wenn ein Volk sich an seinem Prinzip befriedigt hat, so geschieht in seiner Entwicklung dies, daß das Denken und die Reflexion hervorbricht. Die Zeiten des instinktmäßigen Handelns eines Volkes sind zugleich die seiner Tugenden; bei diesem Instinktmäßigen bleibt es nicht stehen. — Das Zurückgehen in sich ist abstraktes Denken. Mit diesem Zurückgehen in das

Denken fragt sich der Geist, ob ihm auch die Wirklichkeit zukomme. Das freie Denken an sich darf nicht in Widerspruch stehen mit dem Geiste der Wirklichkeit.

Die Griechen haben kein Gewissen gehabt. Was Recht und Pflicht ist, war das Gesetz des Staates, bei dem keine Überlegung stattfand, ob es auch Recht, Pflicht sei. — Man ist aber kein freier Mann, wenn man nicht *einsieht*, daß, was der Staat fordert, gut ist. Da ist dann das Individuum getrennt von dem, was Sitte ist; es entsteht Trennung der Innerlichkeit, des Formellen von dieser vorhandenen Einigkeit. Die persönlichen Interessen sollen ihr Recht erhalten, und das Substanzielle soll sich zugleich ausführen.

[Zu S. 83:]

Der zweite Gegensatz ist der *praktische*, objektive, der Gegensatz der Notwendigkeit und der Freiheit. Freiheit im subjektiven Sinn ist das Treiben der Menschen gegen äußere Schicksale, die sie bald besiegen, denen sie bald unterliegen. Der nähere Sinn dieses Gegensatzes ist, daß wir die Notwendigkeit als göttlich nehmen. Wenn es einerseits der göttliche Wille ist, der sich manifestiert, so steht gegenüber der Mensch mit seiner Freiheit, mit den Interessen seiner Vernunft und seiner Leidenschaft. Wie ist nun dieser Gegensatz zu vereinigen?

(d. 3. XI. 1826) Unter Notwendigkeit ist nicht das Äußerliche zu verstehen, sondern das Unwiderstehliche, das Göttliche, das Zweck an und für sich ist, im Verhältnisse zur Freiheit. Die Schwierigkeiten und die Auflösung dieses Widerspruchs sind hier nur verständlich zu machen durch Vorstellungen aus dem gemeinen Leben. Das Gesetzliche, Rechtliche gibt sich die Erhaltung des Reichtums usf. Das ist vorhanden. Ein solcher rechtlicher Zustand gilt gegen die Willkür. Die Einzelnen können den allgemeinen Boden nicht trüben. Im Technischen ist es ebenso. Ein Haus z. B. ist die Sache der menschlichen Willkür; ihr gegenüber steht die freie Macht der Elemente, die aber selbst mit benutzt werden. So vereint sich das Zweckmäßige mit der Notwendigkeit.

[Zu S. 85:]

Das Tätige, Handelnde ist die Individualität; der Zweck

ist immer mein. Der an und für sich seiende Zweck wird durch die Individuen hervorgebracht; sie sind die Tätigen. Diese Zwecke müssen auch besondere sein, die sich auf sie als auf partikuläre Wesen beziehen. Die Art hat die ganze Natur der Gattung in sich, ist dem Allgemeinen nicht entgegengesetzt, wie Gold nicht dem Metall. Nur das Substanzielle vollbringt sich wahrhaft als solches; das Negative, Böse ist vergänglich. Es ist das Besondere überhaupt, wodurch das Allgemeine in die Wirklichkeit treten muß. Das Besondere macht sich gegeneinander geltend; es zerstört sich aber auch.

[Zu S. 109:]

Der Endzweck dessen, was der Weltgeist will, kann bestimmt so angesprochen werden: Das Subjekt als solches hat persönliche Freiheit, hat Gewissen in sich, ebenso sein besonderes Interesse, aus seinem sittlichen Zutande sich zu befriedigen. Das Subjekt als solches hat unendlichen Wert; es werde als frei betrachtet, so daß die Subjektivität zum Bewußtsein dieser Extremität komme. Die Subjektivität bringt den einen substanziellen Zweck hervor; er wird durch die unendliche Unabhängigkeit aller hervorgebracht. Diese Substanz ist der Grund und Boden, auf dem das Individuum zu dieser formellen Freiheit in der Subjektivität gelangen kann. Die Tiefe des Geistes hat zu ihrem Zwecke die Einheit des absoluten Gegensatzes.

[Zu S. 129 f.:]

Völker, die noch nicht Staaten bilden, kommen nicht in Betracht. Das Wort Staat wird oft nur aufs politisch rechtliche Verhältnis angewandt; im andern Sinne wird auch die Religion dazu gerechnet. *Verfassung* ist das Verhältnis des Einzelnen zu den Vielen, der Einzelnen zu den Einzelnen (Rechtsverhältnis überhaupt), dann die Verteilung der verschiedenen Geschäfte überhaupt an die verschiedenen Stände.

[Zu S. 131 f.:]

Das Prinzip ist in der Religion ausgesprochen; es soll auch in die Wirklichkeit treten; das Prinzip des Volksgeistes soll sich verwirklichen. Die Religion ist das innere, abstrakte

Verhältnis des Selbstbewußtseins zum höchsten Wesen. Die Konzentration der Religion enthält eine Gleichgültigkeit gegen das Weltliche, das sich ankündigt, ausspricht und entfaltet. Ist das Innere einmal fest geworden, so tritt auch das Äußerliche, die Anwendung ein.

[Zu S. 187:]

Auf die Naturbestimmtheit müssen wir achten, denn sie ist das Unmittelbare.

[Zu S. 199:]

(d. 14. XI. 1826) Die neue Welt ist noch immer eine neue, junge Welt. In dieser Beziehung schließen wir Amerika aus unserer Betrachtung aus und machen bloß einige Bemerkungen über sein Verhältnis zu Europa.

[Zu S. 209:]

Amerika ist eigentlich die Welt der Zukunft, die noch im Werden begriffen ist. Die alte Welt lagert sich gleichsam um einen Mittelpunkt, um das Mittelländische Meer; in der neuen Welt ist ein ganz anderer Charakter: beide Teile, Nord- und Südamerika haben verschiedene Ausgangspunkte gegeneinander in bezug auf die Art [a]) der Bildung.

Die südamerikanischen Staaten sind noch im Werden und in der Bildung begriffen; im spanischen und portugiesischen Amerika haben sich die Völker erst aus der Sklaverei herauszuarbeiten. Der Geist der Vernünftigkeit ist noch gar nicht da vorhanden. Im nördlichen müssen sich die Völker aus ihrer Zerstreutheit zu einem Mittelpunkte sammeln; keine Provinz ist selbständig, alle sind abhängig vom Mutterlande. Die Auswanderer haben die Vorteile europäischer Kultur dorthin gebracht, und so fingen sie dort damit an, was in Europa Frucht tausendjähriger Entwickelung gewesen war.

[Zu S. 212:]

In Afrika ist die Konzentration der Sinnlichkeit, der Unmittelbarkeit des Willens, die absolute Unbiegsamkeit, Unfähigkeit, sich zu entwickeln.

---

a) statt »Ausgänge« (L.).

[Zu S. 212:]

Asien ist das Land des Aufganges, des Gegensatzes, überhaupt des maßlosen Ausgehens, Europa der Niedergang des Geistes in sich selbst, Konzentration des Geistes in sich. Die orientalische Maßlosigkeit geht hier in Maß, Bestimmtheit, Vernünftigkeit über, in Beherrschung des Maßlosen durch das geistige Prinzip.

[Zu S. 216:]

Afrika ist unter eine Menge von Völkern verteilt, so daß es etwas Loses ist. Es ist oftmals geschehen, daß ein Fürst sich viele Völker unterworfen, aber bald wieder die Herrschaft verloren hat. Temporär sind sie unter einem Szepter vereinigt; dadurch haben wir hinreichende Nachrichten von Afrika.

Man hat jetzt die bestimmtesten Vermutungen, daß der Niger sich in den Meerbusen von Benin ergießt; seit 2000 Jahren hat niemand Herodot geglaubt, daß er nach Osten fließe. Den weiteren Verlauf weiß man nicht.

[Zu S. 217:]

Das Interesse ist, den Menschen in dieser vollkommenen Barbarei, die doch zugleich eine gewisse Entwickelung von sich hat, auf dieser ersten, vollkommenen Naturstufe zu sehen, den Menschen in seiner natürlichen Wildheit, insofern er nicht dem Kreise der Bildung angehört, kein integrierendes Moment in ihm ausmacht. Wir können Afrika rechnen zu dem der eigentlichen Bildung und Entwickelung Vorhergehenden. China und Indien sind ruhend für sich, greifen in den Fortgang nicht ein, aber dessenungeachtet sind sie Ausgangspunkte für die Prozesse der Geschichte.

[Zu S. 218:]

Den Menschen hat Gott nach seinem Ebenbilde gemacht; er ist Geist. Daher muß der Mensch das sein, was er sein soll; er muß seine Bestimmung, vernünftig zu sein, erfüllen. Der Geist ist nur, wozu er sich macht; er ist Tätigkeit, sich zu produzieren, sich zu erfassen.

Erst durch die Wiederherstellung ist der Geist das, was er seiner Bestimmung nach ist. Daher ist der Zustand, da der

Mensch nicht in die Entzweiung getreten ist, aus der er sich wieder herstellen soll, so ein tierischer Zustand, nicht der des Geistes. Nur das Kind, das Tier ist unschuldig; der Mensch muß Schuld haben. Das heißt nicht, er soll etwas Böses tun; er soll das Gute tun, aber es muß seine Schuld sein, insofern er die Tat gewollt haben muß, sein Wille dabei ist. Schuld ist nicht bloß der Unschuld entgegen, sondern Schuld ist, daß dem Individuum zugerechnet wird, was es tut, und Zurechnung ist nur möglich im Zustande der Trennung, der Unterscheidung des Bewußtseins. Der Zustand der Vollkommenheit als existierend ist der tierische. Der Mensch ist erst Geist, indem er sich weiß, indem er zu dieser Entzweiung, diesem Gegensatze gekommen ist, der diese nähere Bestimmung hat, das Gute und Böse zu sein. Daß der Zustand der Vollkommenheit, d. h. der Angemessenheit des Menschen zu seinem Begriff, als das Erste ausgesprochen wird, hat näher die Bestimmung, daß dieses Adäquatsein des Individuums mit seinem Begriffe als das Wahrhaftige, als die Substanz vorauszusetzen sei, die jenem Begriffe zugrunde liegt. Was der Mensch erstreben soll, muß seinem Begriffe, muß dem Geist angemessen sein. Das Mögliche, das Ansich des Zwecks muß das Ursprüngliche sein; das Ursprüngliche ist das, was im Begriff und in der Idee an und für sich ist und dann auch innerlich zuerst existiert. Das Innere, das sich als Zweck Setzende, das Bewegende, das alle Äußerungen auf dieses Erste richtet, ist das Ursprüngliche. Unschuld, diese Einigkeit des Geistes mit seiner Bestimmung (mit der Natur) ist das absolut Erste, das Prius seiner Bestimmung, aber nicht der Zeit nach. Ein Anderes aber ist es, daß es vorgestellt wird als eine Existenz. Das Vernünftige geht in die Form über, daß von ihm als von etwas Vorhandenem gesprochen wird. Was das Ziel ist, wird in der Vorstellung als erste Existenz gesetzt, von der die Menschen abgefallen seien.

Diese Grundlage des Begriffs ist das Unbewegte, das Bewegende von allem; für das religiöse Vorstellen tritt das als eine Existenz auf, was an sich nur innere Grundlage, letzter Zweck ist, den der Geist erst hervorbringen muß. Für uns ist diese Idee die Substanz, das Ursprüngliche.

Was den afrikanischen Charakter betrifft, so ist er uns noch nicht bekannt, da die Europäer noch nicht tief genug in Afrika hineingedrungen sind; Afrika ist noch ein von uns abgeschnittenes Land. Ins Innere drangen die Europäer noch nicht, aber sie haben doch viel Verkehr mit den Völkern, die aus dem Innern an den Saum der Küsten herausgekommen sind. Vornehmlich haben die Portugiesen die Küste vom südlichen Guinea inne; sie haben die Völker zu bekehren gesucht, aber mit wenig Erfolg. In Mozambique sind sie etwas tiefer hineingedrungen. Auch die Holländer und Franzosen haben in Senegambia auf der Küste Ansiedlungen gemacht; bei der Mündung des Gambia im Senegal war vormals auch eine Brandenburgische Kolonie, die aber bald wieder einging. In den neuesten Zeiten lernen wir die Afrikaner auch durch die Engländer kennen. Die Völker, die in Berührung mit Europa kamen, haben sich teils durch Krieg, teils durch Handelsverbindung mit den Europäern in Beziehung gesetzt, aber die Fürsten dieser Völker haben den Europäern weiteres Vordringen verweigert und den Handel monopolisiert; sie ließen wohl Waren, besonders Schießgewehre und Schießpulver hereinbringen, aber nicht durch Europäer.

[Zu S. 220:]

Der natürliche Mensch hat wenigstens die Empfindung, daß auf der einen Seite er ist und auf der andern die Natur. Der Mensch ist das Höhere, das Herrschende über das Natürliche. Ihm muß das Natürliche sich unterwerfen; es gibt nichts gegen ihn. Das weiß er; das wissen auch wir. Aber wir verstehen den Menschen, das Geistige nicht in seiner Unmittelbarkeit. Das Geistige heißen wir das Göttliche; im natürlichen Menschen dagegen ist die Scheidung des an und für sich seienden und des endlichen Geistes noch nicht vorgenommen.

[Zu S. 221:]

Das Nächste ist, daß nicht jedem Einzelnen als solchem diese Macht, die im Menschen gesetzt ist, zugeschrieben wird, auf diese Weise zu zaubern. Diese Macht konzentrieren sie bloß in einzelnen Menschen, den Priestern, die Chefs bei einzelnen Völkern oder die vom Könige befehligt sind und sich isolieren. —

Am greulichsten erscheint ihr Verhalten bei den Dschaggas oder Tschacken, die im 16. Jahrhundert sich dem guineischen Reiche Kongo furchtbar gemacht, auch gegen Mozambique und Habesch sich gewandt haben. Diese Priester werden Singilla oder Chitome genannt. Europäische Portugiesen haben vielfach unter ihnen gelebt. Sie teilten Amulette aus zur Sicherung gegen wilde Tiere u. dgl. Gegen diese Amulette haben katholische Priester, Kapuziner und Franziskaner wieder andere Amulette ausgeteilt ... *Cavazzi* erzählt, viele Neger seien von wilden Tieren zerrissen worden, obgleich sie Amulette trugen; die aber die seinigen gehabt, wären heil davongekommen.

[Zu S. 222:]

Eine andere Art der Vermittelung ist die durch äußere Gegenstände, die sie zu ihrem Gott und zur regierenden Macht machen. Das sind die *Fetische;* der erste beste Stein, Schmetterling, Käfer, Baum, Fluß wird dazu gemacht. Solche Fetische verehren sie und schreiben diesen die Macht zu, sie entäußern diese Macht also außerhalb ihres Geistes. Der Fetisch eines Landes ist ein Elefant, ein Tiger, ein Fluß. Das Tier sperren sie in einen Käfig ein, verehren es, schreiben ihm die absolute Macht zu, versetzen so diese außerhalb ihres Bewußtseins, schreiben sie nicht ihrem Geiste zu. Sie wird auf ein Anderes übertragen, aber nur auf einen sinnlichen Gegenstand, nicht auf einen allgemeinen Geist.

[Zu S. 223:]

Eine Hauptvorstellung ist, daß sich ein Verstorbener dem Singilla einverleibe und aus diesem seine Orakel, Befehle ergehen lasse. Wenn von einem Priester geglaubt wird, daß ein Toter sich ihm einverleibt habe, so ist ihm ungeheure Macht gegeben; er fordert immer neue Hilfsleistungen, Speisen, neue Menschenopfer.

[Zu S. 225:]

Die Neger haben keine Empfindung der Trauer über diesen Zustand der Sklaverei. Wenn die Negersklaven den ganzen Tag gearbeitet haben, sind sie vollkommen vergnügt und tanzen die ganze Nacht mit den heftigsten Bewegungen.

[Zu S. 228:]

Die Neger führen viele Kriege, und man hat viele Beispiele, daß Schlachten fünf bis acht Tage gedauert, daß eine halbe Million Menschen einander gegenüber gestanden haben. Sie fochten tapfer; es war mehr ein Schlachten als eine Schlacht zu nennen. 200 000 Menschen bleiben oft auf dem Platz. Eine Zufälligkeit gibt die Entscheidung, daß eine Partei flieht, und was durch die Verfolger erreicht werden kann, wird totgeschlagen.

[Zu S. 228:]

Was die Verfassung betrifft, so bestimmt sich diese, wenn man von einer solchen überhaupt sprechen kann, nach dem Vorhergehenden. Es sind viele Völkerschaften; das Innere von Afrika ist äußerst bevölkert. Die Völker liegen in ewigem Kriege miteinander, sind bestrebt, Gefangene und Sklaven zu machen, die sie nachher verzehren. — Bald ist ein Volk dem andern unterworfen, bald empören sich Provinzen und machen sich unabhängig; die Aschanteer haben jetzt ihre Herrschaft am weitesten ausgebreitet. — Die Thronfolge ist erblich, — die Erbfolge bleibt im ganzen bei der Familie, doch ist es verschieden, ob Bruder, Sohn usf. folgt. Selten geht die Sukzession auf ruhige Weise fort; Chefs oder Verwandte bemächtigen sich des Throns. Gewaltsamer Umsturz der Dynastieen ist an der Tagesordnung.

[Zu S. 229:]

Einige Engländer drangen neulich in eine Gegend, die noch kein Europäer erreicht hatte. Einer von ihnen setzte sich im Schatten vor ein Haus und sprach mit einem Neger. Ein anderer kam herbei und bettelte ihn an. Der Engländer wies ihn unwillig zurück; der bei ihm sitzende Neger sagte, das sei ein Mann, der bei allen Großen Zutritt habe, der Scharfrichter. Er war auf folgende Weise zu seinem Amte gelangt. Es ward ihm auferlegt, eine Probe seiner Kunst als Beweis seiner Fähigkeiten abzulegen. Er ging nach Haus, hieb seinem Bruder, der vor ihm Scharfrichter gewesen, den Kopf ab und erhielt das Amt. Der Henker ist oft der erste Minister und hat das Amt, dem Könige den Kopf abzuschlagen, wenn die Ernte schlecht ausfällt.

[Zu S. 232:]

Hutchinson erzählt von Zeremonien, besonders dem Abwaschen der Gebeine der verstorbenen Mutter und der Verwandten des Königs bei einer feierlichen Prozession, wobei der König selbst zugegen ist. Die Gebeine werden mit Menschenblut gewaschen; das übrige Blut der Opfer, die zu diesem Zwecke geschlachtet werden, trinkt der König und seine Umgebung. Wenn es dem König einfällt, so läßt er seinem toten Vater etwas bestellen, indem er einen ersticht und ihm seine Bestellung aufträgt. —

[Zu S. 233, Z. 12 v. u.:]

Die Missionare erzählen, daß dies Gesetz 120 Jahre bestanden habe, und daß sie viele Weiber gekannt haben, die ihre Kinder in den Fluß warfen oder den wilden Tieren vorsetzten.

Menschenfresserei ist noch jetzt bei den Aschanteern Sitte. Jenen Engländern zeigte man viele Chefs, von denen man ihnen erzählte, daß sie ihren Feinden das Herz aus dem Leibe rissen und es warm und blutig äßen. Sie glauben durch das Verzehren der feindlichen Herzen tapfer zu werden. Bei öffentlichen Festen werden Hammel unter dem Volk ausgeteilt, und der König bewirtet sein Volk. Zuletzt wird ein Mensch zerrissen, dessen Fleisch ausgeworfen und von allen, die davon eines Stückes habhaft werden können, gierig gegessen wird.

Genug von dieser ersten, wilden Form des Menschen.

Sachregister

Personenregister